コンサルが読んでる本100＋α

株式会社フィールドマネージメント
並木裕太・編著
青山正明＋藤熊浩平＋白井英介・著

BOW BOOKS

何を読んでいるかで、その人の頭の中がわかる。
どう読んでいるかで、その人の行動がわかる。

だったら、戦略系コンサルティング・ファームのコンサルタントたちは、
何をどう読んでいるのか？

はじめに

戦略系コンサルティング・ファームを志望する学生が増えていると聞きます。

郵政民営化のような大きな国家プロジェクトから、中堅企業の事業変革、ＮＰＯのサポートまで、コンサルを導入するのが一般的となり、気がつくと、多くの起業家やプロ経営者が、大手戦略コンサル出身です。今やコンサルティング・ファームは、第二のＭＢＡコースであるかのようです。

ビジネスがそもそも個人や社会の課題に対し、ソリューションを提供するものであるとしたら、そして、そのために、常に、イノベーションが求められるものだとしたら、今、まさに、課題解決と価値創造のプロフェッショナルたるコンサルの需要が高まっているのも、当然と言えば当然でしょう。

各コンサルタントのスキルは、書籍から学び、実務で鍛えられた、その幅広い知識と経験によって成り立っています。何を読んでいるかで、その人の頭の中がわかります。どう読んでいるかで、その人の行動がわかります。何を薦めるかで、その人の人生観がわかります。

では、コンサルといわれる人たちは、いったい、どんな書籍を読み、どんな視点を読み取っているのか？　案外、一般ビジネスパーソンと同じじゃないだろうか？　そして、どのように課題解決や価値創造に役立てているのか？　その気になれば、誰でも自分の仕事に真似できることじゃないのか？

本書は、編集者のそんな願望に応える形で、フィールドマネージメント社の並木裕太代表と、彼が選抜した、同社コンサル歴数年の若手から十数年のベテランまでの三人のコンサルタントが、コンサルを目指す若い人から企業のリーダークラスにまで向けて巷にあふれる書籍の中から厳選百冊をご紹介！　という形で、いわば、その頭の中を見せてくださることによってできあがりました。

いわばコンサル脳をつくっている本をご紹介すると同時に、コンサルの仕事のリアルの一端が見える、まさに、一挙両得、一石二鳥、一粒で二度おいしいブックガイドです。

次の六つの領域で合計百冊。この分類自体からも、コンサルタントが学ぶべき領域がわかります。選者の志向からスポーツとサイエンスが若干多いようですが、そこからは、問題意識次第でどんなことからも学べる、という、本を読むときの姿勢、さらには、本質を他分野に応用するというアナロジー思考の実践を感じ取っていただければ幸いです。

①コンサル基礎
②思考法・マインドセット
③表現法・コミュニケーション
④戦略・ビジネスモデル
⑤組織・リーダーシップ
⑥リベラルアーツ・サイエンス

必ず押さえておくべき著名な本から、少々マニアックな本まであります。すでにお読みになった本、書棚にある本も少なくないでしょう。その場合は、ぜひ、この本の著者たちは、どのように読んでいるのか？　その視点をご確認ください。お楽しみください。

なお並木代表以外の三人の方の、どなたが書いているかは、似顔絵のアイコンで示しました。それぞれがどんな方なのかは、巻末のそれぞれの執筆後記でご覧ください。

また、各書籍の書影の下に難易度として★マークを記載しましたが、あくまでも目安であって、ご専門やキャリアによって、感じ方は異なるでしょう。また、年を経て読み直すと、経験に応じて、読み取れること、気づくことも変わってくることと思います。なお、ロングセラーは、新版、新装版、文庫版などさまざまありますが、発行年は著者が読んだ版のものを記しています。一部、書影と版が一致していないものもありますが、ご了承ください。

それぞれに読書会が開かれてもいいような骨太の本ばかりです。

本書を起点に、本と読者によって新たに生まれる多様な視点と議論が広まっていくことを願います。

編集部　千場弓子

目次

第2章 コンサルが読んでる本◉思考法・マインドセット

第3章 コンサルが読んでる本◉表現法・コミュニケーション

第4章 コンサルが読んでる本◉戦略・ビジネスモデル

第5章　コンサルが読んでる本◉組織・リーダーシップ…225

第6章 コンサルが読んでる本◉リベラルアーツ・サイエンス

プロローグのような
エピローグのような

結果的に、わたしの人生にすごい影響を与えてきた、四冊の本

(株)フィールドマネージメント
代表取締役
並木裕太

本の話、本の話……。

実際、本は自分の人生に大きな影響……影響どころか、その本そのものが変化をもたらしたこともありましたね。

ひょんなことから受けたマッキンゼーの試験。
面接突破は、齋藤嘉則さんの『問題解決プロフェッショナル』との出会いから

最初は、就職活動の頃。

大学時代は、本といえば教科書くらいしか手にしていなかったかも。手にしていたっていうのが的確な表現で、読んでいたかどうかは定かではないです。で、いろいろあって、飲食店でバイトしていたんです（いろいろあってのいろいろの話はまた別の機会にでも）。周りの多くのバイト仲間たちは中卒で、なかなかの環境でしたが。で、その頃の夢は、その飲食店の店長になることでした。割と本気で言ってました。かっこよかったんですよねー。

でも、まぁ、ある人から、せっかく大学に行っているんだから、ちゃんと就職活動してみなよと言われたんです。

当時、そうですね、ランドセルくらいの大きな箱がリクルートから送られてくるんです。中身は、いろんな会社の会社説明資料とか人事部宛のハガキの束で、説明資料を見て興味のある会社があったら、そのハガキで、面接を受けたいと意思表明するような仕組みでした。

でも、車を売りたいのか、結婚式のプロデュースをしたいのか、自分がやりたいことがさっぱりわからず、困っていました。

すると、大学の同級生で、彼は、ニューヨークからの帰国子女だったのですが、コンサル会社の筆記試験を受けるから付き合ってくれと言われて、付き合ったんです。

マッキンゼーという会社の。

メジャーらしいよと言われて、ふうん、メジャーなのかと納得し、会社説明会を兼ねた筆記試験についていきました。

当時、マッキンゼーは、神谷町駅の近くにある六本木ファーストビルというところに入っていて、隣のビルにあったどっかの企業の施設の会議室を借りて、会社説明会をやっていました。

わたしがマッキンゼーに入ってからは、会社説明会の規模もどんどん大きくなり、数百人とかでやっていたと思いますが、当時は三十人の説明会でした。

そこに人事の人、現役のコンサルタントの先輩三、四人がきて、丁寧に質問に答えたりしてくれていました。

そして、その三十人から三人の内定者が出ました。

さすがにその説明会は豊作だったようですが、まぁ、いずれにしろ、今とはぜんぜん違う規模でした。

筆記テストは、SPIの英語版みたいな感じで、鶴亀算の英語とか、AがBで、BがCなら、AはCかみたいな質問が百問くらいあったように記憶しています。

あとで知ったことには、世界中のマッキンゼーの新卒採用で使われている試験問題で、そのテストの結果と、のちにパートナーにまで出世するかどうかには、結構、相関関係があるとか（最後まで自分が何点だったのかは明かされませんでしたけれど）。

で、筆記テストを通過したんですよね（誘ってくれた友達は落ちちゃってました……）。

で、集団面接に呼ばれました。

たしか……四人の学生と、二人のコンサルタントみたいな場だったと思います。

大葉さんと土門さんという二人の面接官。大葉さんとは、最近再会して、並木の面接はピカイチだったと言っていただけました（自慢）。

駅前にクリーニング屋が二つあって、ひとつは白洋舎と、もうひとつがパパママのクリーニング屋で、きみのクライアントがパパママだった場合、まずどこに課題があると思う？　みたいな問いで面接がスタートするのですが、わたしの質問は、白洋舎って何ですか？　だった気がします（笑）。

ピカイチだったのには理由があって（ピカイチというのが本心だった前提ですが）、当時、石神井公園から慶應の三田キャンパスに通っていたため、毎日、池袋で乗り換える、すると、帰り道、なんとなく西武デパートに寄ったりするわけで、そのときは、そうか、面接の練習本でも買うかなと思って、西武の本屋さんに入りました。

ビジネス本のセクションに行って、コンサル、コンサルと探していたら、齋藤嘉則さんという人の『**問題解決プロフェッショナル**』という本が置いてあったんです。硬そうな本でしたが、齋藤さんがマッキンゼー出身であることから、面接のヒントになるかなと思って、買いました。

で、蛍光ペンとポスト・イットをぺたぺたして、読み進み……。

なんか難しいなと、わかったような、わからないような。

でも、記憶がちょっと曖昧ですが、本の著

『問題解決プロフェッショナル
思考と技術』
齋藤 嘉則

グロービス 監修
1997 ダイヤモンド社

者紹介のところにメアドが書いてあったんですよね、たしか。

で、マッキンゼーの人事の人に連絡して、齋藤嘉則さんってどんな人か、面接前に会いたいといって連絡したら会ってくれるような人かと聞いたんです。そしたら、喜んで会ってくれると思うよと言われたので、メールしたら、すぐに返事をいただけました。そして、翌週くらいに、パレスホテルだったと思いますが、アフタヌーンティー的な雰囲気で一時間くらい、話してくれたんです。マッキンゼーの面接って、こーであーでと。

で、すっかりコツをつかんじゃって（笑）、なんかよい家庭教師と出会っちゃったような。その後にまた本を読み返したら、よく理解できました。


というわけで、白洋舎が何かは知らなかったんですが、きっと面接の内容は、ピカイチかどうかはさておき、よかったんでしょう、次の面接に進めたわけなので。

順調に次のマネジャー面接（当時シニアマネジャーの横浜信一さん）、パートナー面接（当時プリンシパルの小森さん。のちにカネボウの社長）を突破して、採用担当のパートナーの名和さんにオファーレターを渡されたのが、一九九九年の三月十四日でした。三年生と四年生の間の春休み。

名和さんに、「もう就職活動は終わりってことですかね？」と聞いたら、「そうだといいんだけど」と言われて、なんか実感が湧いたのを覚えています。

本なのか、本から始まった縁なのか、でも間違いなく、今コンサルタントをしているのは、この本、『問題解決プロフェッショナル』に出会ったからですね。

では、いったい、どういう本だったのか。本書は、本の紹介の本ですから、それを書かないといけないですよね。それから、きっと今、この文章をお読みになっている方は気になっているであろう、クリーニング屋のケースでのわたしの答え。つまり、コンサルの面接にどう役立ったか、さらに言えば、実際のコンサルの仕事に本の内容をどう生かせているか、それをこれから書きます。


要するにですね……問題解決って、前提条件が大切なんです。

前提とは、「何が課題」で、「どんなものを活用できて」、「どんな方向の解を導きたいのか」。

前提さえ外さなければ、テクニックがいまいちでも、クライアントである経営者は納得します。

大事なのは、ゲームのルールなわけです。

その前提条件を自分で勝手に仕切っちゃえば、自陣で勝負できるんです。


たとえば、面接のときのクリーニング屋さんのケースの例なら、パパママのクリーニング屋は土地を持っているからそれを使えるとか、若者の顧客を失ってもいい、五十代以上からは必ずパパママのほうが選ばれる仕組みを作ればいいとか。「どんな方向の解を導き出したいのか」の「前提」は、いじりたい放題。実際、経営者と会話するときは、いかに彼らの前提条件を理解するか、その上で、その前提条件を、自分の導き出したい方向に、いかに変えられるかが大切なんです。

とまあ、そんなようなことを、『問題解決プロフェッショナル』を読んで（齋藤さんとの会話の中で）、気がついた気がします。露骨にそう書いてあったかは別として……ひょっとして、わたしの勝手な解釈かもですが。

面接にどう生きたかというと――。

クリーニング屋のケースは、集団面接で、二問でした。

一問目は、パパママのクリーニング屋さんの売り上げが落ちているとしたら、何が課題だと思う？

右に座っている学生から答えて、左に順番に進む。

二問目は、じゃどんな解決策があると思う？

左に座っている学生から答えて、右へ。

わたしは、右から二番目に座っていたので、考える時間もあったし、前の人と同じこと言わないという意味では、最後でもないので、有利でしたね（笑）。

で、一問目は、まぁ、ブランド力だとか、立地だとか、営業時間が短いならそれとか（前提いじり）、建物がぼろいならそれとか（これも前提を勝手にいじってます）、手作業だろうから遅いとか（これもそうですね）。

で、二問目は、もしも土地があるなら、預かりサービスを無料にしましょう↑それっぽく言うと、「眠った資産の活用」。

もしも忙しい時期と暇な時期があるなら、暇な時期に出してもらったら割引しよう↑それっぽく言うと、「休んでいる労働力の活用」。

もしも単価が高くて効率がよいなら、ダウンとかカシミヤとかに特化するのもあり↑今思うと、「選択と集中」「利益率の改善」。

『マッキンゼー流 図解の技術』

ジーン・ゼラズニー

数江 良一 訳、菅野 誠二 訳、大崎 朋子 訳
2004 東洋経済新報社

『［新版］考える技術・書く技術
問題解決力を伸ばすピラミッド原則』

バーバラ・ミント

グロービス 監修、山﨑 康司 訳
1999 ダイヤモンド社

要するに、もしもって勝手に定義したんですよね。

そうすると、なんでも解になるんです。

実際はそうはいかないとしても、使えると思う解があるときは、それに誘導するように、前提をセットする。

よい問題解決は、そのプロセスでなく、前提条件の設定にあります。

さて、ここからは、マッキンゼーに入社してからの話に。

マッキンゼーに入ると、新卒だろうが、中途採用だろうが、問答無用で、**バーバラ・ミントのピラミッド・ストラクチャー**（編集部注**『考える技術・書く技術―問題解決力を伸ばすピラミッド原則』**）とか、誰かが書いた（編集部注 ジーン・ゼラズニー）**say it with charts**（編集部注**『マッキンゼー流 図解の技術』**）とか、あとはフレームワーク集みたいな本を読むことになります。


この中では、ピラミッド・ストラクチャーが一番まともに触れたかな。

あとは、図を見て、ぱらぱらと。

でも、これはすべて、プロセスの話でしたね。

ピラミッド・ストラクチャーは、この中では人生に少し使えます。


簡単に言うと――

結論を先に言う。

その理由を三つあるとか二つあると伝える。

で、三つ伝える。

三つのうちの一つに関して質問されたら、その一つについて詳しく話す。


こんなことなのですが、これは役に立ちますよね。

詳細をいくつも列挙して、なんのことを話しているのかわからない人がいますが、ピラミッド・ストラクチャーを読まずしても、この流れで話せば大丈夫です。

贅沢を言えば、網羅感があったほうが説得力あるので、全部見たよー、でもここが大事だよーというひとことを加えると、ミーシー（ＭＥＣＥ：漏れなく、ダブりなく）感が出ます。

全体見たよー、安心してねー、その中で、これが大事だよーって言えばいいんです。

ダニエル・ピンクの『フリーエージェント社会の到来』が、のちに独立起業したフィールドマネージメント社の文化の基礎をつくった

で、話を人生に影響を与えた本に戻しましょう。

おそらく、マッキンゼーに入って二年目くらいだったと思います。

某大手通信会社のプロジェクトで、二〇一〇年ビジョンを作るというものがありました（当時二〇〇一年くらいだったはず）。

担当パートナーは、平野さんでした。当時の日本支社長です。

『フリーエージェント社会の到来
「雇われない生き方」は何を変えるか』
ダニエル・ピンク

玄田 有史 解説、池村 千秋 訳
2002 ダイヤモンド社

通信がどう社会を支えるのか。

その通信会社らしい発想のプロジェクトでした。

最初のステップは、十年後、どんな社会になっているのか。

これはもう想像してもしょうがないので、いろいろな学者の未来予想を読み漁ることにしました。その中で出会ったのが、ダニエル・ピンクの**『フリーエージェント社会の到来』**です。これは、『問題解決プロフェショ

ナル』以来の、蛍光ペンとポスト・イット出番の本でした。

このプロジェクトの成果として、「個倍化」という言葉を発明することになるのですが、それは、これまで、メーカー勤務とか学校の先生とか、一つの職業や一つの自分の人生しか歩めなかったのが、場所の制約を通信が取り払ってくれるため、カンボジアで子供たちに英語を教える教師をしながら、東京で勤務している会社の打ち合わせにも出られる、というようなビジョンでした。

当時、その通信会社がスポンサーをしていた『世界ウルルン滞在記』のCMでも、まさにこの様子（カンボジアと東京で活動する教師であり、サラリーマン）が映像化され流されました。わが社は未来を支えます、というようなメッセージで（今思うとこれ、Ｚｏｏｍの世界ですよね。このとき描いた二〇一〇年ビジョンは、二〇二〇年に現実のものとなってきた気がします）。

この「個倍化」というコンセプトを作り出す大きなきっかけが、『フリーエージェント社会の到来』だったんです。この世界を予言した本でした。

でも、わたしがほんとうに言いたいのは、このプロジェクトの話ではなく、実は、これ、二〇〇九年に創業することになる、フィールドマネージメント社の、人材のマネージメントの仕方に大きな影響を与えた、っていうことです。

優秀であればあるほど、複数の仕事や立場をこなすようになるし、なりたくなる。

起業家であり、コンサルタントであり、親であり、教育者であり、趣味の世界もある。

一人ひとりがフリーエージェントの感覚を持って、お互いがお互いのメリットを感じながら、個人の一部の部分で共感しつながり、物事を達成していく場。

そんな場を多くの優秀な若者に提供するのがフィールドマネージメントです。

実際、多くの若者が集まり、とどまったり、卒業したり、戻ってきたり、フィールドマネージメントというフリーエージェントのプラットフォームで飛躍していった感覚です。もちろん、フィールドマネージメントで自分の場所をつくり、長く大きなインパクトを社内で残す者もいます。

このスタイル、今となっては理解できる人も多いと思いますが、設立当初は疑問視もされました。会社への忠誠心は？　中途半端では？　コミットメントはあるのか？

鉄の絆で生涯ともに走ることを前提とした企業がまだまだ当たり前だった時代です。

わたしに独立起業の勇気をくれた、盟友手塚マキの『自分をあきらめるにはまだ早い』

十年ほどいたマッキンゼーでは、その間に二年間のビジネススクールへの留学もあり、そのときは、教科書をたくさん買いましたね。これもまた、読んだのか、買っただけだったのか、定かではないですが。たくさん、文字には囲まれていました。

日本語が恋しかったのか、その頃は珍しく小説を読んだりもしていました。

今だったら、YouTube を見る感じですかね。

留学からマッキンゼーに戻って感じたのは、新聞や、雑誌、本を読んでいると、自分の性格上、それに影響されて、記事や本に書いてあることの延長線上の前提や解を導いてしまうこと。そして、それを経営者たちに見透かされてしまうことでした。なので、あえて自分の想像力の可能性を託すように、なるべくマスな媒体やヒット書籍を自分から遠ざけていたように感じます。ロジカルな世界で、左脳の処理よりも右脳の興奮を求めていたような。

その頃、よく手塚マキさんと遊んでましたね。

何を話していたのかあまり覚えていませんが、とにかくなんだか快適でした。

おそらく、彼がその頃出版したばかりの新刊の中に登場する新宿のエピソードだったりに笑ったり驚いたりしていたんだと思います。

彼は（編集部補足　中央大学在学中にアルバイトで行ったホストで歌舞伎町ナンバーワンになり、そのまま異色のホスト、ついでホストクラブ等の経営者として新聞やテレビにも取り上げられ）、二十代まんなかあたりで、独立して、今ふうに言うと、起業しました。

当時、われわれは三十歳くらいだったので、創業五年くらいですかね。

彼の話は経営者として魅力的だった。従業員たちをまとめあげるために悩んだり。正月に彼のスタッフたちは、新宿の花園神社で集合写真を撮るんですが、その様がまた圧巻で、あこがれました。

二〇〇八年だったと思うんですが、彼は、ディスカヴァー・トゥエンティワンから、『**自分をあきらめるにはまだ早い**』という本を出版します。本も面白かったし、珍しいことばかりで、はじからはじまで読みました、何度も。

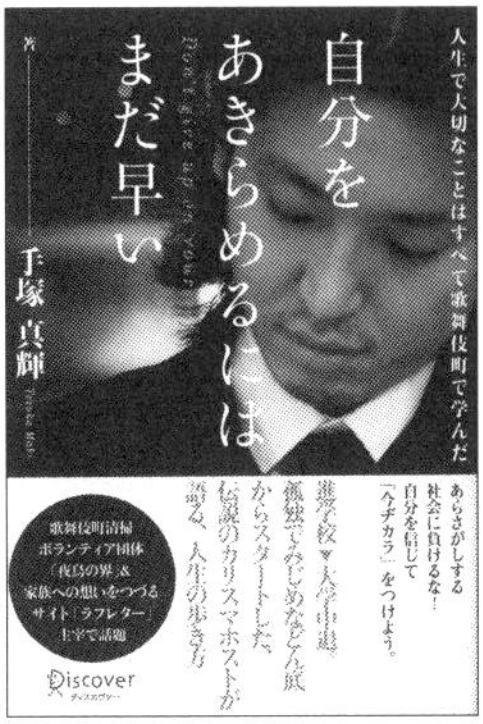

『自分をあきらめるにはまだ早い』
手塚 マキ

2008
ディスカヴァー・トゥエンティワン

本で、世に物事を伝えようとする彼の姿が印象的でした。

大きな封筒に、原稿を入れて、赤を入れる彼の姿も印象的でした。

この彼の様子には、マッキンゼーを辞めて自分も起業し、経営者になっていく過程で大きな影響を受けました。

創業数年の頃は、組織を作っていくため、彼の話をよく聞きました。負けん気の強い荒くれ者たちをまとめあげる彼の工夫は、フィールドマネージメントで、東大出の自信満々の若者たちを惹きつける工夫にもつながった気がします。

おれ、かっこいいところにいるだろって、彼らが胸を張って所属したい組織を作る工夫というか。

そして、何よりも、この手塚さんが、当時ディスカヴァー・トゥエンティワンの代表をしていた干場さんとの出会いをつくってくれました。

その後、わたし自身、何冊の本を干場さんと作ったか……。

フィールドマネージメントの成長に大きな追い風となりました。

印象的だったのは、最初に一緒に作った『**ミッションからはじめよう!**』でした。干場さんと二人三脚で作った思い出です。

今回、こうしてまた一緒に文通（?）しながらまた新しい本（の一部）を作れることが嬉しいです。

創業十年目、会社の次の進化の方向を示唆してくれた『ブラックストーン』

さてさて、フィールドマネージメントを作り、駆け抜けていった最初の五、六年は、本も出しましたし、ビジネス誌で連載もしました。フィールドマネージメントのよさを伝えていくのに必死でした。そして、その後の五、六年は、会社の成長とともに、前半に作った会社のコンセプトをしっかりと耕していく日々だった気がします。


そんななか、新種の種を蒔きたくなったんです。

でも、どんな種がよいのか……。

なかなかよいアイデアというか、方向性が見つからない日々でした。

そんなある日、後輩経営者から、ある本を薦められます。

『ブラックストーン』デビッド・キャリー、なんちゃらモリス（編集部注　ジョン・E・モリス）著。


正直、内容も難解な上に、登場人物の名前が横文字なので、誰が誰なのか、頭を使いながら読まないといけない本なのですが、ブラックストーンという世界でもっとも成功した投資集団（のひとつ）がどうできあがっていったのかが綴られたその本を読みながら、MBA留学時代のことを思い出しました。

『ブラックストーン』

デビッド・キャリー、ジョン・E・モリス

土方 奈美 訳
2011 東洋経済新報社

ペンシルベニア大学のＭＢＡのウォートン校という、金融業界に多くの著名な卒業生を輩出している学校です。ゴールドマン・サックスの代表者だったり、最近だと、金融ではないですが、テスラのイーロン・マスクだったり、トランプ親子だったり。

一学年八百人くらいの比較的大きなＭＢＡプログラムで、学問の内容というよりも、ＭＢＡをとって、卒業後の転職で、よいキャリアを手に入れたい、それを目的とする人が通うような学校でした。

で、自ずと同級生の中で、就職というか転職の話が多くなります。日本の大学の三年生と四年生みたいな感覚です。学校の活動ってよりも、就活に費やされる時間が多い二年間みたいな。

今では、ＩＴベンチャーのＣｘＯだったり、メガＩＴ企業への就職がもてはやされているようですが、当時は、多くの卒業生が、マッキンゼーとゴールドマンへ、一部のきらきら系がホワイトハウスとかゲイツ財団とかに就職して、アマゾンやグーグルは物好きだねという感じでした。

で、八百人の同級生の中で、一人だけ、ブラックストーンから内定をもらい就職していったやつがいたんです。

見た目は、ブラッド・ピット（白人で青い目をして金髪で人気者）。その彼が、自信満々で、「おれ、ブラックストーンに行くんだ」と話し、同級生たちは、「すげーー」って目を丸くする。ブラックストーンがなんなのかはさておき、そのブラックストーンという組織が持っているオーラを感じました。

そのブラックストーンの創業からを赤裸々に書いた本です。

プロフェッショナル界の荒くれ者たちが、胸を張って、ライバル心を燃やし、勝ち抜いていく組織。そのエッセンスは、自分の組織にもヒントになるのではと、読み始めました。

しかし、本当に難解でした。読んでいても、わかったような、わからないような。

でも、一つだけわかったことがありました。

プロフェッショナルの世界に、金融・ファイナンスという大きなパワーがあって、コンサルタントや投資銀行マンのスキルがあればその世界に関われる。でも、フィールドマネージメントはまだそのドアを開けていないという、事実です。

その扉を開けてくれる新たな力が必要だと感じました。

ちょうどその頃、スマートキャピタルの重光孝司さんと再会しました。

重光さんは、実は、マッキンゼーの説明会にたまたま一緒に参加して、たまたま一緒に内定したマッキンゼーの同期です。

彼は、マッキンゼーのあと、ゴールドマン・サックス、ユニゾン・キャピタルなどで、投資業務にあたっていました。

彼といろいろ話をしました。フィールドマネージメントが創業十年を迎える頃でした。

彼が二〇一四年に創業したスマートキャピタルは、M&Aのフィナンシャルアドバイザリーサービスや、日本で活動するPrivate Equity FirmたちのDue Diligenceサービス、M&A後のPost Merger Integrationサービスなどを展開していました（用語について興味のある方はググってください）。まさに、あの難しい『ブラックストーン』で読んだプロフェッショナルによる金融サービスを展開しているファームでした。

彼との会話の中で、フィールドマネージメントと、スマートキャピタルが、同じグループの中で活動するメリットを大きく感じ、一緒に、フィールド・スマート・グループを設立することになったのです。

そして、そのグループとしての採用一号が、本書の執筆チームのリーダーを務めてくれている青山正明さんです。

＊＊＊

こうして振り返ると、意外に本に影響を受けていますね、人生。

よく干場さんは、千円とか二千円の本を一冊買っただけで、人生が変わると思うなんて図々しい（オフレコでしょうし、本音ではないと思いますが）なんて笑いながら言いますが、自分の人生には、本は実に大きな影響を与えてきた気がします。

・コンサルという業界に足を踏み入れる原動力をつくってくれたのは、大学の同級生と『問題解決プロフェッショナル』でした。

マッキンゼーから独立して、フィールドマネージメントをつくるきっかけとなったのは、三十代をともに歩んだ友人と彼が書いた『自分をあきらめるにはまだ早い』でした。

・そのフィールドマネージメントの会社の文化の根幹を作ったのは、マッキンゼー時代に出会った『フリーエージェント社会の到来』でした。

そして、フィールドマネージメントが十年経過して、大きな進化を遂げるヒントとなったのが、後輩に薦めてもらった『ブラックストーン』でした。

それぞれ、自ら探しに行ったというより、出会った人からの薦めや、仕事や就活で必要にかられて出会った本たち、という印象が強いです。

前から思っていたことを肯定してくれる本や、新しい世界を見せてくれた本、ノウハウを見せてくれた本など、役割はさまざまでした。

そして、こうして、本を通して出会った干場さんという存在も、大きなくくりでは、わたしの人生の変化に影響した本のようなものだと思います。

また『ミッションからはじめよう！』の続編じゃなくても、干場さんと一緒に文通しながら本を作ってみたいですね。どこかで、誰かの人生に、何かを提供できるような。

第1章
コンサルが読んでる本
◉コンサル基礎

『本を読む本』

モーティマー・J・アドラー、チャールズ・V・ドーレン

外山 滋比古 訳、槇 未知子 訳
1997 講談社

難易度	★★☆

1

まずは、コンサル流読書法を知ろう

本書は、「読むに値する良書を、知的かつ積極的に読むための規則を述べたもの」として、一九四〇年に米国で発行され、今なお世界中で読み続けられている、読書法の古典ともいえる本です。

私の場合、実家のリビングが父親の書斎になっていて、物心ついた頃から当たり前のように本はそこにあったので、改めて「本を読む」ことを「技術」として体系的に捉えたことはなかったのですが、新卒でコンサル業界に飛び込み、圧倒的なインプット不足を痛感する中で、先輩コンサルタントからの薦めで本書を手に取りました。本書で解説されている「技術」は、読書に限らず、コンサルティングに求められる知的生産活動全般に活かせるもので、コンサルキャリアの初期に本書と出会えたことは幸運だったなと思います。

本書では、読書の「レベル」（「種類」ではなく一段ずつ積み重ねていくもの）を四段階に分類しています。

①初級読書
②点検読書
③分析読書
④シントピカル読書

①の初級読書はいわゆる「リテラシー」なので、②以降を簡単に紹介したいと思います。

点検読書

点検読書は、「拾い読み」をして、**そもそも読むべき本か、どれくらいの時間をかけて読むべき本か、を判断する**読み方です。

具体的には、タイトルや概要紹介、序文や結論、目次や索引、各章のリード文などを流し読みした上で、今の自分にとってどれくらいの価値がある本か、どのような目的を持って向き合うべき本か、の見当を最初につけます。「急がば回れ」で、**コンサルタントとしての"生産性"(=インプットを付加価値につなげる単位時間あたりの転換量)を高めるためには、欠かせないプロセス**です。

人工知能における「データ」にあたるものが、人間の脳における「知覚情報」であり、その洗練された形態の一つが「文字情報」であり、その最も凝縮されたメディアが「本」であるともいえるかと思います。すなわち「本」は脳の栄養であり、「Garbage In, Garbage Out」(ゴミを入力するとゴミが出てくる)という言葉があるように、**よいアルゴリズム(思考力や判断力、直感など)を養い、よいアウトプットを生み出すためには、どういう情報を取り込むべきかを取捨選択する「技術」が、まずもって重要**だといえます。

分析読書

分析読書は、点検読書で精読する価値があると判断した本に対して、著者と「折り合い」をつけていく読み方です。具体的には、**「言葉は知識を伝える媒体としては不完全である」、「単語とそのあらわす意味（名辞）は、一対一の対応関係にはない」という前提のもと、重要な「言葉」に対して、著者の定義を理解し、著者と同じ意味で使えるようにしていくプロセス**です。これは、コンサルタントのインタビューやファシリテーションに活かせる「技術」でもあります。

ジュニアコンサルタントがやりがちなことの一つに、「ファクトと解釈の混同」があります。**クライアントの発言（ファクト）を、自分の知識や思考のフレームの範囲内で勝手に解釈し、脳にインプットしてしまう初歩的なミス**です。

そもそもコミュニケーションとは不完全なものであり、脳と脳を電極でつなげれば一〇〇％理解し合えるのかもしれませんが、言葉を介して意思疎通を図ろうとしている時点で、そこに伝達ロスが発生することは自明です。特にバックグラウンドが異なる者同士だと、そのギャップは大きくなり、そのことに対してどこまで自覚的でいられるか、コンサルタントにとってはとても重要なことです。

相手の発する「生の言葉（キーワード）」を大切にし、どういう定義で使っているのか、なぜその言葉を選択したのか、一つひとつ丁寧に「折り合い」をつけていくことで、脳と脳がシンクロしてきて、深い議論ができるようになっていきます。

シントピカル読書

シントピカル読書は、一つの主題に対して、複数の本を同時並行で相互に関連づけていく読み方です。分析読書が〝師〟である著者と「折り合い」をつけていく読み方であるのに対して、シントピカル読書では、今度は**読者が〝師〟となり、その関心事に沿って本の内容を再構築していきます**。逆にいえば、関心事（コンサルティングでいう「論点」と「仮説」）が明確になってはじめて可能になる読み方でもあります。

プロジェクトにアサインされたジュニアコンサルタントはまず、大型書店やアマゾンで、関連する業界／テーマの書籍を〝大人買い〟します。それらを、**点検読書で速読して土地勘を掴み、「論点」と「仮説」を持った上で、シントピカル読書（＋ネット上の情報探索）を行い**、知識や思考の解像度を高めていきます。

この「論点」と「仮説」をまず持つ、というのがとても重要で、これがあるのとないのとでは、情報の引っかかり方が全く違ってきます（**「カラーバス効果」**と言ったりもします）。そして、プロジェクトが終わる頃には、その領域に相当詳しくなり、そこに**「アンテナ」が立つ**ので、以降は放っておいても情報のほうから勝手に引っかかってくるようになります（**「カクテルパーティー効果」**と言ったりもします）。

コンサルタントの成長カーブは指数関数的だともいわれますが、このようにプロジェクトのたびに「アンテナ」を立てて回っていることも一因かと思います。

さて、今、この文章を読んでいるということはすなわち、本を読む習慣があり、これからも読む意向がある方かと推察します。そういう方であればこそ、改めて「読書」という行為自体を客観的に捉え直してみることに価値があるのではないかと、『本を読む本』を読む本として紹介させていただきました。

『センスは知識からはじまる』

水野 学

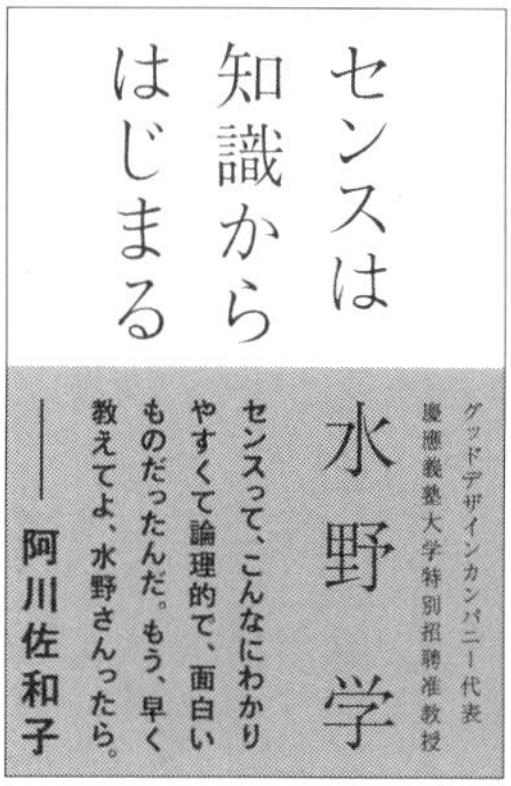
センスは知識からはじまる
グッドデザインカンパニー代表
慶應義塾大学特別招聘准教授
水野 学
センスって、こんなにわかりやすくて論理的で、面白いものだったんだ。もう、早く教えてよ、水野さんったら。
―― 阿川佐和子

2014
朝日新聞出版

難易度	★☆☆

2

インプットなくして アウトプットなし

ドコモのｉＤやくまモンで知られ、日本を代表するクリエイティブディレクターのひとりである水野学氏が、**センスは生まれついたものではなく、さまざまな分野の知識を蓄積することで向上する**ことを説いた本。

私のコンサルファームでのジュニアコンサルタント時代、耳にタコができて、そのタコの上にタコができるくらい言われ続けたフレーズがありました。

「インプットなくして、アウトプットなし」

スライドが書けないのは、インプットが足りてないからだ。おまえ、ちゃんと本を読んでるのか？　孫正義は、一日一冊本を読んでるんだぞ。

（いやいや、そんな日本を代表するバケモノ経営者と比較しないでくれよ。笑）

著者曰く、「知ってるか、知らないかが大切。つまり、知識を集積することが大事」
「センスのよい家具を選べる人は、雑誌を軽く百〜二百冊は読んでる」
「センスに自信がない人とは、自分が実はいかに情報を集めていないかを自覚することから始めるべし」というくだりは、まさにその通りだなと。

また、ジュニアメンバーの頃は、深い・浅い、面白い・面白くないなどと、シニアメンバーからしょっちゅういわれて困りました。筆者は、「精度」というフレーズで、クオリティのことを表現されておりますが、以下の福沢諭吉に対して肯定評価をされている三名の比較感が、深い・浅い、面白い・面白くないを分ける分水嶺としてわかりやすいです。

Aさん　福沢諭吉って、スゴイよね
Bさん　福沢諭吉って、慶應義塾大学を創った人で、スゴイよね
Cさん　福沢諭吉は『日本を変えてやる』と中岡慎太郎たちが騒いでいた頃、「次の時代には学問というものが必要になるだろう」と考えて慶應義塾を創ったところが、スゴイよね

三人の意見は同じですが、その信用度とクオリティは格段に違います。やはり、これも正確で質の高い知識が土台になっているわけです。

量が質を決めるという当たり前と言えば当たり前の話ですが、**シニアになっても継続的にインプットをし続けている方は、やはりコンスタントに成果を上げておられる**ようにお見受けします。

『自分の仕事をつくる』

西村 佳哲

2003
晶文社

難易度 ★☆☆

3

あらゆる職業に通じる、仕事に取り組む基本設定を学ぶ

「働き方研究家」を自称する著者が、「働き方を考え直してみたいすべての人と共有できる普遍性」を求めて、さまざまな仕事の達人のもとを訪ねて回った、**「働き方をめぐる探索の、小さな報告書」**です。私が新人のときに先輩コンサルタントから薦めてもらった本で、今では逆に、私から駆け出しのコンサルタントに薦めています。

著者は、**「いいモノをつくっている人は、働き方からして違うはずだと考えたのだが、はたしてその通り。彼らのセンスは、彼ら自身の「働き方」を形づくることに、まず投入されていた」**といいます。

つくる力と観察力

本書では主に、デザインやモノづくりに携わる方々を対象に取材をしていますが、アウトプットの形は違っても、仕事に取り組む姿勢や表現者としての心構えなど、「働き方のOS」はコンサルタントと共通するものが多く、いずれも示唆に富んでいます。

たとえば、イヌイットは「雪を示す一〇〇種類の名前を持っており、それらを使い分ける」というエピソードが紹介されます。「指し示す言葉の厚みは、その事象に対する感受性の厚みを表している」ことの例として。すなわち、同じ雪を〝見て〟いても、イヌイットと日本人とでは〝見えて〟いるもの、そこから感じ取るものが全く違うのだと。

また逆の観点から、「一オクターブは一二音音階」・「七色のレインボーカラー」に言及します。本来は連続的なはずの音の波長や光のスペクトルが、有限の言葉によって分断され、「概念が、生きた体験を矮小化する」ことの例として。すなわち、「絶対音感」とは「後天的に与えられる色眼鏡」であり、「虹は七色」という先入観がそれ以外の色を〝見えなく〟してしまうのだと。

そして、〝見えて〟いる以上のものは描けないことから、**「つくる力は「観察力」にしたがう」**といい、**「完成度の高い仕事には、その働き方の随所に、物事に対する観察力を高め、解像度を上げる工夫があらかじめ含まれている」**といいます。

コンサルタントの知的生産活動は、インプット（知覚）→プロセッシング（思考）→アウトプット（表現）に分けられます。その最小単位（メッシュの細かさ）と、拡がり（バリエーションの豊富さ）を規定するのが「言葉（概念）」であり、これがコンサルタントにとっての最も基本的な「道具」となります。「言葉がゆるいと思考もあらい」といったりもしますが、この「道具」の精度と限界が、コンサルタントの仕事の完成度を左右します。

言い換えると、**物事に対する関心の強さや感受性の豊かさが「語彙（ボキャブラリー）」の厚みとなり、それらが「インプットの解像度」や「思考の粒度」を規定し、ひいては「アウトプットの質」をも決定づける**、ともいえます。

言葉を紡いで価値をつくり出していくコンサルタントとして、感受性や観察眼を磨き、「言葉」の精度と限界に自覚的であることの重要性に、目を開かせてくれます。

「道具」の精度と限界

また別の例として、「一ミリの間に一〇本の線を引ける」グラフィックデザイナーの逸話が紹介されます。これは、「デザインの道具としてコンピュータが使われ始めた90年代前半に、時代錯誤を語るモチーフとして時折引き合いに出されていた」という一方で、「高度に調整された身体においては、感覚の中に美意識が育まれる」ともいいます。すなわち、**「働き手の身体とそれに育まれた感覚は、最も基本的な仕事の環境である」**と。

また別の観点から、「デザイン道具としてのコンピュータの弊害」に言及します。「インターフェイス上に用意されていた制御単位がそのまま使われているケースがよく見受けられる」といい、「道具の精度によって、モノづくりの精度が規定されることの一例」だといいます。すなわち、**「使い易いということは、何かを捨てている」**のだと。

コンサルタントが使う「道具」は、最も基本的なレベルでは「国語」と「算数」、それらを駆使した思考の拡張機能としての「パソコン」、それらを表現するアプリケーションとしての「パワーポイント」が主な

ものになります。

コンサルタントの中でこれらは分かちがたく結びついていて、高度に「身体化」された状態にあります。であるからこそ、同じくその精度と限界に自覚的であることが重要になります。

ジュニアコンサルタントの頃、「最初からパワポでスライドを書くな」とよくいわれました。パワポで体裁が整っていることで、〝それっぽく〟見えて思考停止したり、その枠内に発想が縮こまったりして、本質的な思考に時間が使えなくなることへの戒めでした。思考の累積を価値に転換していく表現者として、**感受性のフィルターである「身体」をととのえつつ、便利な「道具」は使いこなしながらも、そのトレードオフにも自覚的でありたい**と、背筋を正してくれます。

著者は、「仕事は自分をつくり、自分を社会の中に位置づける、欠かせないメディアである」といいます。そして、今回訪ねた仕事の達人たちは皆、**「どんな請負の仕事でも、それを自分自身の仕事として行い、決して他人事にすることがない」**、そして例外なく、**「他の誰にも肩代わりできない「自分の仕事」にしていた」**といいます。

コンサルティングの仕事も、クライアントからの依頼に基づく請負仕事です。加えて、ジュニアコンサルタントのうちは、受注後のプロジェクトに〝アサイン〟される「請負の請負」ともいえる役割を担うことになります。発注主（クライアントやシニアコンサルタント）からの期待値を超えることは当然として、その先どこまで「自分の作品」としてこだわるのかは、各コンサルタントの矜持をかけた美学の領域になります。

そこで、「こんなもんでいいでしょ」といった**「やらされ仕事」をするのか、「自分にとって嘘のない仕事」・「世の中にとって矛盾のない仕事」にしていくのか**、その一つひとつの仕事と向き合う姿勢こそが、自分が社会の中にどう位置づけられるのかを決定づけていくのだと思います。

4

コンサルの武器たる「言葉」を味方にする

『翻訳できない世界のことば』

エラ・フランシス・サンダース

前田 まゆみ 訳
2016 創元社

難易度	★☆☆

さまざまな国で過ごした経験を持つ著者が、「ひとことでは訳せない、世界のユニークな単語たち」を、ニュアンスを込めたイラストと文章表現で紹介していく本書は、**「言葉」を武器とするコンサルタントにとって、その生成背景や表象範囲に改めて目を向け、それを自在に使いこなしていくための、さまざまなヒントを提供してくれる**一冊です。

たとえば、普段は当たり前のものとして使っている「単位」に関して、こんな言葉が紹介されます。

・ピサンザプラ（マレー語）：バナナを食べるときの所要時間（一般的には約2分）
・ポロンクセマ（フィンランド語）：トナカイが休憩なしで、疲れず移動できる距離（約7・5km）

日本でもかつては、時間は「十二支」、距離は「町」や「里」などを単位として使っていました。今では便利なグローバルスタンダードに統一され、それらを無意識のうちに使っていますが、かつてはその地域の暮らしに根差した身近なものが基準になっていたことを思い起こさせてくれます。

言葉の背後に見る地域独自のものと世界に共通するもの

言葉は、日常の中である程度の頻度で出現しないと、あえてその事象にラベルをつけませんし、生き残っていくこともできません。その観点で、地域特有の言葉の背後には、その地域独自の生活文化や民族性が透けて見えます。

・アキヒ（ハワイ語）：だれかに道を教えてもらい、歩き始めたとたん、教わったばかりの方向を忘れる
・コティスエルト（カリブ・スペイン語）：シャツの裾を、絶対ズボンの中に入れようとしない男の人

いずれも、その地域〝らしさ〟が滲み出た言葉だと思います。

日本の文化を象徴する、日本〝らしい〟言葉もいくつか紹介されています。一つだけ引用すると、

・侘び寂び（日本語）：生と死の自然のサイクルを受けいれ、不完全さの中にある美を見出すこと

日本語でも説明するのが難しい概念ですが、「仏教の教えがルーツにある日本のこの考え方は、不完全で未完成であるものに美を見いだす感性です。うつろいと非対称性をくらしのなかに受け入れるとき、わたしたちはつつましく、満たされた存在になりえます」と、世界に向けて紹介されています（英語表現のニュアンスは不明ですが……）。

著者は一方で、「わたしたちはみんな、同じ「素材」でできています」といいます。環境や文化の違いを飛び越えて共通するものも、言葉の中に見出すことができます。

・マミラピンアタパイ（ヤガン語）：同じことを望んだり考えたりしている2人の間で、何も言わずにお互い了解していること（2人とも、言葉にしたいと思っていない）。
・ヴァルムドゥーシャー（ドイツ語）：冷たい、または熱いシャワーを避けて、ぬるいシャワーを浴びる人。「少々弱虫で、自分の領域から決して出ようとしない人」をいう。

どちらも、日本語でも同じことを表す言葉が思い浮かぶかと思います。

翻訳できない企業の言葉とコンサルの言葉

コンサルタントとして、さまざまな企業のご支援をさせていただくなかで、「**翻訳できない企業の言葉**」にもたびたび出会います。そこには、その企業独自の文化や価値観が潜んでいることが往々にしてあるので、見つけたらしめたものです。その言葉の生成背景に思いを馳せることで、クライアント企業の歴史や大切にしてきたことが見えてきますし、同じ言葉を使って思考や議論をすることで、より深い理解に到達できるようになります。

同じように、**「翻訳できないコンサルの言葉」**もあります。横文字やカタカナ語が多く、鼻につくと思われていることが多いようですが。私自身も、「アジェンダ」とか「スキーム」とか、無意識のうちに使っていたりします。

コンサル用語が使われるのには二パターンあります。一つは、ジュニアコンサルタントがやりがちなことで、その言葉の持つニュアンスや指し示す範囲があいまいなまま、〝バズワード〟的に使っているケース。もう一つは、経験を積み概念形成ができて以降もあえて使っているケースで、他にベストフィットする言葉がないため（日本語に翻訳すると微妙にズレるので）、やむを得ずそのままにしているケースです。

いわゆるコンサル用語は、コンサルワークに最適な概念の切り取り方や表現単位になっていて、時の試練を経て生き残っているものには、それ相応の理由があるのだと思います。一方で、それはあくまでコンサル社内で使うべき言語体系であり、クライアントと話すときには相手の言語体系にモードを切り替えないと、鼻についてしまうのでしょう。

本書には、普段無意識に使っている「言葉」への感度を高め、それが背負っているものに意識を振り向け、「言葉」を味方につけていくための、数多くのヒントが詰まっています。

『ロジカル・シンキング　論理的な思考と構成のスキル』

照屋 華子、岡田 恵子

2001
東洋経済新報社

難易度　★☆☆

5

コンサルの必須スキル、ロジカル・シンキングの教科書中の教科書

新卒でコンサルティングファームに入社した人であれば、おそらくほぼすべての人が学生時代に読むことを薦められている書籍だと思います。〝MECE〟や〝So what?〟、〝Why so?〟といった言葉や考え方に最初に触れたのがこの本だ、というコンサルタントも多いのではないでしょうか。

ロジカル・シンキングとは、相手を納得させるコミュニケーションをとるためのスキルであるという、当たり前だが非常に重要なポイントをシンプルに解説している良書です。

コミュニケーションのための思考、という前提に立つことで、

答えるべき問いが明確か？

その問いに対する答えがあるか？
相手に期待する反応は何か？

という、すべてのビジネスコミュニケーションに必要とされる要素から、思考の方法を考えており、コンサルタントとしてロジカル・シンキングがなぜ必須スキルなのかをうかがい知ることができます。

私はＷｅｂ系の事業会社の出身で、新卒採用担当として新卒学生向けのリクルーティングや会社紹介のプレゼンを行っていたこともあるのですが、今から思えば、少しでも多くの優秀な学生に入社してもらうために、半分学生のノリで候補者や内定者とよい関係性を築くことのみが自分の仕事であるかのような錯覚をしていました。相手が学生という甘えもあったのかもしれません。どんなシーンであっても論理的に考えて話すことが重要なのに、それを怠っていました。

その後、人事制度の改定のプロジェクトメンバーにアサインされた私に、上司が貸してくれたのが、本書と**バーバラ・ミントの『考える技術・書く技術』**でした。その上司はデロイト トーマツ コンサルティング出身の女性コンサルタントで、私にロジカルな思考のスキルが付いていないことを見かねてのことだったのでしょう。

この記事の執筆にあたり、久しぶりに本棚の『ロジカル・シンキング』を手にとって見返してみた際に、身に覚えのないメモが挟まっているのを見つけ、あのとき貸してもらった本を借りパクしてしまっていた事実に、七年越しで気づき、懐かしさとともに申し訳ない気持ちになったのでした。

『もっと早く、もっと楽しく、仕事の成果をあげる法
知恵がどんどん湧く「戦略的思考力」を身につけよ』

古谷 昇

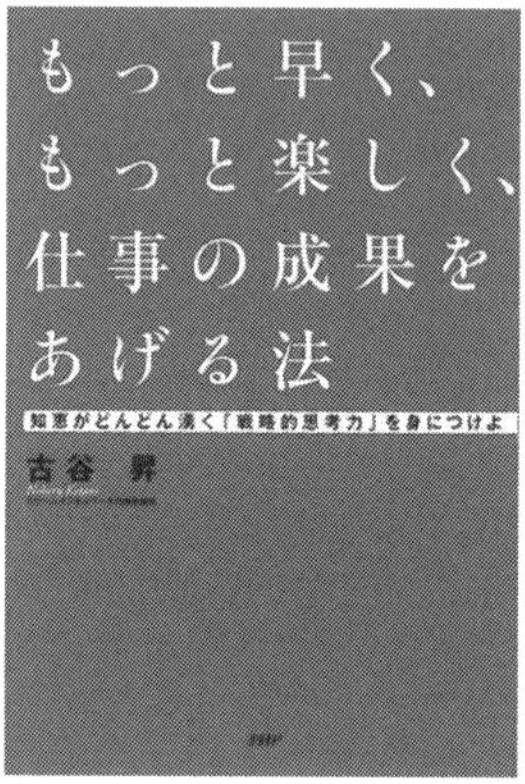

2004
PHP研究所

難易度 ★☆☆

6

ビジネスコンサルティングのコツをつかむ

ＢＣＧに入社した新卒社員の中ではじめてシニアパートナー（当時はシニア・ヴァイス・プレジデントと呼ばれていた）になられた古谷昇さんの処女作。コンサルファームのジュニア向けの手引書的な位置付けの書籍で、コンサルファームに入ったばかりの方がまず最初に読まれることをお薦めします。

古谷さんという方を表すキーワードはいくつもあります。

新卒コンサルタントの道を切り拓いた方／堀紘一さんのＢＣＧ同期、ＤＩ（ドリームインキュベータ）創業メンバー／参謀／常に客観的で、ニコニコしながら、ずばっと物事の本質を指摘する／天才／錚々たる会社の社外役員を歴任（たとえば、眼鏡のJINSや参天製薬、等々）。

噂に違わず、十八時以降、本当に仕事をされないのに（笑）短時間労働でどうやって突出した成果をあげ

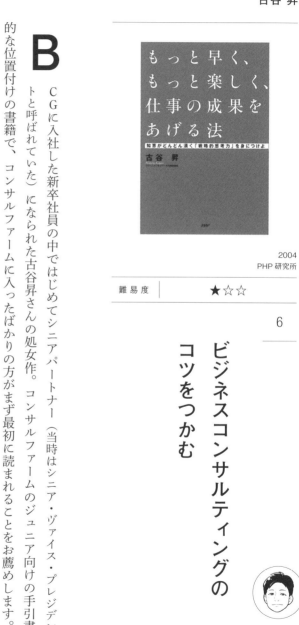

ておられるのか摩訶不思議でしたが、その内幕が書かれているのが本書です。二〇〇四年に書かれたものでして、久しぶりに読み返しましたが、いまだに色褪せません。

意気込みでやるのは下策。手法・テクニック・知識でやるのは中策。コツでやるのが上策。

そのためには、

①お手本を一つひとつ細かな要素に分割して考えずに、全体のイメージで捉えて学ぶ

②知識として学ぶのではなく、自分の気づきから学ぶ

ことが大事である。

跳び箱を上手く飛べない子に、助走スピードが遅い、踏切位置が違う、等できていない点を一つひとつ指摘しても、上手くいかないのが常。跳び箱の上で、両腕で体重を支える感覚を覚えさせることに尽きるらしい。それを「コツ」と呼ぶ。

そんなビジネスやコンサルティングにまつわる「コツ」が、本書にはちりばめられています。

私自身、ＤＩ入社当時、本当に出来が悪く、入社八か月目（たしか十二月中ごろ）に登校拒否して、会社を二週間くらい休みました。そんな折に、優しくサポートしてくれた先輩、上司の存在も大きかったです。DIMENSION の宮宗社長、Z Venture Capital の堀社長、感謝しております（覚えておられないと思いますが……）。

加えて、一人自宅に引きこもって、本書を読んだことで、復職する勇気と自信をもらいました。

紙の書籍は絶版になっているようなので、ぜひ、kindle でお買い求めください。

『考具 考えるための道具、持っていますか？』

加藤 昌治

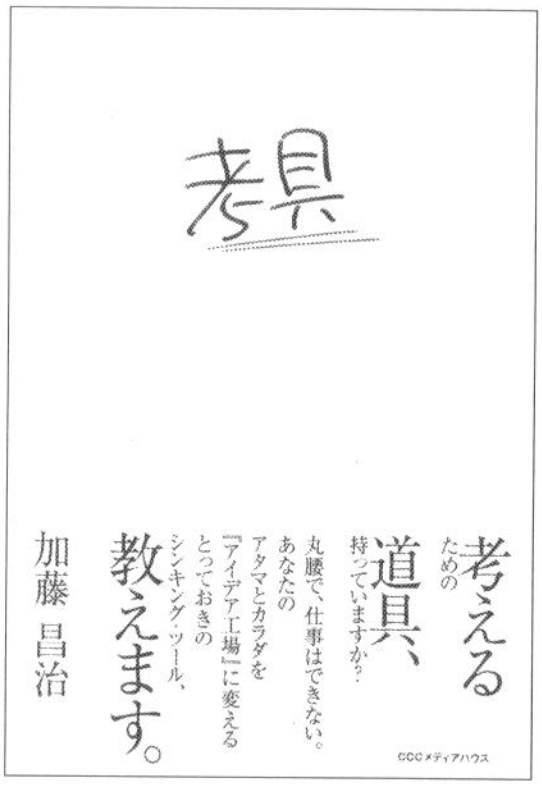

2003
CCC メディアハウス

難易度	★☆☆

7

まずは「形」から入ってみる

広告代理店に在籍する著者が、「考えるための道具＝考具」を紹介する本です。

「アイデアとは既存の要素の新しい組み合わせ以外の何ものでもない」（ジェームス・ウェブ・ヤング）という考え方のもと、「情報が頭に入ってくる考具（インプット）」・「アイデアが拡がる考具（プロセッシング）」・「アイデアを企画に収束させる考具（アウトプット）」を計二十一個、使い方とともに紹介していきます。出口の表現方法は異なりますが、**前工程はコンサルティングに通じるところも多く、**私にとってヒントがあった三つを紹介したいと思います。

聞き耳を立てる――間接街頭インタビュー。リアルな生声をモノにする

ささいなことのようにも思えますが、ものすごく大事なことです。顧客の生の声を聞く重要性はよく強調されることですが、日常の生活の場面（電車や飲食店の中など）にもその機会はあふれていて、日々アンテナを高く張って世の中を観察しているのは、リアルな生活者感覚を磨く上では欠かせないことです。

コンサルタントは入社すると、プロフェッショナル教育の一環として、自分たちのチャージ単価（時間あたりのクライアントへの請求金額）がいかに高いかを教え込まれます。それゆえ、若手コンサルタントの多くは、オフィスの近くに住み、移動は基本的にタクシーという、浮世離れした生活を送っていたりもします。コロナ以降は幾分状況も変わってきていますが、逆にリモートワークが主になったことで、自宅に引きこもってデリバリーに頼ってばかりの若手も多いと聞きます。非常に効率化された生活ではありますが、私の専門領域である「消費財×マーケティング」のコンサルタントとしては、望ましい環境とは言い難いです（社会情勢的に致し方ない面もありますが……）。

よいアイデアを生み出す（Connecting the dots の精度を上げる）ためには、**生活の余白を大切に、街に出て五感で触れる情報量を増やし、思考の参照点**（dots）**をストックしておく**ことが、まずは重要になります。

七色いんこ――あなたは代役専門役者兼泥棒。誰かになりきると違う世界が見える

手塚治虫先生のマンガに登場する主人公にたとえ、**その人の立場や目線になりきって演じてみることで、改めてわかることがたくさんある**ことを伝えています。そうすることで、「段違いに深く、バラエティに富んだ「既存の要素」を知ることができます」と。

前職時代の先輩に、モノマネが上手なシニアコンサルタントがいました。彼の得意技は「一人ステアリング・コミッティ」で、クライアントのキーパーソンのモノマネをしながら、重要な報告会の事前シミュレー

ションを、一人で何役も演じながら行っていました。私は残念ながらモノマネが得意ではなく、その芸当は使えなかったのですが、コンサルスキルの習得の際に、この「七色いんこ」を使っていました。

どういうことかというと、ジュニアコンサルタントは、プロジェクト単位でアサインされるため、毎回異なる先輩コンサルタントと組み、各々のエッジの立った得意技・必殺技を〝盗む〟機会が豊富にあります。そこで、**プロジェクトごとに先輩コンサルタントの一挙手一投足を観察し、自分の中にコピーを作るイメージで毎回仕事をしていく**のです。すると、自分の中に〝小さな〇〇さん〟がたくさんストックされてきます。そして、その小人たちを自分の中で大切に飼っておき、必要な場面で呼び出して〝モード〟を切り替えることで、コンサルタントとしての幅を拡げてきたようにも思うのです。

アイデアスケッチ（手書き）——他人には見せなくてもいいスケッチ。あえてする紙の無駄使い

著者は「**手書きがアイデアの基本**」だといいます。そして、「様々なアイデアの素を頭の中から拡げ出していくときには、スピードとフレキシビリティを大切にしたいです。なので最初からパソコンを使うことはあまりお薦めしません。メモ書きと同じレベルで、手書きで大らかに書き出していきましょう」と。

私も、大事な提案のストーリーを考えるときには、**ペン（Vコーン）とノート（セクションパッド）だけを持ってカフェにこもり、手を動かしながら頭の中にあるものをすべてはき出すところからスタート**します。その際、Vコーンの書き心地の滑らかさと、セクションパッドの書いてはすぐに捨てられる手軽さが、思考の流れをせき止めることなく没入感を生み出します。

ちなみに、この二つとPC（ThinkPad）は、**コンサルタントの「三種の神器」**ともいえるもので、私が過

去に在籍したコンサル会社は三社とも、合理性を追求した帰結として全く同じ道具にたどり着いていました。ThinkPadは、キーボードの真ん中にある赤いボタン（トラックポイント）が肝で、これを使いこなせるかどうかで、作業効率が段違いに変わってきます。新卒最初のプロジェクトで、当時のマネジャーからマウスを取り上げられ、タッチパッドに目張りをされて、半ば強制的に赤いボタンと友達になれたのも、今ではよい思い出です。

著者は、本書の終章でこのように述べます。

・考具の使い方を覚えるということは、頭の使い方を覚えるということだと思います。一度モノにしてしまえば、その気になればいつでも引き出して使うことができるようになる。気がついたら考具的に頭を使ってしまっている感じ。

・この頭の動かし方は、いつの間にか身体の一部になります。習慣化されます。システム化されます。考具がなくても、同じように頭が勝手に動いてくれて、アイデアが生まれるようになります。

・考具はあくまで道具で、肝心なのは考具を使いこなそうとする頭の働き。おそらく本当の考具の達人は、全く手ぶらなのかもしれない……ですね。

コンサル会社で長く使われている「道具」（思考習慣や物理的なツール）には、それ相応の理由があります。中途入社のコンサルタントが陥りがちな罠として、前職時代の成功体験をアンラーニングできず、立ち上がりに苦労するケースがよくあります。そんなときは、「郷に入っては郷に従え」ではないですが、まずは「形から入ってみる」ことも大事なのかなと思います。

8

ロジカルなクリエイティビティ

『ベンチの足 考えの整頓』

佐藤 雅彦

2021
暮しの手帖社

難易度	★☆☆

著者は、「バザールでござーる」等のヒットCMや、「だんご3兄弟」の作詞・プロデュースなどを手がけた後、大学教授として「ピタゴラスイッチ」の番組監修に携わり、近年は短編映画でカンヌ国際映画祭に招待されるなど、マルチに活躍するクリエイターです。学術・芸術分野で優れた功績を挙げた方に贈られる「紫綬褒章」を受章し、そのインタビューで次のように語っています（YouTubeで公開）。

・表現を解釈する人、テレビだったら視聴者、書籍だったら読者は、鑑賞者としてプロだと思っています。受け取る人にとって「あ、これは**新しいわかり方**だ」、「自分はわかってしまうんだけど、新しい」ということがないと、その表現を認めてもらえません。鑑賞してくれる人は、ある時間を使ってそれに付き合うわけだから、すべてに新しい発見を入れないと、付き合うに値する雰囲気や「たたずまい」が持てません。

・新しい発見は、いろんなところに隠れています。僕は「**うまく待つ**」と言っていますが、当たり前だと思っていることが、実は当たり前じゃないことがよくあるので、見過ごさないよう気をつけています。また、**無数の「場合の数」を頭の中でやる訓練**というか、頭の中でガチャガチャやっているうちに、セレンディピティというのか、たまたまものが見えたりしたときに、それがガーンとくるジャンプの映像だったりします。**大切なのは、うまく待つことと、ものすごく追究すること**だと思います。

・本当の答えは、そこに行く道がないものです。橋がありません。頭のいい人は、「こうだからこうですむじゃないですか」と言って、通り一遍の解決はいくつかできます。ただそれは解決になっていない場合が多くて、表現の場合はひとこと、「つまらない」でおしまいになってしまいます。みんなに言っているのは、**「作り方を作る」**ということです。いきなりマニュアルを教わって作るというやり方もありますが、そうではなく作り方を作る。新しいものを作るとき、**「作り方が新しければ、おのずとできたものも新しい」**ということを教えています。

本書は、そんな著者が、何気ない日常で出会った「妙」をつづったエッセイ集です。「多くの「妙」に遭遇し、魅了され、その真意を焙り出そうとした過程が、この「考えの整頓」に他ならない」といいます。日常に向ける鋭い観察眼、背後にある飽くなき好奇心や探究心、気づきを端緒とした柔軟な思索の拡げ方や深め方、ハッとする洞察の導き方や整頓の仕方、それらを魅惑的な「たたずまい」に仕上げる表現手法、そのいずれも著者のオリジナルでありながら、コンサルタントへの示唆に満ちあふれています。

たとえば、タイトルの**「ベンチの足」**は、夜中の散歩中に見かけた、工事現場で掘り起こされたベンチに、普段は地中に埋まって見ることのない、「象の足のような大きなコンクリートの固まり」がついているのを目撃したことに端を発します。そして、「この滑稽にも見える大きく太い根」が、「びくともしない安定度」を生み出しているという「ベンチの真相」を知り、次のように思索が展開していきます。

・私たちは、私たちの生活を陰で無口に支えているいろんなことに、あまりに無頓着である。頼れるだけ頼っておいて、この無頓着さ。でも、よく考えると、その無頓着さは、間違いとは言い切れない。

・みんなが無関心でいられるほど、はなから信頼していること。まったく気にさせることなく、みんなに個人個人の思いを遂げてもらうこと。頼っていることを意識させずに頼られていること。頼もしいとも感じさせずに頼もしいもの。それが、真の「支える」ということだ。私は、ベンチの不格好な足を見て、そう思った。

・逆に、自分が誰かや何かから、頼られる存在である時、それがうまく達成している時には、感謝や気遣いが生まれにくいということも示している。お母さんを全面的に頼りにしている子どもは、感謝の言葉や気持ちを表すことなんて思いも寄らないし、お母さんもそれを期待して一生懸命になっているのではない。だから逆に、感謝の言葉を言われた時、涙が出るくらいにうれしいのだ。

本書を読むと、著者の身の周りでは、次々と事件が起こっているようにも思えますが、それはこの観察眼もさることながら、**「妙」をたぐり寄せる好奇心・探究心**が背後にあるからだと思います。

たとえば、**「たしかに……」**では、電車の隣に座った小学生が、熱中読書の末に思わずもらしたひとことが気になって仕方がなくなります。短編小説のようなストーリー展開と、嫉妬と羨望に煩悶する著者の心理描写に、こちらも引き込まれてしまいます。

また、**「あぁ、またやってしまった」**では、ティッシュをポケットに入れたまま洗濯するという失敗あるあるから、洗濯物と付着するティッシュの量の関係性、面積に比例するのか／素材が影響するのか、が気になって仕方がなくなります。そして、素材を統一し、面積比を整数倍にした生地に、わざとティッシュを混ぜて洗濯するという実験を、誰に頼まれたわけでもなく、勝手にピタゴラスイッチしています。

そして、**「脳の中の新しいつながり」**では、自身の表現手法について、このように語ります。

・私は、映像や書物などで表現活動を長い間行ってきた。そのほとんどは、視聴者や読者に、ある表現を提示し、それによって、新しいものの見方や考え方を獲得してもらうという意図を持っている。

・ある考えやものの見方を見つけると、それまで繋がっていなかった事が繋がる。そして、それが達成されたあかつきには、面白さを覚えたり、時として衝撃さえ生まれる。

・私は、大小を問わず、新しい脳の中の繋がりを生むための表現を求めて、昼夜、もがいているとも言えるのである。

「クリエイター」というと、「何か突拍子もない特別な発想を持った人」というイメージもあるかと思いますが、本書では、極めて**ロジカルなクリエイティビティ**が、平易な文章でさらっと表現されています。日常に見出したわずかな「差」が、「場合の数」によって新しいつながりを得て増幅し、魅惑的な「たたずまい」を携えた結果として、著者独自の「面白さ」が生み出されているのかなと思います。

コンサル会社においても、**分析やアウトプットを評価する価値基準として、「面白い／つまらない」が共通言語**になっていたりします。本書および著者の生き方には、自分オリジナルの「Something New」を生み出すためのヒントがたくさん詰まっています。

『意思決定のための「分析の技術」
最大の経営成果をあげる問題発見・解決の思考法』

後 正武

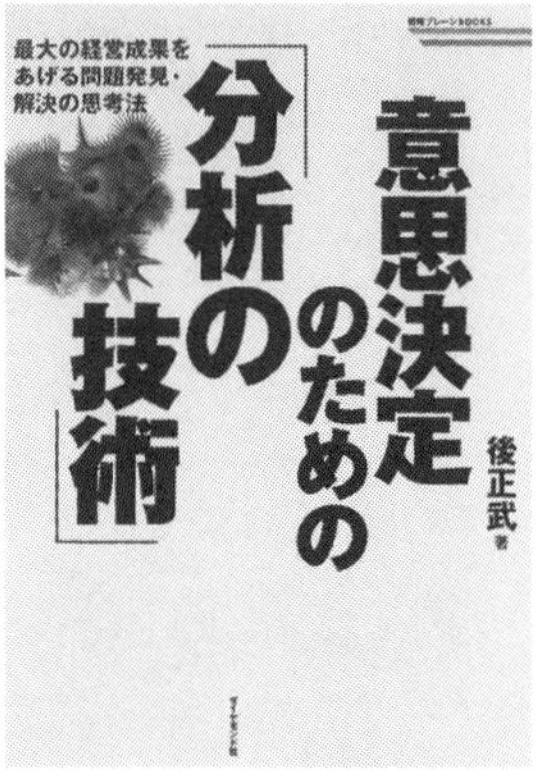

1998
ダイヤモンド社

難易度	★☆☆

9

ビジネスコンサルティングの基礎となる分析の王道を習得する

マッキンゼーとベインでシニアメンバーを歴任された後正武さんの著書。戦略ファームのジュニアメンバー向けの教科書・参考書的な位置付けの書籍。私自身、ジュニアの頃に、定量分析で行き詰まった際には、見落としている視点がないか？　を参照しに行くことで幾度となく助けられました。

著者曰く、**分析の定義とは、「物事の実態・本質を正しく理解するための作業」の総称**であるとのこと。

そのための切り口は九つあると提示されております。

① 「大きさ」を考える
② 「分けて」考える

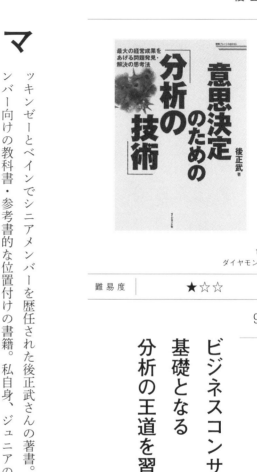

③「比較して」考える
④「変化／時系列」を考える
⑤「バラツキ」を考える
⑥「過程／プロセス」を考える
⑦「ツリー（樹形図）」で考える
⑧「不確定／あやふやなもの」を考える
⑨「人の行動／ソフトの要素」を考える

私の経験上でも、これらを単独もしくは複数を組み合わせることで意味のある分析ができあがります。

ただ、九つの切り口を頭に入れるのは私にはキャパオーバーだったのと、筆者も分析の基本は以下の四つということですので、

①「大きさ」を考える
②「分けて」考える
③「比較して」考える
④「時系列」で考える

について、お話しします。

なお、⑦ツリー（樹形図）は、イシューツリーやロジックツリー等ですが、これを論じるだけで一冊の書籍ができ上がってしまいますし、⑧と⑨は定量分析ではお目にかからないことが多いものです。

①「大きさ」を考える

キーコンセプトは、大きさの程度（「オーダー・オブ・マグニチュード」）です。

つまり、筆者曰く、「何事によらず、内部の論理の緻密さや形式的な整合性を論じる前に、**全体としての大きさの程度、施策の危機の程度を大まかに把握して、まず重要度の判定をし、その上で重要度の順に応じて、あるいは大きなところのみ手を付ける**」という考え方です。

重箱の隅をつついたところで、往々にして経営インパクトは少ないため、経営上意味のある施策・投資を実行した際に、どれくらいの定量的なインパクト（売上面・費用面）が見込めるか（逆に一定の成果を得るために必要とされる投下リソースはどれくらいか?）、常に試算しておこうという考えです。

ですから、たとえば、**「パレートの法則（80：20の法則）」や「クリティカル・マス」**という概念は外せません。

パレートの法則（80：20の法則）、つまり二割の顧客が八割の売上高を稼いでいるという企業分析は頻発します。まずは二割の顧客をしっかり調べようという話です。残りの八割を調べたところで、なかなか意味のある解が出にくい。

クリティカル・マス。これは、日本語にすると、「閾値」と呼ばれます。たとえば、とあるマーケティング施策から意味のある売上を得ようとした場合に、必要最低限の投資金額がありまして、それを超えない投資なら、止めたほうがよい。総花的な投資や戦力の逐次投入は、下策中の下策です。**絞った施策に、しっかりと資源投下し、売上を上げていくための概念が、クリティカル・マス**です。

②「分けて」考える

分け方にも基本があります。まず、そもそも、なぜ分けるのかというと、どんぶり勘定で企業分析をやろうとしても、調査も思考も全く進化しません。ですから、たとえば、市場が高級品と中低価格品に分かれているなら、価格帯別に分けて、エンドユーザーや競合を考えることになります。また、（エリア別に分けるといった）地理的な要因や（所得や性別等の）デモグラフィックな要因で分けることもあります。

いわゆる、**「マーケットセグメンテーション」**と呼ばれるものですが、この**分け方の軸の選定そのものが一番肝心で、累積経験やセンスに依存します**が、セオリー通りに粘り強くやれば、答えが出ることが多いものです。

原則として、（漏れなくダブりなくという）MECEに分けることが肝心で、そのために、四則演算で分解してみたり、（顧客軸と技術軸等の）2×2マトリックスに分けてみたりと、いろいろ試してみることになります。

③「比較して」考える

企業の競争優位性を考える際は「絶対的なものさし」ではなく、通常、相対的な比較優位性を論じることになります。

その際に、大切なのは**apple to appleという概念**。簡単に言うと、リンゴとみかんを同じ土俵で比べようにも難しいので、同じリンゴ同士で、比較しようという概念です。

そのためには、

a　できるだけ同じものを比較する（例：できるだけ、リンゴ同士を比較する）

b　異なるものを比較するときは、意味があり、かつ、比較できる指標を探して比較する（例：みかんと比較するなら、たとえば、デザートとして相応しいフルーツ比較・いずれがより太りにくいか？　といった共通の目的を設定し、同一の指標（価格、糖質、カロリー等）で比較する）

c　似たもの同士を比較する場合も、同じ要素と異なる要素を正しく見分け、異なる部分の影響を勘案しつつ合理的な比較を心がける（例：競合他社と開発費の割合を論じる場合でも、両社の規模の差、導入技術の歴史の差、商品構成や対象市場の差、外注比率を含めた付加価値の差、等の違いを踏まえる）

ことが必要です。

よく用いられるのは、（ベンチマーク企業と自社の収益構造比較等の）**「ギャップ分析」**、収益構造比較の内訳としての**「コスト比較」**、競合との**「シェア分析」**等ですが、このうち、「シェア分析」では、市場の正しい分け方を元にした比較が求められます。

④「時系列」で考える

自社・市場・競合の経年変化を見ることで、インプリケーション（情報の背後にある本質的な意味）を抽出するというアプローチです。格好よくいうと、「歴史から学ぶ」ということです。

ポイントは、**「変曲点に着目すること」**です。筆者曰く、**絶対量の変化もしくは微分した際の変化率を捉え、その変化の意味と要因を常に考える・説明する習慣を身につけることが大切**とのこと。変化点が、単なる季節要因なのか、何がしかの構造変化が起こっているのか、を見極めることで、「兆候を読み取る」ことになります。

また、**これまでの分析手法と組み合わせる**ことで、インプリケーションが導かれることもあります。たとえば、過去の自社と現在の自社を、コスト分解して（②分けて）、比較する（③）ことで、どのコストが改善・悪化しているのか？　が見えたりするわけです。

本書は、定量分析の参考書的な位置付けとして、本当にぼろぼろになるまで使い続け、幾度となく夜を共にした思い出深い書籍です。参考書としてご活用いただければと思います。

『論点思考　BCG流問題設定の技術』

内田 和成

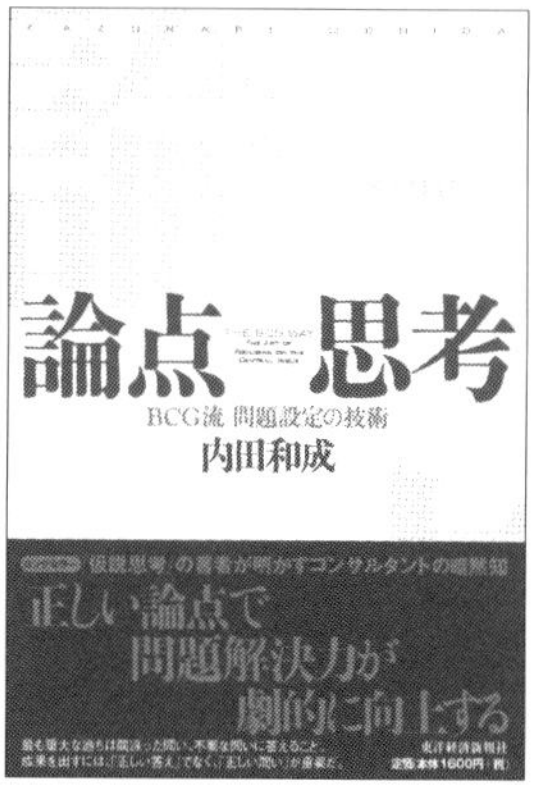

2010
東洋経済新報社

難易度	★★☆

10

課題設定を間違うと答えも間違う。正しい課題設定が成果を生む

BCGでは「論点」、マッキンゼーでは「課題」「イシュー」という、コンサルタントの用いるこれらの言葉は、一般的な定義とは異なります。とある現象（経営におけるポジティブ／ネガティブな事象）について、その真因と解決策を導くために解くべき問題を「論点」とか「課題」とか「イシュー」と呼び、コンサルタントならば誰しも一度は口にしたことがある言葉だと思います。

ほぼ同様の意味合いを指す言葉が、それぞれのコンサルティングファームで異なる言葉で定義されているということは、どのファームでも、**問いを立てることがコンサルタントにとって等しく重要である**ことを示していると言えるでしょう。

実際、本書はまさに、**論点、すなわち、「解くべき問題」を定義することこそが重要であり、そのプロセスを論点思考と呼ぶ**としています。すなわち、論点思考は問題解決プロセスの最上流にあり、**最初に論点設**

定を間違えると、間違った問題に取り組むことになる、というわけです。

「イシューはどこにあるか」――一般の事業会社からコンサルティングファームに転職してきた当初、最初にこの言葉に戸惑ったことを覚えています。分析して、とか、整理して、とパートナーに言われたはずなのに、言われたことを額面通りに受け止めて、とりあえずスライドを書いて、とやっていると、議論が全く噛み合わない、という経験が何度もありました。

途中でパートナーと設定したチェックポイントで、とりあえず、だけど自分なりに考え抜いて書いたスライドを、ちょっとの達成感と一緒に見せて議論を始めようとするのだけれど、議論を始める前に、表情から「そうじゃないんだよなぁ」と思われているのがわかる……。そういうことが何度もありました。

そのプロジェクトでチームが解くべき論点と、自分がとりあえず書いたスライドの拙いメッセージがずれていたことは、外堀を埋めるようにクドクドと指摘を受けたあとでは明瞭に意識できたのですが、「論点は何か」という、（一般的な意味で）知っていると思っていた平易な言葉に対して答えられないもどかしさや恥ずかしさから、素直に受け止められなかったことを思い出します。

私がフィールドマネージメントに入社したころ、私より半年前に入社した年下の先輩がいたのですが、彼と一緒に、「最初からその〝論点〟とやらをもうちょっと親切に示してくれればよかったのに」と、負け惜しみのように言いながら作業をやり直す毎日でした。

メンバーを抱えてプロジェクトを推進するようになった今、Ｚｏｏｍでやるメンバーとのミーティングでは「そうじゃないんだよなぁ」感は読み取られづらくなってしまいましたが、年下の先輩と一緒に何度も繰り返したあの日々が糧になっていたことを、久しぶりにこの本を読んで思い出しました。

『学校の「当たり前」をやめた。
生徒も教師も変わる！ 公立名門中学校長の改革』

工藤 勇一

2018
時事通信社

難易度	★☆☆

11

コンサルの王道アプローチを学校改革のケースに見る

東京の名門千代田区立麹町中学校元校長の工藤勇一さんの処女作。メディアなどで取り上げられる機会が多いため、名前は存じ上げておりましたが、中身については、恥ずかしながら、本書を読んではじめて知ることになりました。端的に申し上げると、**経営コンサルティングでよく使う極めてオーソドックスな王道アプローチ「そもそもの目的に立ち返って、現状の課題をあぶり出す。課題の背後にあるメカニズムを考察した上で適切な解決策を提示する」で、学校を「生徒ファースト」に変革されました。**

具体的には、服装指導の廃止、宿題の廃止、中間試験・期末試験の廃止、固定担任制度の廃止、等です。なぜ、これらの手段をとることになったのか？ 中間試験・期末試験の廃止を例にご紹介します。なお、前提として、工藤さんは、学校の存在意義・ミッションは、「社会の中でよりよく生きていけるようにする」

ことにある。そのためには、子どもたちには「自ら考え、判断し、決定し、行動する資質」＝「自律」する力を身につけさせていく必要がある、という考えをお持ちです。

日本の中学校の多くは、年五回の定期考査を実施しています。試験の一週間前から焦って勉強を開始し、一夜漬けで詰め込んだという経験は、ほとんどの方が一度はあると思います。

でもそれは、テストの点数をとるという目的には合致していますが、学習成果を持続的に維持する上では、効果的ではありません。**テストが終わったら、大半は忘れてしまう**からです（睡眠不足だと記憶の定着にも悪影響が出ますし）。

つまり、年五回の定期考査は、教師が通知表を付けるためには、都合のよい仕組みですが、テストを実施するそもそもの目的である「学力の定着を図る」ためのものにはなっていないということです。で、目的を達成するためにとった打ち手が、定期考査を廃止する代わりの、「単元テストの導入」です。つまり、数学なら「比例と反比例」の単元が終われればテスト、社会科なら「中世の日本と世界」の単元が終わればテストという具合です。聞いてみれば、なんてことはない話に聞こえますし、変えてしまえば、よりよくなったとみなが実感できるような話です。

どこの企業や組織でも見かける「手段の目的化」「前例踏襲主義」。コンサルティングに従事していると、頻出する課題です。虚心坦懐に課題に向き合い、シンプルに考え、愚直に変革を実行された工藤さんは、コンサルタントになっておられたとしても大活躍されたのではないかと思われます。

また、本書を読んでいて、随所に読み取れるのは、教育への情熱、生徒への愛情、現状に安住しない貪欲さです。**「個人の強い想い」が、物事を変える起点になる**ことを改めて実感しました。

『イシューからはじめよ　知的生産の「シンプルな本質」』

安宅 和人

2010
英治出版

難易度　★☆☆

12

コンサルタントの共有知を本質的かつ体系的に学ぶ

本書は、この章で紹介している名著といわれる書籍の中でも、比較的最近執筆された書籍です。にもかかわらず、コンサルタントのみならず多くの社会人に向けたビジネス書として大きな支持を得ています。著者の安宅氏は、マッキンゼーを経て、現在は、大手IT企業のCSO（Chief Strategy Officer：最高戦略責任者）。コンサルタントとしての問題解決のスキルが時代や業界を超えて有用であることの証左でしょう。

タイトルの通り、**どのような問題解決のシーンでも、本当に解くべき課題（イシュー）が何かを見極めることから始める**ことの重要性とその手法について書かれた書籍ですが、著者のコンサルタントとしての経験や専攻の脳神経科学の研究における事例を用いて、概念的な話が平易に展開されており、これから社会人になる人にも読みやすく腹落ちすることができるのではないでしょうか。

筆者は、生産性の高い仕事とは、「イシュー度（その局面において答えを出す必要性の高さ）」と「解の質（イシューに対する答えの明確度合い）」の双方が高い、「バリューのある仕事」のことである、と定義し、そこに至る道のりとして、**まずイシュー度の高さを見極めることが肝要で、解の質を高めることから始めるアプローチを「犬の道」と呼び、決して選んではならない道**だと説いています。

その上で、バリューのある仕事の筋道とそれぞれの局面について次の四つの考え方を示し、それぞれの考え方が実際にどのような作業に落ちていくのかを丁寧に解説しています。

①**イシュードリブン**　まずは解くべきイシューを見極める
②**仮説ドリブン**　解くべきイシューを分解してストーリーを組み立てる
③**アウトプットドリブン**　ストーリーに沿って実際の分析を進める
④**メッセージドリブン**　相手に伝えたいことをまとめる

本文中のコラムの一節に、脳神経科学の定説として、「理解するとは二つ以上の情報の意味が重なること」といった主旨の記載がありますが、改めて本書を読み直してみると、すべてのページにおいて著者が、体系化された知的生産の概念と実体験を行き来することで、読者に本書の内容への理解を促しており、まさに本書が、「イシュードリブン」の考え方に則って構成されていることに気づかされます。

私自身は、コンサルタントになってしばらくしてから、とあるきっかけがあって本書をはじめて手に取ったのですが、当時の上司からその時々に受けていたフィードバックがそのまま記載されていて耳の痛い思いをしたとともに、あまりに本書に記載されていることとフィードバックの内容が符合していたために思わず笑ってしまったことを覚えています。それほど、**コンサルタントとしての仕事の進め方として共有知化されたものを体系化したものが本書**であり、間違いなく必読書の一つとして挙げられる名著だと思います。

『ミッションからはじめよう!』

並木 裕太

2012
ディスカヴァー・トゥエンティワン

難易度 ★☆☆

13

仕事でも人生でも、最初に必要なのはミッション

本書は私たちが所属する会社、フィールドマネージメントと架空の航空会社を例に、自分の会社のみならず自分の人生においても、「ミッション」を持ち、自分で戦略を描いて巻き込み、実行することがいかに重要かを述べ、さらにその方法を記載した書籍です。

就職活動中の学生や、新卒で入った会社で仕事に慣れ始めた若手社員などの読者を想定して書かれている本書ですが、タイトルにある「ミッション」を持つことやその重要性はどんな世代やどんな職業の方にも置き換えて考えることができるものだと思います。書かれたのは、もう十年も前の本ですが、昨今、注目されている「パーパス経営」をまさに先取りした本であるともいえます。

筆者（弊社代表の並木裕太）は本書で、会社に変革をもたらすためには、実際の事業をつくっていく「リアリティ」と新しい価値を世の中に届けようという「インスピレーション」が必要だとし、それを形作っていくプロセスとして、三つのステップを挙げています。

・ミッション（使命）　自分（会社や部署、プロジェクトなどの組織、または個人としての自分自身）の目指す姿や提供する価値を定義したもの

・ロジック（論理）　ミッションを実現するために戦略を社内外に伝え、説得する目的で構築された論理

・リアライズ（実行）　必要な他人を巻き込んで継続的に成果を出すこと

「ロジック」や「リアライズ」よりも先に「ミッション」があるべき、ということが本書の最大のメッセージなのですが、少し立ち止まって考えてみると、ともすれば「ロジック」や「リアライズ」のみを仕事の目的としてしまっていることに気づかされます。

コンサルタントの現場を思い返してみても、問題解決をすることそのものが目的になって、結局実行が担保できない戦略を提示してしまうことや、ただひたすらに何かを実行することが目的になってしまうことが多々あるように感じます。

自分の会社のミッション、という観点のみならず、一つの部門やプロジェクト、ひいては個人の人生においても、「ミッション」を設定することで、目的や目標が緩やかにピン留めされるような感覚を得ることができるのではないでしょうか。

著者はミッションを設定するフレームワークとして、「ミッションコーン」という考え方を提示しています。フィールドマネージメントでは新たなクライアントやプロジェクトが始まるとき、必ずこのフレームワ

ークを用いて、クライアントのミッションは何か、という問いを立てることから始めます。

・**自分や組織の目指す姿を体現するものとしての「ミッション」**
・**ミッションを達成するために必要な「ファンクショナル（機能的）ベネフィット」**
・**その機能によってもたらされる「エモーショナル（感情的）ベネフィット」**
・**ベネフィットを産み出すことができる証拠となる「エビデンス」**

本書の巻末のあとがきには、フィールドマネージメントのミッションコーンが記されています。「ステップゼロ」は創業時から変わらないフィールドマネージメントのミッションですが、その要件として「経営経験とコンサル経験のハイブリッドな人材」「対象は会社ではなく「人」」「「自らのミッション」を持っていること」の三つが挙げられています。

簡単な要件ではないのですが、ステップゼロを体現している人や、ステップゼロを目指したい人と一緒に働くことができるとよいなと思っています。

第2章
コンサルが読んでる本
◉思考法・マインドセット

14

コンサルタントに特に必須のベーシックな思考法

『エッセンシャル思考　最少の時間で成果を最大にする』

グレッグ・マキューン

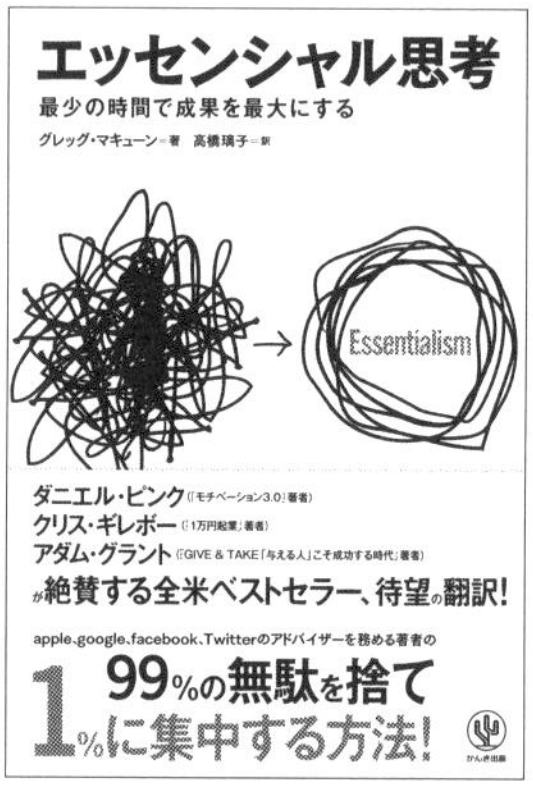

高橋 璃子 訳
2014 かんき出版

難易度	★☆☆

シリコンバレーにあるコンサルティングファームのＣＥＯを務める著者が定義する「エッセンシャル思考」を啓蒙する書籍。平たく言うと、**「より少ない時間でよりよい成果を継続的に上げるためのコツ」**。言い換えると**「人生のＲＯＩ（投資利益率）を高める方法」**が書かれております。

本書の書評を書くにあたり、久しぶりにKindleで読み返してみたら、メンタリストDaiGoが帯に登場しており、やや面喰らいました（笑）。加えて、マンガ版まで上梓されており、読者の広がりに喜びを感じました。

すべての人に役立つ本ですが、特にコンサルタントに必須だと思った理由を二つ挙げてみます。

・**「選択と集中」**

コンサルタントがクライアント向けに頻繁に使うキーワードトップ一〇に入るような頻出ワードです。「選択と集中」とは、言い換えると、何かを捨てて、他の何かを選ぶことを決断すること。

しかし、当のコンサルタントは決断することが、意外と苦手です。

コンサルタントは、クライアントの決断を後押しすることが重要な仕事で、自分自身は決断そのものをあまりしないため、実は、決断力がほぼゼロ（笑）。ちょっと言いすぎましたが、医者の不養生・紺屋の白袴というか、そういう方に少なからずお目にかかります。

・**「NOと言えない」症候群**

コンサル会社社内の競争にサバイブするために、特に若手のコンサルタントは、仕事は断らないし、依頼された仕事はすべて受ける、というスタンスで臨みます（今は随分様変わりしたと聞いておりますが、少なくとも十年くらい前まではそんな雰囲気でした）。

つまり、若手の返事は、「YESかハイ！」しかない（笑）。

だけど、それだと続かない。バーンアウトする。でも、仕事を断りすぎると昇進できない。長期的なパフォーマンスを維持するために、いい感じのバランスを保つことが肝心なのです。

私自身は、ご多分にもれず、決断することもNOと言うことも苦手で疲弊しておりました。そんな折に、本書に出会いました。

これは、**優柔不断な自分自身や疲弊した自分自身にサヨナラするための手引書**なのです。

15

数学者に学ぶ創造的な思考法

『可変思考』

広中 平祐

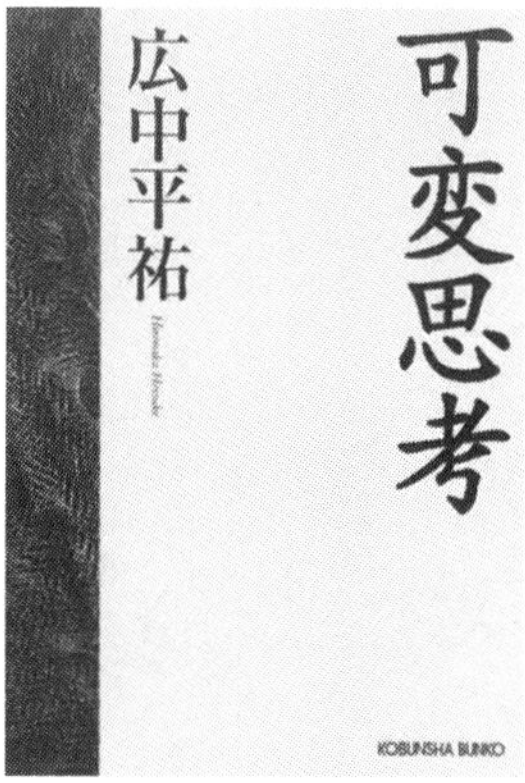

2006
光文社

難易度	★★★

著者は、数学界のノーベル賞ともいわれるフィールズ賞を受賞した数学者で、本書では、**創造性を高めるための思考習慣**について、自身の経験も織りまぜながら書きつづっています。

初版は一九八二年（私と同い年）で、すでに四十年近くが経過していますが、数学者が試行錯誤の末にたどり着いた「定理」が語られているので、今読み返しても色褪せない普遍的な内容になっています。

また数学者らしく、次のような数学的表現を用いたメタファーが随所にちりばめられ、知的好奇心がくすぐられます。

・人間の記憶は、フーリエ変換して脳内に保存され、その結びつきが創造性を生む。

・個性とは、自分独自のパラメーターをもつことであり、創造とは、新しいパラメーターの発見である。
・まず微分により、抽象化して原理原則を把握した上で、次に積分により、それを実践するために具体化する。

創造性を高める思考態度

タイトルにもなっている「可変思考」とは、本書の中で、**「たえずいろいろな立場を踏まえながら、柔軟で次元の高い解決をしていかねばならないという態度」**と定義されており、まさにコンサルタントに求められる思考態度とも重なります。そして、**「可変である」（変わりうる柔軟性を保つ）**ために、**「フリーである」ことの重要性**が繰り返されます。

・人間の知恵は、覚えたり忘れたりという**遊びを繰り返す**ことによって創られる。**知恵をもつ人間が、緊張した時間ののちにフリーな状態に出会ったとき、予想もしなかったような創造性を発揮する**ものなのだ。
・人間は、意識的には取り出せない部分に埋もれた記憶をたくさん蓄積していて、その**余裕や無駄が、人間らしい幅のある判断を生む**のである。
・創造的な世界においては、**知識、経験、様々なしがらみを引きずって歩くことが、考えることの自由度を拘束し、柔軟性を失わせ、想像性の欠如**へとつながり、新しいものが生み出せなくなる。つまりそれが学者としての老化であるとも言えるわけだ。

創造性を高める思考法

また、「思考法」に関しても、コンサルタントにとって示唆に富む金言が詰まっています。

- **頭の中に「座標」（「原点」と「軸」）をもつことで、記憶と判断の精度が上がる。**
- **質問量は理解度に比例する。**わかっているという思い込みは、わかっていないことの証。
- **「学力」とは、「学んで身につけた知識」のことではなく、「学びとる力」のこと。**

改めて、私自身のコンサル経験と突き合わせながら振り返ってみると――

コンサルティングのプロジェクトは、たとえるならボーリング（地質調査）に似ていて、ジュニアコンサルタントの間は、新たな「業界」×「テーマ」を数か月サイクルで次々に掘り込んでいきます。そのような経験を積み重ねていくと、いろんな地点の地層のサンプルが蓄積されてくるので、**どの領域にも当てはまる共通項や相似パターンが見えてきます。**まさに、**頭の中に「座標」ができあがってくる感覚**です。

そうすると、世の中のスケルトンが浮かび上がってきて、**まだ経験したことがない「業界」／「テーマ」に対峙しても類推がきくようになり、〝見える〟世界がどんどん拡がっていきます。**と同時に、世の中の奥深さもよりいっそう鮮明になり、**「これまでいかにわかっていなかったか」がわかってきて、**どこまでも無限の荒野が拡がっていることを痛感します。

また、コンサルタントの**成長は、線形ではなく指数関数的**だといわれます。**成長カーブ（「学びとる力」）自体が成長する**ので、今の延長線上で〝見えて〟いる世界からは想像できない地点に、いつの間にか到達しています。私も駆け出しの頃、先輩コンサルタントの仕事ぶりを見て、今のままの成長速度で走り続けたとしても、いつまで経っても追いつかないと絶望したことがあります。その後しばらくして、思ったよりも早く同じ地点に立てていることを知るのですが、気づくとその先輩はさらにはるか先まで進んでいて、構造的に追いつけないことを悟って再び絶望したことを覚えています。

数学と経営の「特異点」

著者のフィールズ賞の対象となった研究は、「特異点解消」の理論で、平たく言うと、**「新しい変数（観点）を付け加えて、複雑なものを簡単にする」**理論です。たとえば、東西の道と南北の道は少なくとも一点、どこかで交わることになり、二次元（平面）で考えている限りは「特異点（交差点）」のままだが、上下という新たな次元を追加することで、三次元（空間）の「解消法（立体交差）」が生まれるのだといいます。

経営にも「特異点（トレードオフ）」が付きもので、コンサルタントは常にその「解消法（アウフヘーベン）」を模索しているともいえます。本書で語られるように、パラメーターを増やしたり、次元を上げたり、試行錯誤を繰り返すのですが、〝アハ体験〟は得てしてプロジェクトの終盤、考えに考え抜いた末のふとした瞬間（まさにフリーの状態の時）に、突然舞い降りることが多いです。

補助線一つで一気に霧が晴れて、全く違った景色が立ち現れる感覚は、この仕事の醍醐味の一つでもあります。本書には、そんな瞬間に出会うためのヒントがたくさん詰まっています。

『未来に先回りする思考法』

佐藤 航陽

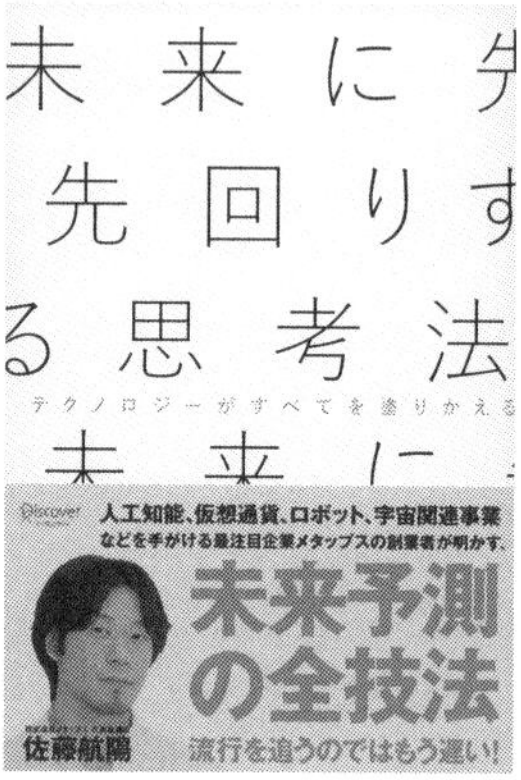

2015
ディスカヴァー・トゥエンティワン

難易度	★★☆

16

「原理原則」から未来を先読む思考法

著者は、メタップスを上場に導いたシリアルアントレプレナー（連続起業家）で、足下では、将来〝メタバース〟のインフラにもなりうる、「衛星データ（インプット）↓AI（プロセッシング）↓3DCG技術（アウトプット）」を活用した、現実世界のコピーを仮想空間に自動生成する取り組みを推進しています。本書では、**物事の変化の底流にある「原理原則」を見極めること、そうすれば「点の羅列」ではなく「線としての流れ」が読めるので「未来に先回り」できる**、という主張が展開されます。

著者ならではの〝メタ〟な思考法で、私が大学で専攻していた物理学の世界とも重なります。物理学者の究極の目標は、この世の中のすべての現象を説明可能な「宇宙方程式（万物の理論）」として導くことで、現時点では「超ひも理論」（大きな世界を説明する「一般相対性理論」と小さな世界を説明する「量子論」の矛盾を解消しうる理論）が有力仮説といわれていますが、その思考法をビジネス領域に展開したともいえます。

テクノロジーの進化の「原理原則」

「原理原則」を見極める上で、著者は、まず**テクノロジーを起点に考える**べきだといいます。変化のスピードが最も速く、社会システムや人々の生活に影響を及ぼす震源となるものだから、というのがその理由です。そして、**テクノロジーの本質として、「人間の機能を拡張」し、「掌から宇宙へ」広がっていき、やがて「人間を教育」し始める**という特徴が紹介されます。

たとえば、人間のインプット機能（五感）は、センサー／ＩｏＴ、プロセッシング機能（脳）は、ビッグデータ×ＡＩ、アウトプット機能（身体）はロボティクス等へと拡張され、人間の活動の幅を広げると同時に、人間の行動を縛る側面も出てくると。

テクノロジーの進化を〝ビジネス〟に転換するにあたっては、ＢｔｏＢの領域は比較的シンプルで、基本的には経済合理性で回っている世界なので、投資対効果が明確に示されればテクノロジーの導入が進みます。ＢＰＲ、ＥＲＰ、ＲＰＡなど、時代によって「業務改革」を表す略称は変化してきていますが、その本質は大きく変わっておらず、直近ではそれらがＤＸに収斂した感があります。

一方、ＢｔｏＣの領域はそう単純ではなく、人間は感情の生き物で、必ずしも経済合理性に基づいて行動するわけではありません。ゆえに、多様な〝ビジネス〟が成立し得て面白い領域なのですが、「原理原則」という観点でいえば、**「人間の欲望を外した〝ビジネス〟は成功しない」**、というのは真だと思います。

テクノロジーの進化は社会システムをどう変えるか

次に、テクノロジーの進化が社会システムをどう作り替えていくのかについて考察されます。

テクノロジーの進化によって、情報の処理能力が向上／流通コストが低減すると、社会の構造が従来の「中央集権・ハブ型」から「分散・ネットワーク型」へと変化していきます。

「分散・ネットワーク型」の社会システムにおいては、代理人（ハブ）を介さず個々のノードが直接結びつくので、多くの「境界線」（海外と国内、社外と社内、他人と自分）が「溶けて」いくといいます。そうなると、「境界線」の内側で**「情報の非対称性」によって既得権益を貪ることが難しくなり、「国家・企業主権」から「コミュニティ・個人主権」へとパワーシフトが起き、「資本主義（資本の抱え込み・増殖自体が目的）」から「価値主義（本来の目的や存在意義への回帰）」へと価値観シフトが起きる**といいます。

私の専門であるＢｔｏＣ（中でも消費財・小売）の領域においても、三つの参入障壁が「溶ける」という議論がよく出ます。かつて消費財メーカーが生活者のもとに商品を届けようとした場合、①マス広告 ②既存流通の棚の確保 ③自社生産設備の三点セットが必要で、これらの固定費が参入障壁を築いていました。それらがテクノロジーの進化によって、①デジタル／ターゲティング広告 ②新販路（ＥＣ／Ｄ２Ｃ等） ③ファブレス生産等が可能となり、誰でも参入可能な市場になりつつあります。

引き続き大手メーカーが主導する最大公約数的な「マス」市場は残るものの、そのパイは徐々に縮小し、代わりに個々のニーズに最適化した「カスタマイズ」市場や商品の世界観・ストーリーへの「共感」市場など、フラグメントな周辺市場が台頭してきているのが足下の状況で、まさに本書で考察される社会システムの変化に沿う流れかと思います。

未来へ先回りするための近道とは

最後に、未来に先回りする上での、ロジカルシンキングの限界について言及されます。構築可能な「ロジック」は、その時点で集められる「情報」と、それらを組み立てる人の「リテラシー（理解力）」に依存するので、極めて危うい土台の上に成り立っているものであると。そして、**「本当の意味で合理的な判断がしたいならば、非合理的なものを許容しなければいけません」**、**「将来的に新しい情報が得られるであろうことを考慮に入れた上で、一定の論理的な矛盾や不確実性をあえて許容しながら意思決定を行うことが、未来へ先回りするための近道」**だといいます。

コンサルタントはロジック信奉者のように思われているかもしれませんが、必ずしもそうではありません。**コンサル会社においてロジカルシンキングは、必要条件ですが十分条件ではなく、クライアントに価値提供する上での手段の一つですが万能ツールではありません。**

完全な私見ですが、優れたコンサルタントは皆、素朴な違和感や直感を大切にしているように思います。その時点で認識・言語化できているものを組み上げて無理やり出した結論よりも、まだ上手く言葉で説明できないけれど「何か違う」・「たぶんこっち」という感覚の方を信じているように思います。

私自身の経験でも、当初は的確な表現手段を持たなかった違和感が、やがて説明する言葉を獲得して、「ロジック」が後から追いついたことが幾度となくあります。**表層的な「ロジック」を取り繕うのではなく、本質的な「原理原則」に立ち返って思考することの重要性**を、改めて思い起こさせてくれる本です。

『逆説のスタートアップ思考』

馬田 隆明

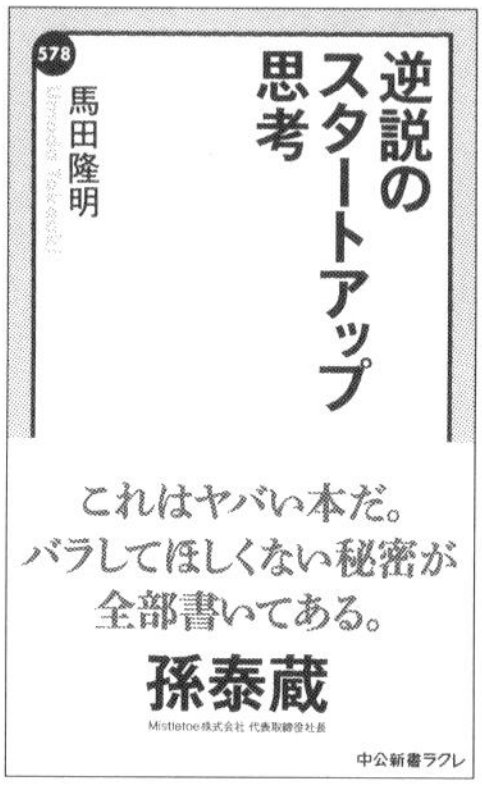

2017
（中公新書ラクレ 578）中央公論新社

難易度 ★☆☆

17

スタートアップとコンサルティングファームの新しいあり方

本書では短い期間で急成長を目指す事業体であるスタートアップについて、事業アイデア、戦略、プロダクトに対する考え方を体系化し、**「反直観的」で「不合理」な行動が、逆説的にスタートアップを成功に導いてきた**ことを論証しています。

よくある起業家やベンチャーキャピタリストが記述したスタートアップの思考法・成功法の書籍と異なり、「運」や「キャリア」など、一見して**再現性を持って語るのが難しい事項についても体系化されている**点で非常に興味深い書籍です。

近年、ポスト・コンサルのキャリアとしてスタートアップを選ぶケースが増えており、フィールドマネージメントにも、自らスタートアップを立ち上げた卒業生や、立ち上げる準備をしながらコンサルタントとしてプロジェクトに関わっている人が多く見受けられます。彼らと話していると、クライアントの新規事業としての**スタートアップをコンサルタントとして支援することと、自ら事業をスタートアップすることには、大きな意識の差が生まれやすい**ことを実感します。

大きな企業の新規事業担当者が、新たな事業を立ち上げる際にコンサルタントにサポートを依頼する場合、選択しようとしている事業領域やアイデアが、客観的に見て成功の見込みが高いのか、その領域で成功している他社はどのようなことに取り組んでいるのか、海外の先進的な事例にはどんなものがあるのかといった点に主な関心があるケースが多いように感じます。

そもそもこうした思考が本書で解説されているスタートアップ思考と異なるのは言うまでもありませんが、コンサルタントとしても、短期間のプロジェクトで、スタートアップに対して価値を生み出すというのは非常に難易度が高いものです。

こうした状況の中で、コンサルタントはスタートアップとどのように向き合っていくべきなのか？

明確な答えはありませんが、少なくとも私たちのコンサルティングファームでは、**ともに事業主体としてリスクを負ってスタートアップの経営に関与していく**ことが、成功率を高める方法の一つなのではないかと考えています。さまざまな業種の課題に精通している我々だからこそ、異なる業種のクライアント同士を結び付けてチームアップし、自らが経営に携わっていくような関わり方が求められているのです。

クライアントとの共同出資によるスタートアップは他のコンサルティングファームでも徐々に増えているようで、これからのコンサルタントのあり方の大きな可能性の一つかと思います。

18

スタートアップ成功者によるスタートアップ成功の原則を疑う方法

『ゼロ・トゥ・ワン 君はゼロから何を生み出せるか』

ピーター・ティール、ブレイク・マスターズ

関 美和 訳、瀧本 哲史 序文
2014 NHK出版

難易度 ★☆☆

ペイパルマフィアのドンと呼ばれるピーター・ティールによる、スタンフォードでの起業家講義が元になった本で、帯に名を連ねる推薦者は、『ブラック・スワン』著者のナシーム・ニコラス・タレブ、テスラのイーロン・マスク、フェイスブック（現メタ）のマーク・ザッカーバーグという超豪華な三名。二〇一五年のビジネス書大賞を受賞しています。書名のごとく、0→1を志向する起業家に向けたものですが、大企業で新規事業に携わる方や、投資銀行・コンサル会社への就職・転職を考えている方にもお薦めです。

一つだけポイントをお伝えするなら、**「世間の常識を疑って、一度、自分の頭で考えてみてはどうか？」**という、ときには痛烈な批判・皮肉も伴うメッセージかと思います（でも、ちょっと自信ありません）。

たとえば、少し前にスタートアップ界隈で流行った「リーンスタートアップ」（ざっくり説明するなら、超

高速ＰＤＣＡを回しましょうという考え）は間違い。ＭＶＰ（Minimum Viable Product）は不要だと。

そして、「一流大学卒業生（ティールはスタンフォードのロースクール卒）が、確実に選択肢を広げてくれるエリートキャリア（プライベートエクイティ・投資銀行・コンサル会社への就職）を追いかけるのは当然だ」と記載しながらも、「あいまいな楽観主義者」ということで、**極めて挑発的な投げかけ**をしています。

キャリアや人生を考える上で、示唆深いのは以下のくだりでした。

「人生は宝くじじゃない」「成功は決して偶然じゃない」（ツイッター創業者のジャック・ドーシー）**「完璧な準備あるところに勝利は訪れる。人はそれを幸福と呼ぶ」**（アムンゼン）

——起業は、宝くじを買うようなものだと思い始めたとたん、君はすでに心の中で負けを覚悟している。

実際、シリアルアントレプレナー（連続起業家）が存在する。

「人生はポートフォリオじゃない」

——ひとりで何十社も同時に経営できない。等しく可能性のあるキャリアをいくつも同時に進めて、人生を分散させることもできない。

「時間は一番大切な資産なのに、ずっと一緒にいたいと思えない人たちのためにそれを使うのはおかしい」

——著者が勤めていたニューヨークの弁護士事務所は、極めてドライだったらしい。

人生百年時代とはいえ、いつかは終わる人生。悔いのない時間の使い方をしたいですよね。

本書をはじめて読んだときには、本当に頭がよい方が書いた本だなぁ、と子供じみた感想を持ったことを覚えております（笑）。その後も、ぼろぼろになるくらい何度も読み返しましたが、そのたびにハッとさせられます。毎回気づきが異なるため、書評を書くのは、かなり難儀しました。

『「プロ経営者」の条件
ゼロから10年で1400億円。東証1部上場企業を創った男の哲学』

折口 雅博

2005
徳間書店

難易度	★☆☆

19

栄光と挫折、プロ経営者から学ぶ不屈の精神

著者は、かつて東証一部上場企業だったグッドウィル・グループの元会長で、経団連の理事も務めた実業家です。本書は、著者がその絶頂期に自らの半生を語ったもので、ジュリアナ東京での栄光と挫折、再起をかけたヴェルファーレでの栄光と挫折、そして人材ビジネス（グッドウィル）と介護ビジネス（コムスン）で三たび返り咲くまでの、ジェットコースターのような物語が描かれています。学生時代にアルバイトをしていたバーのオーナーが著者だったのですが、個人的な学びは三つあります。

①「センターピン理論」

事業をボウリングにたとえるなら、成功するためにはストライクを取る必要があり、ストライクを取るために絶対に必要なのが一番手前のセンターピンを倒すことである、という考え方です。

別の言葉で、事業の「ＫＳＦ（Key Success Factor）」と言ったりもしますが、**物事の本質を見極め、急所を見抜き、それを射抜く**ことの重要性を凝縮して表現したコンセプトだと思います。

②「人間万事塞翁が馬」

一見幸福に見えたものが不幸につながっていたり、一見不幸に見えたものが幸福につながっていたり、**ある出来事が人生においてどのような意味を持つのかは、どの時間軸から振り返るかによっていかようにでも変わりうる**という教訓です。本書が出たころの私は、パイロットの夢を絶たれて落ち込んでいたのですが、入社していたかもしれないその会社は五年後に倒産し、入社できなかった私はコンサルタントという立場でその会社に常駐し、再生計画を練ることになります。そして五年後、その会社は見事にＶ字回復を遂げ過去最高益を記録しますが、さらに五年後、今度は新型コロナの影響で再び厳しい経営状況に陥っています。

③「不屈の精神」

本書が出てから数年後、グッドウィル・グループは行政処分を受け、著者は会長職を退き、三たび挫折を味わうことになります。しかしそこから、本書のエピローグで紹介される日本食レストラン「ＭＥＧＵ」にて、今度はアメリカを舞台に四たび不死鳥のごとく蘇ります（その復活劇は、近著『アイアンハート』に）。

著者の波乱万丈な人生を見ていると、「幸せ」とは相対的なもので（生活水準がどれだけ上がってもいずれ慣れる）、人生トータルで考えれば「ゼロサムゲーム」だと感じます。人生は長く、調子のいい時期もイマイチな時期もありますが、どんな状況下でもブレることなく、「センターピン」を目掛けて全力を尽くしていれば、いずれ道は開けてくるのだと勇気をもらえます。

『ザ・プロフェッショナル　21世紀をいかに生き抜くか』

大前 研一

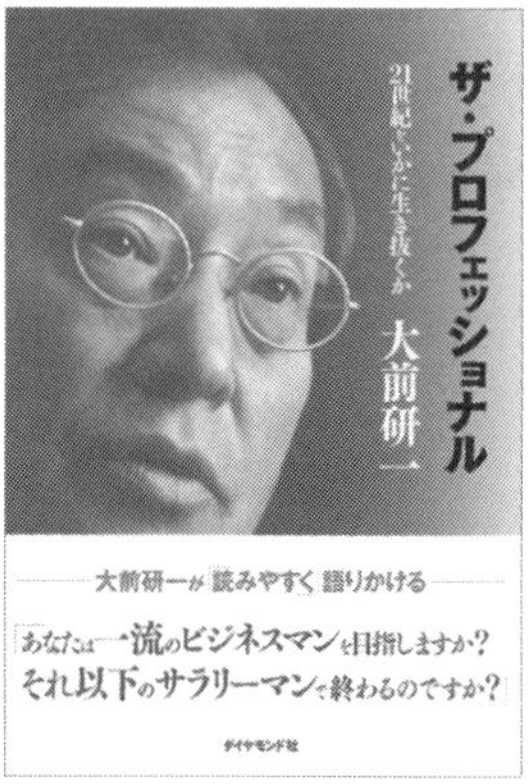

2005
ダイヤモンド社

難易度	★★☆

20

「プロフェッショナル」の代表格としてのコンサルタントという職業

著者は、マッキンゼーの日本支社長も務めた、日本の経営コンサルティング界のパイオニア的な存在。本書は、「ハーバード・ビジネス・レビュー」への連載を下敷きに「プロフェッショナル」をテーマに再構成した、私にとってコンサルタントとしてのキャリアを歩み始めるきっかけになった一冊です。

今では、人生百年時代、「会社」というビークルをうまく乗りこなしながら自分のキャリアを築いていく、という考え方も増えてきていますが、かつては、「会社人生＝自分のキャリア」という考え方が主流でした。それはつまり、定年までの今後四十年の意思決定を迫られているのに等しく、学生の私には荷が重く感じられていました。そんなときに本書を読んで、目から鱗が落ちたことを覚えています。

まず、二十一世紀は「先の見えない世界」で、そこでは産業や企業の「突然死」が起こると繰り返し述べられます。これは当時、人生最大の意思決定を控えていた私にとって、切実な問題として心に刺さりました。そして、そんな**二十一世紀を生き抜くのは、スペシャリストでもゼネラリストでもなく、「プロフェッショナル」である**と。ここでいう「プロフェッショナル」とは、本書では次のように定義されています。**「感情をコントロールし、理性で行動する人です。専門性の高い知識とスキル、高い倫理観はもとより、例外なき顧客第一主義、あくなき好奇心と向上心、そして厳格な規律。これらをもれなく兼ね備えた人材」**

さらに、この「プロフェッショナル」の代表格として、コンサルタントという職業、その育成母体としてマッキンゼーが度々登場します。本書を読み終わるころには、自分のキャリアの踏み出す方向性が定まっていました。そして、マッキンゼーを第一志望にコンサル会社の選考に臨み、最初の内定をA・T・カーニーからもらいます。当時、A・T・カーニーの選考は、最後に一週間のインターンを経て合否が決まるという形式で、そのときのメンターの方から、私の思考回路を見透かすかのように、こんな言葉をかけられます。

・自分の人生の大事な意思決定を、他人の評価軸で判断しようとしていないか。これからの時代は、どの組織に入れば勝ち組か、人生を有利に進められるか、という問いは、もはや意味を成さない。

・「組織の看板（ブランド）」ではなく、「自分のブランド」。「A・T・カーニーの○○さん」ではなく、「○○さんがA・T・カーニーにいるのか、マッキンゼーにいるのか」という順番でないといけない。

その人は、私の人生の師ともいえる存在で、十五年が経った今も心に刺さっている言葉をいくつも頂戴しましたが、当時も見事に説得されてしまい、その場でオファーレターにサインをして就職活動を終えました。結局、マッキンゼーは受けずじまいで、いつか中を覗いてみたいと思いつつ、あこがれの存在のままです。

『選ばれるプロフェッショナル
クライアントが本当に求めていること』

ジャグディシュ・N・シース、アンドリュー・ソーベル

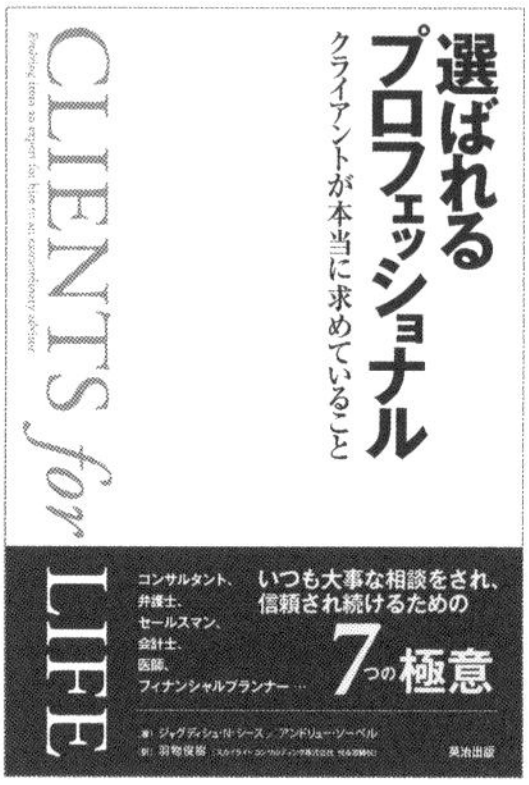

羽物 俊樹 訳
2009 英治出版

難易度 ★★☆

21

クライアントから長期的に選ばれるプロフェッショナルの条件とは？

本書は、コロンビア大学、MITなどの経営大学院で教授職を務めるかたわら、AT&T、フォード、ゼネラル・モーターズなど大手企業の経営アドバイザーとして活躍してきた著者と、戦略系コンサルティング企業を経営しつつ、世界三十か国にわたる大企業のトップの経営アドバイザーを務めてきた著者の二人が、大手企業トップへのインタビューや、彼らと信頼関係を築きあげているアドバイザーへのインタビュー、そして、歴史上の優れたアドバイザーの研究に基づき、「クライアントから長期的に選ばれるプロフェッショナル」の条件・特徴を抽出したものです。

私がこれまでに在籍したコンサルティングファームはすべて、自らを「プロフェッショナルファーム」と呼び、コンサルタントに「プロフェッショナリズム」を求め、入社後すぐに「プロフェッショナル教育」を

施していました。

コンサルティングファームでは、常に結果に対する責任（コミットメント）が求められるので、「プロフェッショナリズム」は、成果を安定的・継続的に生み出すための行動規範として機能しているように思います。

一方で、「プロフェッショナル」の定義は、NHKの番組の最後のコメントのように人それぞれで、明確な共通認識がなかったようにも思います。

本書では、プロ野球選手のような**「専門領域を極めてその道で生計を立てているプロフェッショナル」(＝Hired Expert)**と、**「クライアントから長期的に選ばれるプロフェッショナル」(＝Trusted Advisor)**を、別次元のものとして峻別しています。

例として、次のような象徴的な違いが紹介されます。

- **Hired Expertの特徴：話す／答えを出す／分析する／専門性を提供する／仕事上の信頼を築く**
- **Trusted Advisorの特徴：聴く／良い質問をする／統合する／洞察を提供する／個人的な信頼を築く**

私もコンサルタントになってしばらくは、両者の違いを明確に理解しておらず、成果を出し続けるために自己研鑽に励むという観点では、どちらかというとプロ野球選手に近い、Hired Expert寄りの「プロフェッショナル」という捉え方をしていました。

コンサルティングファームでは、クライアントと信頼関係を築いて契約を獲得するのは主にパートナーと呼ばれるシニアの仕事で、ジュニアの間は、受注したプロジェクトにアサインされ、解くべき課題やアプローチがお膳立てされた状態から仕事がスタートするので、得してしてそういう視座になりがちです。

私がはじめて「クライアントから選ばれる」という経験ができたのは、コンサルタントになって三年目のときでした。

それは、玩具メーカーの全社構造改革がテーマのプロジェクトで、私のミッションは、そのアパレル子会社の再生でした。最初のフェーズは、クライアント（発注者）は親会社で、私は単身、その子会社に常駐して、収益改善機会を見出して親会社にレポートする役割でした。

常駐した当初は、親会社の〝差し金〟として乗り込んできた私を、皆さんとても警戒していたと思います。ただ、一緒に過ごす時間が長くなるにつれて、自ずといろんな相談をされるようになり、その子会社としての「想い」も見えてくるようになりました。

その子会社は元々、百貨店の子供服ブランドでしたが、当時は買収によって玩具メーカーの傘下にあり、親会社からはキャラクターTシャツを作ることを期待されていました。当然その期待には応えつつも、一方で百貨店アパレルとしてリバイバルしたいという「想い」も、経営陣の方々と対話を重ねる中で見えてきました。

そして次のフェーズでは、今度はその子会社がクライアント（発注者）となり、六週間という短い期間でしたが、「想い」を実現するお手伝いをさせていただけることになりました。その期待に応えるべく、それまでの人生で最も濃密に働いた六週間でした。

ただ、あれから十年が経った今、結果としてそのブランドは、百貨店の売場にはもう並んでいません……。

改めて振り返ると、当時の私は、自分を主語に、自己ベストを出し切ることが目的の、独りよがりなHired Expertとしての仕事をしていたように思います。当然それは前提として必要なのですが、同時にTrusted Advisorとしての視座から、クライアントを主語に、その「想い」を実現するために必要なものを見定め、自らの限界も自覚した上で、足りない部分は積極的にいろいろな人の力を借りて補っていれば、違った結果になっていたかもしれないとも思います。

「選ばれるプロフェッショナル」……今なおチャレンジし続けている奥の深いあり方です。

『建築を語る』

安藤 忠雄

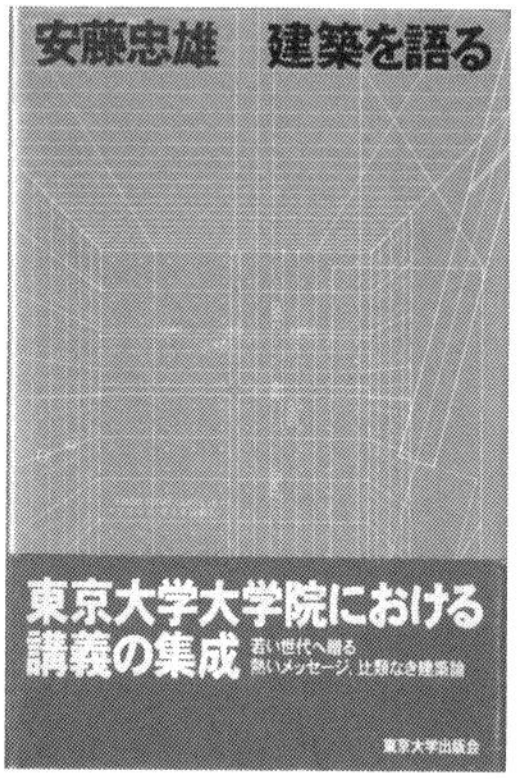

1999
東京大学出版会

難易度 ★★★

22

建築とコンサルティングの共通項

著者は、今や世界的に有名な建築家ですが、かつてはプロボクサーで、そこから転身して独学で建築士試験に合格したという、異色の経歴の持ち主です。二十代で建築事務所を開設した後、しばらく鳴かず飛ばずの時期が続きますが、三十代で設計した「住吉の長屋」が出世作となり、以降は個人住宅だけでなく、集合住宅や商業施設、寺院や教会、美術館や博物館などにも活躍の場を広げ、四十代からは直島プロジェクトに参画、五十代からは海外の案件も数多く手掛けるようになります。

本書は、そんな著者が五十代の後半に、東京大学大学院で行った講義をまとめたものです。自身の建築作品を題材に、その原動力となった経験や思考の来歴が語られ、「この本が、建築という分野に限らず、若い人が自分なりの生き方を発見するきっかけの一つにでもなれば本望である。何より今、真剣に生きることを考えてほしい」との熱いメッセージが込められています。

建築家とコンサルタントは、共通点の多い仕事のように思います。

たとえば、クライアントがいてはじめて成り立つ仕事であり、構想を形にするまでに多くの人たちの協力を必要とする仕事であり、さまざまな制約条件の中で最適解をつむぎ出していく仕事である、という点。

著者の表現を借りると、「建築とは相反する概念の止揚、その微妙な狭間で成立するものであり、それは内と外、西洋と東洋、部分と全体、歴史と現在、芸術と現実、過去と未来、抽象と具象、単純性と複雑性といったまさに両極にあるものを同時に、自らの表現する意志を介在させた一つの表現へと昇華させること」であり、**「建築をつくる時には自然と向かい合い、クライアントと向かい合い、機能や材料に本気で向かい続けなければならない。とすると、建築というのは大変厄介な、向かい合わなくてはならないものの多い仕事」**であるといいます。「建築」を「コンサルティング」に読み換えても含蓄に富んだ内容です。


本書では、著者の建築家としての仕事に取り組む姿勢が、随所に顔を出します。
・**仕事というものは自分で考えてつくり出すもの**という信念を若い頃からもっています。クライアントから要望されたものを、建築的・法律的・社会的に整理するだけでは面白い仕事にはなりにくいのです。そのためには、自分はこういうふうにありたいということをいつも考えておかなければなりません。
・**常に問題意識をもち、考え続けて、毎日を送っていくなかで、仕事のチャンスに恵まれる。**そして客観的に整理されなければならない部分と自分が表現したい部分とがうまく融合して形になっていくのではないかと思います。
・急に仕事の機会がきたから、急にその立場になったからといって、すぐにいい建築ができるものでもありません。**普段から、どんなふうに考え、組み立てていくかというトレーニングを常にしておかないといけない。**

いずれもコンサルタントに求められる心構えと重なり、このメンタリティの有無が、クライアントにとって「便利な御用聞き」で終わるのか、本質的な経営アジェンダを議論できる「パートナー（Trusted Advisor）」たりえるのかを決める分水嶺ともいえます。

本当のクライアントファーストとは、「目先の要望」に言われた通りに対処することではなく、世の中に対する自分なりの見立てを持ち、クライアントが取り組むべきアジェンダを先回り思考して、「根源的な期待」に応えることなのだと、襟を正してくれます。

そして、著者の建築作品にはどれも、素人目にもそれとわかる個性が滲み出ているのは、この仕事観があってこそだということがわかります。自身の創作スタイルに関して、次のようにも述べています。

・**自分自身で考えて考え抜き、それが客観性をもつある一定の水準を超すとおのずと他人と似ていないものができる。**

・自らに厳格な幾何学、誰にも簡単に入手可能な材料を限定して用いるといったある種の「**普遍性**」、「**凡庸性」を課した上でどこまで自由、固有性を勝ち取れるか**、またいかに風土、伝統、歴史といった失われた都市の記憶を取り戻せるかということを念頭に置き建築に携わってきました。

・コンクリートと鉄とガラスという限られた素材を用いて、できる限り単純にして、そこにどれだけ豊かな空間を生み出せるかを探ってきたともいえると思います。

この創作スタイルにも、コンサルティングに通じるものを感じます。**コンサルタントのアウトプットは、基本的には国語と算数を駆使し、パワーポイントで表現します。**いずれもプリミティブで汎用的な武器なので、道具による差別化はできず、それを使うコンサルタントの思考力の差が如実に表れます。

つまり、**コンサルタントは、誰にでも使える道具を用いて、誰にも真似ができない戦略を描くことが求められている**、ともいえます。ただし、それをどう作っていくのかは、コンサルファームの思想や価値観によってアプローチが異なります。

・あるファームは、安定した提供品質を重視し、どのコンサルタントでも一定水準以上のアウトプットが出せるよう、フレームワークやナレッジデータベースを拡充します。大量生産が可能で、スケールメリットもきくため、コンサル〝ビジネス〟としては一つの正解ではある一方、クライアントからすると〝金太郎飴〟的にも映ります。

・別のファームは、差別化した独自戦略を重視し、そのコンサルタントならではの/そのクライアントとの化学反応があってこその一点ものの固有解を、手間ひまかけて丹念につくり込みます。毎回枠組みから考えてフルカスタマイズするので、量産化できず効率は悪いですが、クライアントからすると〝伝統工芸品〟的なありがたみがあります。

本書が出てから二十年以上が経ち、五十代後半だった著者も八十代に突入していますが、六十代以降も精力的に、地中美術館や表参道ヒルズなど、著者ならではの/その場所ゆえの一点ものの建築作品を世に送り出し続けています。そして近年の作品には、「青りんご」のオブジェが添えられています。これは「青春」のシンボルであり、著者のクライアントでありパトロンでもあったサントリーの佐治敬三元会長から贈られた、サミュエル・ウルマンの『青春の詩』がもとになっているといいます。

「青春とは人生のある期間のことをいうのではなく、心のありようなのだ」

私もまもなく四十代に突入しますが、人生まだまだこれから本番だと元気をもらえる本です。

『無趣味のすすめ』

村上 龍

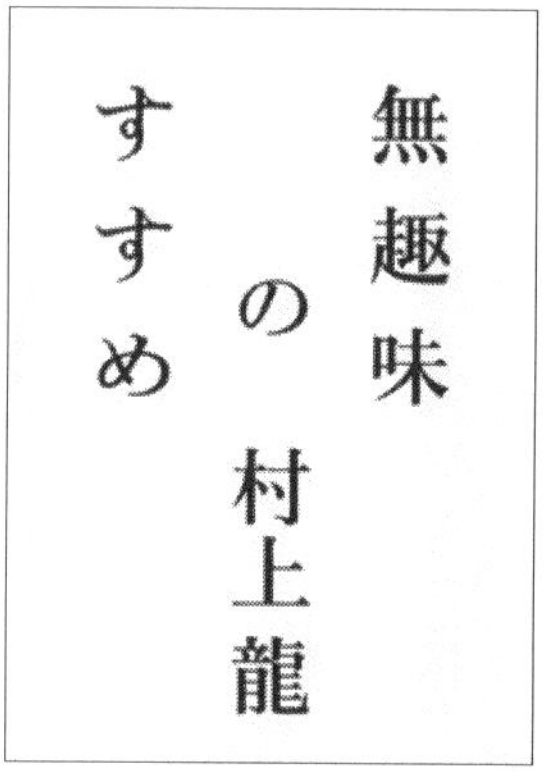

2009
幻冬舎

難易度 ★★☆

23

芥川賞作家の執筆スタイルに学ぶ、コンサルタントのメッセージ作りの本質

著者は、『限りなく透明に近いブルー』で芥川賞受賞の小説家。本書は「仕事が楽しければ人生も楽しい」がテーマのライフスタイル誌『GOETHE』への連載エッセイの書籍化で、いわゆる〝ビジネスホリック〟な読者層に向け、仕事に全力投球することの価値を肯定しています。

・現在まわりに溢れている「趣味」は、必ずその人が属す共同体の内部にあり、洗練されていて、極めて完全なものだ。考え方や生き方をリアルに考え直し、ときには変えてしまうというようなものではない。

・だから趣味の世界には、自分を脅かすものがない代わりに、人生を揺るがすような出会いも発見もない。心を震わせ、精神をエクスパンドするような、失望も歓喜も興奮もない。

・**真の達成感や充実感は、多大なコストとリスクと危機感を伴った作業の中にあり、常に失意や絶望と隣り合わせに存在している。つまり、それらはわたしたちの「仕事」の中にしかない。**

今やコンサル会社でも「働き方改革」が叫ばれ、時代錯誤感は否めませんが、個人的にはとても共感できる内容です。真剣勝負の最中で喜怒哀楽が凝縮された濃密な時間、脳みそに汗をかき時間も忘れて没入する感覚、ギリギリのチャレンジが成果に結実したときの何物にも代えがたい達成感は、この仕事の醍醐味です。

また本書の中で、著者自身の小説の執筆スタイルに関して、このように表現しています。

・脳に負荷をかけて、できるだけ正確に書く、という面白くも何ともない作業の繰り返しに過ぎない。物語に破綻がないか、人物の造形に誤りがないか、登場人物の行動と態度と発言に不自然さはないか、描写に過不足がないか、比喩は適当か、読者が読んでいくときのリズムを壊してしまうような省略や反復はないか、何度も何度も読み返し、まるで偏執狂のように、余分な文章や言葉をそぎ落とし、足りないシーンや文や言葉を書き足していくという、地味といえばこれほど地味なものはない、というようなことをえんえんと繰り返すのが「小説の執筆」だ。その結果、文章全体の正確さがあるレベルに達すると、物語の力を増幅させて、読者にある種の依存を生じさせるような「強制力」を獲得することができる。

コンサルタントの場合、ファクトを材料に、ロジックで組み上げ、スライドに表現することが多いです。その際、ファクトの解像度、ロジックの緻密さ、スライドの細部（レイアウトや言葉遣い、色の使い分けやフォントの大きさなど）に至るまで徹底的にこだわり抜きます。最終的なストーリーやメッセージ、プレゼンテーションなども大事な要素なのですが、それと同等以上に**個々の「部品」の精度が重要で、それらが提言の力を増幅させ、クライアントの変革への「強制力」へとつながっていく**のだと思います。

著者の作品は、物語の世界観に加え、物事の本質を見抜く視点の鋭さと文章表現の精密さに圧倒されます。コンサルタントも同じく本質を見抜き、言葉で表現する仕事ですので、著者から学べることは多くあります。

『雑文集』

村上 春樹

2011
新潮社

難易度	★☆☆

24

村上春樹の小説は、新規事業開発プロジェクトに通じる

著者は、皆さんご存知の、『ノルウェイの森』や『1Q84』など多数のベストセラー作品を生み出し、毎年ノーベル文学賞の候補にも挙がる小説家。本書は、まさにタイトルの通り、著者がさまざまなところで書いてきた文章を寄せ集めて再構成した本です。

たとえば、自身の小説家としての関わり方について、このように述べています。

・「小説家とは、多くを観察し、わずかしか判断を下さないことを生業とする人間です」「なぜ小説家は多くを観察しなくてはならないのか？　多くの正しい観察のないところに多くの正しい描写はありえないからだ」「なぜ小説家はわずかしか判断を下さないのか？　最終的な判断を下すのは常に読者であって、作者ではないからだ」

・「小説家の役割は、下すべき判断をもっとも魅惑的なかたちにして読者にそっと（べつに暴力的にでもいいのだけれど）手渡すことにある」「良き物語を作るために小説家がなすべきことは、ごく簡単に言ってしまえば、結論を用意することではなく、仮説をただ丹念に積み重ねていくことだ」「どれくらい有効に正しく仮説を選びとり、どれくらい自然に巧みにそれを積み上げていけるか、それが小説家の力量になる」

・読者はその仮説の集積を（中略）自分の中にとりあえずインテイクし、自分のオーダーに従ってもう一度個人的にわかりやすいかたちに並べ替える。その作業はほとんどの場合、自動的に、ほぼ無意識のうちにおこなわれる。僕が言う「判断」とは、つまりその個人的な並べ替え作業のことだ。

「オーナーシップ」をいかに引き出すか？

著者のこの小説家としてのスタンスは、新規事業開発を支援する際のコンサルタントの関わり方に似ています。

新規事業を考える際には、**外部環境分析による「市場機会」と、内部環境分析による「強み・アセット」を掛け合わせて、そのクライアントならではの「事業仮説」を導き出します。**

もちろんこの「事業仮説」の精度も大事なのですが、新たな取り組みであればあるほど、当初の計画通りに進まなかったり、社内外からの抵抗にあったりもするなかで、クライアント社内で**「オーナーシップ」を持って事業を推進していく人が現れるか／巻き込めるかのほうが、実は最終的な新規事業の成否においては重要**だったりします。

それゆえ、**コンサルタントがはたすべき役割は、結論を用意して「お仕着せ」することではなく、クライアントが自ら「事業仮説」を生み出し、「我が子」のように愛情を注いで育てていけるよう支援することであり、そのための「触媒」として「魅惑的な仮説」を内包した議論材料をそっと差し出すことにあります。**

成功した新規事業は、「オレオレ詐欺」だといわれたりもします。「あれはオレがやった仕事だ」と主張する人が各所に現れるからで、裏を返せば、それだけ多くの「オーナーシップ」の引き出しに成功しているともいえます。

著者の小説も、「これは自分のことを書いているのではないか」と感じる読者が多いと聞きます。**世界中の人々に通底する集合的無意識のようなものを描いていることに加え、読者に介在の余地を残す「寸止め」の技法**ゆえに、皆が個人的な「判断」をそこに当てはめ、既視感が作られているのではないかと推察します。

村上春樹と村上龍

著者と村上龍氏は、同世代の人気作家で名字も同じことから、比較されることが多いと聞きます。コンサルティングのプロジェクトと掛け合わせて、あえて対比構造的な語り方をしてみると、

・村上春樹が、抽象的で魅惑的な表現で、集合的無意識をおとぎ話的に語り、**読者の介在の余地を残す「寸止め」の技法で「オーナーシップ」を引き出す、「新規事業開発プロジェクト」的な描き方**だとすると、

・村上龍は、具体的で高精細な表現で、そもそも論をゼロベースで問いただし、**読者に解釈の余地なく「身も蓋もない現実」を突きつけ「強制力」を引き出す、「既存事業改革プロジェクト」的な描き方、**

ともいえます。

私は理系出身で、恥ずかしながら社会人になるまで、教科書を除いて文学的なものにほとんど触れてきませんでした。それがコンサルタントになって二、三年目くらいから、なぜか無性に小説が読みたくなり、ある時期は村上春樹と村上龍を交互にずっと読んでいました。改めて振り返ると、コンサルティングで使う脳の部位が偏っているので、小説を読むことで、さらに、その中でも対極のタイプのものを交互に読むことで、脳の中のバランスを保っていたのではないかとも思います。

残念ながら、小説を読んで得た知識が直接仕事に活きることはほぼないのですが、間接的に獲得した語彙や表現の蓄積は、思考の解像度や発想の柔軟性に少なからず活きているのかなとは思います。

『東大と野球部と私　勝つために大切なことは何か』

桑田 真澄

2016
祥伝社

難易度　★☆☆

25

野球はコンサル、サッカーはスタートアップ!?

往年の名門ＰＬ学園で、一年生からエースとして甲子園に五度出場した高校野球界のスターであり、プロ野球でも読売巨人軍のエースとして活躍。引退後は、野球解説者として活動しながら、大学院でスポーツ科学の修士号を取得し、現在は読売巨人軍の投手コーチを務める桑田真澄氏（今の若い人には、タレントMattさんの父親と言ったほうが伝わりやすいのかもしれません）が、二〇一二～一四年の二年間、東大野球部の特別コーチを務めたときの指導録をまとめたものです。

東大野球部は東京六大学リーグに所属し、甲子園経験者が居並ぶ他の五大学を相手に長年最下位に沈んでいます。著者が特別コーチに就任したときも、リーグ戦で四十六連敗中という屈辱的な状況でした。そこに著者が乗り込んでいくのですが、その働きはまるでチームを変革するコンサルタントで、過去の自分がコンサルを受けているような新鮮な感覚でした。

選択と集中のランチェスター戦略

著者はまず、**「選択と集中」**を説きます。経営戦略論でいうと**「ランチェスター戦略」**で、六大学の中で圧倒的な弱者である東大野球部は、**「弱者の戦略」に則り、資源を集中して一点突破を図る**必要があるということです。

いわれてみると至極当たり前のことなのですが、当の本人たち（過去の自分も含め）は意外と見過ごしている盲点です。本書の中で、東大生は、受験という答えのある世界の中で、努力の〝量〟を積み重ねて突破してきた「成功体験の呪縛」にハマっているといいます。そして、他大学に体力や技術で劣る部分を、同じように〝量〟で巻き返そうと「同質化競争」に陥りがちだと。

そのような**〝量〟への信仰（根性論）を捨て、〝質〟で勝負すべきだということが繰り返し強調されます。**

前提を疑う強み分析

そして、〝質〟で勝負するために、**「自分たちの強みを正しく認識すること」**を説きます。

著者は、東大野球部の強みは**「考える力」（≠頭のよさ）**だといいます。本書の巻末で、元ＮＨＫの大越キャスター（東大野球部ＯＢ）との対談があり、「自分の頭の悪さを知ること」に話が及びます。そこでは、**試験で高得点を取るための「頭のよさ」と、野球の試合に勝つための「頭のよさ」は、全くの別物**だと語られます。

たとえば、身体の制御も脳が司っているのだとすると、運動神経がよい＝脳の機能が優れている＝「頭がよい」ともいえます。つまり、**普遍的な「頭のよさ」というものは存在せず、「頭脳プレーをすれば勝てる」という先入観を捨て去ることが、まずもって重要**なのだと。ゆえに、東大野球部は「考える力」はあるかもしれないが、**野球という土俵において必ずしも「頭のよい」集団ではない（むしろビハインド）という前提に立ち、従来の常識を疑い、ゼロベースで仮説を立て、検証を繰り返すことの重要性が強調されます。**

ＰＤＣＡを回し続ける

指導の内容は至ってシンプルで、基本的なことに対して**地道に「ＰＤＣＡを回し続けること」**を説きます。野球における一番の基本はキャッチボール（バッティングもボールを〝芯で捕る〟という観点ではキャッチボールの延長）で、その際、**「一球ごとに準備→実行→反省のプロセスを繰り返すこと」**が何より大事だといいます。加えて、投げた後に、相手からボールが返ってくるまでの時間を使って、その振り返りのプロセスを完了するようにと、〝掛け声倒れ〟に終わらない、アクショナブルかつ習慣化しやすい形にまで落とし込んだアドバイスをしています。まさに、成果にコミットするコンサルタントさながらです。

現代の「野球道」と「コンサル道」

そしてこれらの背景には、著者の「野球哲学」があり、**原理原則に沿って指導している**ことがわかります。かつて「野球道」の根底には「武士道精神」があり、その具体的な価値観として「①練習量の重視」・「②精神の鍛練」・「③絶対服従」があったといいます。ただし、これは「誤解された野球道」で、戦時中でも野球を続けられるよう、これらの価値観をあえて前面に打ち出し、「野球は兵隊を養成するのに役立つスポーツだ」とアピールした結果だといいます。そして、その戦争から野球を守るための「苦肉の策」が、戦後も継承されてしまったのだと。

これに対して著者は、**「現代の野球道」**を提唱します。「武士道精神」を「スポーツマンシップ」に置き換え、**「①練習の質の重視（サイエンス）」・「②心の調和（バランス）」・「③尊重（リスペクト）」**を新たに重視すべき価値観に据えます。

二〇一一年に書かれた修士論文の内容とのことですが、現在の世相を反映したような先見性があり、「野球道」を「コンサル道」に読み換えても通じる普遍性もあり、とても深い考察だと思います。著者の指導に一貫性や説得力があるのは、これらの「野球哲学」に基づいているからなのだと感心させられます。

余談ですが、著者の思考プロセスを見るにつけ、野球経験者はコンサルタントに向いているのかなと思ったりもします。野球は基本的に「セットプレー」で、常に作戦を考えてから動きます。その繰り返しの中でＰＤＣＡを回して確率を上げ、合理的に点数を積み重ねていく「型」のスポーツです。そこで求められる振る舞いは、企業経営者やそれを支援するコンサルタントに近いようにも思います。実際ここ最近、東大野球部の卒業生が毎年のようにコンサル業界に入ってきているのは、その一つの証左かなとも思います。

対比としてサッカーを考えてみると、こちらは連続的なプレーの中で、動きながら考え、瞬時の判断が求められます。基本的に点数は入らず、ゴールは奇跡で、一瞬の隙を突いて少ないチャンスをものにできるかが重要なスポーツです。そこで求められる振る舞いは、スタートアップの動きに近いようにも思います。実際、プロ野球よりもプロサッカー出身の起業家のほうが多い印象があります（あくまで感覚値です）。

競技特性が将来のキャリアの方向性を決定づけるのか、キャリア適性が競技選択の場面から発揮されているのか、因果の順番や強さはわかりませんが、少なからず関係はありそうです。

『采配』

落合 博満

2011
ダイヤモンド社

難易度 ★☆☆

26

天下の名打者にして名監督に学ぶプロフェッショナルの心構えとセオリー

選手時代には三冠王を三回も獲得。これだけでも並外れた成果ですが、監督時代としては、資金力が決して豊富ではない中日ドラゴンズを、八年間で二年に一回はリーグ優勝ないし日本一に導き、Aクラス入りを逃したことがない、独特なスタイルから「オレ竜（オレ流）」と呼ばれた落合氏。名打者にして名監督の落合博満による著書。プロフェッショナルとしての心構えとセオリーが、これでもか、これでもかと満載です。個人的に印象に残っているくだりを、いくつかご紹介させていただきます。お時間があれば、ぜひとも通読していただきたい書籍です。

「『心技体』ではなく、『体技心』」

「『心技体』ではなく、『体技心』」。要するに、身体（体）が丈夫なら、技術（技）が身につく。技術を身につければ、周囲からの評価も上がり、自信が芽生えるゆえに、**「技術を持っている人間は心を病まない」**。だから、体→技→心という順番だと著者は説きます。

入社一年目の頃に、私自身、あまりに出来が悪くて辛くて、「登校拒否」をしたことがあります。今振り返ってみると、私には技術がなかった（入社一年目なので、コンサルティングの技術など持ち合わせているはずがないのですが）。入社時に本書に出会えたらよかったのにと悔やむばかりです（私の入社は二〇〇四年で、本書は二〇一一年上梓ですからタイムマシーンでもなければ出会えませんでしたが）。

「オレ流ではない。すべては堂々たる模倣である」

「オレ竜（オレ流）」と呼ばれる落合さんからすると意外な表現に思われるかもしれませんが、**「自分が良いと思うものを模倣し、反復練習で自分の形にしていくのが技術」**と定義されております。

私は、プレゼンテーションが苦手だったので、周囲の諸先輩方で上手な方の真似をしてみたり、報告会の直前には自分の担当パートを動画に撮って見返したりしました。また、実はこっそりボイストレーニングに通ったこともあります。「伝わってなんぼ」という世界で生きておられるプロの教えに、多くを倣いました。

「ミスは叱らない。だが手抜きは叱る」

「注意しなければ、気づかないような小さなものでも、**「手抜き」を放置するとチームには致命的な穴があく。勝負の世界で私が得た教訓である」**と著者は語ります。極めて高いフィーを頂戴しているコンサルティングにとっても同様です。たとえば、フォントの大きさ一つとってみても、本来十六のところが十四になっていたところで、本質的には何ら問題はないのだけれど、やはり「神は細部に宿る」わけで、そういうことに気づかない自分自身や部下は、他の部分でもミスをしていることが往々にしてあるわけです。

『スラムダンク勝利学』

辻 秀一

2000
集英社インターナショナル

難易度 ★☆☆

27

アスリートに学ぶ心の習慣

著者は、スポーツ心理学を専門とするチームドクターで（私も大学野球部時代にお世話になりました）、本書では漫画『スラムダンク』を引用しながら、スポーツに向き合う「心の習慣」を説いています。

アスリートは、「心技体」のバランスが大事だとよく言われます。このうち、「技術」と「体力」は日頃の練習で鍛えていますが、**「心」も練習して鍛える必要がある**というのが、本書の一番のメッセージです。

「心」のコンディションを把握するバロメーターとして、「セルフイメージ」という概念が紹介されます。**自分で自分のことを（顕在意識と潜在意識の両面で）どのように捉えているかが、試合でのパフォーマンスを左右する**という考え方です。「セルフイメージ」を大きく保つには三つのC：集中（Concentration）／冷静（Control）／自信（Confidence）が重要で、この状態をいつでもつくれるようにするためには、**常日頃から**

「全力を尽くす」ことを「心の習慣」として身につけておく必要があるといいます。

逆に、「セルフイメージ」を小さくしてしまう要因として、緊張／不安／怒りが取りあげられます。

安西先生の「あきらめたらそこで試合終了ですよ」という有名なセリフを引き合いに、**「あきらめ」とは視点が未来に行くことから生じる思考**で、勝手に想像の世界に入り込み、「緊張」や「不安」を呼び込んでしまっているのだと言います。そしてそこから抜け出すためには、**結果ではなく「変化」に着目し、今この瞬間の「やるべきこと」に集中すること**が大事だと説きます。

私も大事なプレゼンの前には緊張や不安に襲われますが、クライアントの反応に着目し、正確に伝わっているかどうかに意識を振り向けているうちに、いつの間にか吹き飛んでいることがよくあります。

また、**「怒り」の感情は、「自分が正しく、そうでないものは間違い（wrong）である」という思考態度から生じる**といいます。そしてそれをコントロールするためには、**「wrong」ではなく「different」**という見方が大事だと説きます。すなわち**「怒り」の感情とは、多様性の欠如から生じる**ものであり、物事の捉え方次第で回避できるものだということです。

尊敬するクライアントからも、「怒る」と「叱る」は全く別物だと教わりました。「怒る」のは自分目線のコントロールを失った感情の発露であるのに対し、「叱る」のは相手目線の理性的な指導の一環であると。

「ビジネス界のアスリート」たる私たちも、最高のパフォーマンスを安定して発揮するために、「技（ビジネススキル）」や「体（思考体力）」だけでなく、「心（セルフイメージ）」も磨いてコンディションを整えることが重要だということに、改めて意識を振り向けてくれる本です。

『走る哲学』

為末 大

2012
（扶桑社新書）扶桑社

難易度	★☆☆

28

オリンピック・アスリートに学ぶ、仕事で成果を出すための哲学

こちらは、あの為末大氏による著書。四〇〇mハードルの現・日本記録保持者で、オリンピックには、三大会連続出場、世界陸上では銅メダルを二度獲得。本書は、そんな著者が四度目のオリンピック出場を目指していた頃の（結果は代表選考会で敗退し引退）、現役最後の期間のツイートをまとめた本です。

前職時代に著者がオフィスで講演してくれる機会があり、そこで聞いた話がとても示唆深く、過去の著作を手に取りました。どの本もお薦めで、語られている内容は首尾一貫していますが、本書は少し趣が異なり、ツイッターへの投稿が元になっているので、オリンピック出場と選手生命をかけて真剣勝負している最中に、自分と向き合い、禅問答を繰り返す中で、つむぎ出された生声が、百四十文字以内に凝縮・洗練された言葉となって並んでいます。

コンサル流パワポ作成術に通じる著者のツイート

さて、コンサルタントはパワーポイントで資料作成することが多く、スライド上部の一等地に、一行なら四十文字、二行なら八十文字以内で、最も伝えたいことを「メッセージ」として簡潔に表現します。**「一スライド、一メッセージ」**が基本で、「メッセージのないスライドは、スライドではない」とまでいわれます。**それらを繋げてストーリー仕立てにし、紙芝居（パッケージ）を作っていきます。**

その際、全体の構成や前後の流れを見ながら、「メッセージ」は何度も修正がかけられ、練り上げられていきます。ですので、本書がツイートをまとめただけで成立しているというのはちょっとした驚きで、著者の内面の累積思考の深さがうかがい知れます。

脱線ついでにもう一つ。考察した内容をクライアントに提言する際は、**資料編とプレゼン版を分けること**が多くなります。資料編は**「残すもの」**で、クライアントが後から提言の論拠を参照できるよう、ディテールまでしっかりと作り込みます（数百枚の分量）。一方、プレゼン版は**「歩留めるもの」**で、人間の記憶容量に限界があるなか、**今日これだけは必ず持ち帰ってほしいという内容にフォーカス**して強調します（せいぜい三十枚程度）。

この「歩留める」という表現は、十年来ご支援させていただいているクライアントから教わった言葉です。広告に強みのある会社で、「テレビＣＭの十五秒で生活者に何を残せるか」という視点で、日々仕事と向き合っておられる姿勢が象徴的に表れていると思います。

本書の元となったツイートも、日々流れる膨大な情報の中で、人々の記憶に「歩留まれる」よう研ぎ澄まされた言葉なので、どれも味わい深いのですが、当時の私に特に「歩留まった」ものを三つ紹介します。

欲を絞り込む

・どちらが大事ですかと聞いたときに、どちらも大事と答える選手は、あるレベル以上の競技者にはならない。**選ぶ能力がない者には、集中する能力もない。**
・諦めないから選べない。選べないから集中できない。集中できないから何かになれない。何かになれないから自信が持てない。**集中とは第一目的以外を諦めること。**

著者は元々一〇〇mのトップスプリンターで、国内では敵なしだったといいます。ただ、世界ジュニア選手権に出場して、世界との差を肌で感じ、一〇〇mの選手として殉職したいのか、世界でメダルを獲りたいのかを天秤にかけ、後者を選択し、世界で戦える種目として四〇〇mハードルに特化したと。

「戦略とは捨てることなり」という言葉もありますが、**常に最優先事項を忘れず、それ以外は勇気を持って捨象する、大きな目標（＝目的）を描き、小さな目標（＝手段）は時に諦める、**惰性で生きないよう、日々意識し実践していきたいものです。

量から質へ

・競技人生の前半は足し算。必要な練習を足していってそれで強くなる。でもある年齢から回復が追いつかなくなって練習を削らないといけなくなる。**選手のセンスが出るのはどちらかというと引き算からで、つまり引いてはならないものと引いていいものの違いがわかっているかどうかの勝負。**

・制限がかかるまでは人は非効率がそれほど気にならないけど、一旦キャップが決まると無駄なものに敏感になる。日本がジュニアで強くてシニアになると戦えない理由の一つに、量的練習への強い信頼があると僕は思っていて、量にキャップができる段階からは質での勝負になる。

アスリート人生は短く、限られた時間の中で投資対象とする能力を絞り込み、限られたリソースを集中投下しなければ、限界までポテンシャルを開花させることなく、何事も成し遂げられずあっという間に引退の時を迎えます。

ビジネス人生には幾分猶予がありますが、**どこまで無限の可能性を追いかけ、どこで現実的な着地を見据えるのか、どこまでボトムアップで積み上げ（＝ＫＰＩは努力の量）、どこでゴールからの逆算（＝ＫＰＩは結果への寄与度（質））にシフトチェンジするのか、**キャリア形成において常に意識しておきたい視点です。

遊び心を忘れない

・アスリートも、楽しいからやっていたスポーツが、続けていくうちに気がつくと真面目化して義務化する。義務化したスポーツは創造性を失い、のびのびとプレーできなくなり実力が落ちてしまうというジレンマに陥る。**期待され、ノルマも与えられながら、その中でどう遊び心を保つか。**

・表現を求められる職業は、心から楽しんでのびのびと表現する時に発揮される能力の凄さを知っているから、過度の義務化や真面目化を怖れる。だけどプロとしての期待もあるから、**職業的表現者はプロとしての役割と、無邪気な遊びの間のバランスを、常に探っている。**

コンサルタントも真面目で律儀な人が多いので、放っておくとクライアントの依頼に素直に応えようとしてしまいます。ただそうすると、out-of-the-box的な発想が出てこず、表面的な「依頼」には応えたけれども、クライアントの真の「期待」には応えられていない、ということが往々にして起こります。

かつては私も、常に完全試合を目指したプロジェクトマネジメントをしていましたが、それだと自分の限界以上の成果につながらないので、あるときから意図的に「遊び」の要素を取り入れるようにしました。たとえば、プロジェクトテーマと直接関係のないスタディをしてみたり、メンバーの自主性に任せて自由に泳がせてみたり、クライアントと一緒にその時々のイベントを楽しんでみたり……。不思議なもので、そうした余白の活動から得られた気づきが、ブレイクスルーにつながったことが幾度となくあります。

逆説的ですが、「プロとしての役割」を全うするために、あえて「遊び性を保つ」というのは、勇気のいることですが、忘れてはいけない大事な視点だと思います。

二十代より三十代半ば以降の方にお薦めしたい

私が本書を読んだのは、三十代半ばに差しかかった頃、ビジネス人生の第一コーナーを回ったあたりで、タイミング的にはちょうどよかったのでしょう。一方で、これからスタートを切ろうとしている人や、スタートダッシュで加速している最中の人には、まだ本書をお薦めしないほうがよいのかなと思ったりもします。

自分の二十代を振り返ると、ここで紹介した三つとは真逆で、絞り込まず、量で、真面目に勝負していたように思います。一方で、そのことが結果的に、自分のキャパシティを限界まで拡げてくれたのも事実です。

どのタイミングで実践するかはありますが、ビジネス界のアスリートとして高みを目指す人にとっては、一読する価値のある本だと思います。

第3章
コンサルが読んでる本
◉表現法・コミュニケーション

『伝えることから始めよう』

髙田 明

2017
東洋経済新報社

難易度 ★☆☆

29

ジャパネット髙田氏に学ぶ圧倒的な凡事徹底の威力

年商約二千億円の通販企業「ジャパネットたかた」を一代で築いた髙田明氏の処女作。

「ジャパネットたかた」を見たことがない人・知らない人は、日本にはおそらく皆無だと思われるくらい認知度が高い企業です。売っているものは、（どこにでも売っている）ナショナルブランド品が大半で、価格比較サイトで比較すると、決して安いわけでもない。いくらしゃべりがうまいとはいえ、それで二千億円？　本書を読んで、以前から抱えていた疑問が氷解しました。

自伝という側面も大いにありますが、書籍のタイトルそのもの及び第四章の「伝わるコミュニケーション」に最も多くの七十三頁分を割いていることからも、声（だけ？）で人を動かすための心構えや技術が書かれています。プレゼンテーションを改善したい方や、何らかの組織でリーダーシップを発揮して周囲を動かしたい方にお薦め。私が理解したポイントは、次の通りです。

①まず、コミュニケーションで最も大事なことは、**「伝えること」ではなく「伝わること」**。そのためには、パッション・情熱が必要。強い想いがあれば、それは身体から発せられる。若いＭＣに口を酸っぱくして言うことは「伝えたいと、本気で思っているの？」、そして、「伝わらなければ、ないのと同じ」。

②次に、伝えたいことを絞る。**最初の一分が勝負**。その間に興味関心を引く。

③そして、伝える相手を強く意識する。相手の気持ちを理解しようとすると、**相手が関心を持つことや相手にとって面白いことに、アンテナを張り巡らせる**ことになる。テクニック以上に大切なことはこの姿勢。

こう書いてみると、あまり目新しい内容ではないかもしれませんが、まさに**ＡＢＣ（当たり前のことを、馬鹿にせず、ちゃんとやる）、凡事徹底**だと気づかされます。

余談ですが、私個人としては、「佐世保で撮った団体客用の写真の現像が間に合わず販売機会を逃しそうなときは、北九州の門司港に先回りして待ち構えて売った。それでも間に合わないときは、船の行き先の大阪や神戸に、（船より早い）電車で先回りして待ち構えて売った」という主旨のくだりがお気に入りです。「なんとかする力」は、ベンチャーっぽくて好きだし、新規事業にも必要なスタンスだと思います。これもよくよく考えると、**パッション・情熱・強い想いがあればこそ生まれてくる「なんとかする力」**。コミュニケーションと同じですね。

もしも機会に恵まれれば、いつかお会いできたらなぁ、と勝手に思慕し尊敬している経営者のお一人です。

『伝える。 言葉より強い武器はない』

栗山 英樹

2013
KK ベストセラーズ

難易度	★☆☆

30

大谷翔平獲得に見る「理」と「情」の提案力

著者は元プロ野球選手で、現役引退後は野球解説者やスポーツジャーナリスト、大学教授など、現場からは距離を置いた立場で活躍していました。そんな折、引退から二十年以上が経った二〇一二年に、コーチ経験のないまま、いきなり北海道日本ハムファイターズの監督に抜擢され、就任一年目で見事にリーグ優勝を果たします。本書は、二年目のシーズンが始まる前に書かれたもので、一年目のシーズンの振り返りと、その年のドラフトで大谷翔平選手を獲得した経緯がつづられています。

「対岸を歩く」コンサルタントはいらない

本書の冒頭で、『北の国から』の脚本家として有名な倉本聰氏とのやりとりが紹介されます。倉本氏は著者に「批評家は、いつも対岸を歩いている」と言ったそうです。「監督1年目の君が、まさか優勝できるとは思わなかった」とも。すなわち、「20年以上、プロ野球を批評する立場にいた者、つまり対岸を歩いていた者に、そう易々と「創る側」を、野球でいえば「チーム」を率いることができるとは思わなかった」と。

それに対して、著者はこのように述べています。「たしかに「野球評論家」という肩書きをいただくこともあったが、僕の中には評論しているとか、批評しているという意識はまったくなかった。（中略）ただ一所懸命、取材者として得たものを、伝えることが自分の仕事だと思っていた。だから、立場や肩書きは川の向こう側の人に見えていたかもしれないが、現実の僕の意識はいつもこちら側にあった、きっとそういうことなのだ」。

コンサルタントなら誰しも思い当たる節がある、ドキッとさせられるエピソードです。立場としては「対岸」にいるコンサルタントとして、火事が起きたときに、安全な場所から号令を出すだけの仕事をするのか、必要ならば川を渡って火中の栗をも拾いにいくのか。**いざとなれば自分が登板する覚悟で、自分がその立場だったらどうするかという意識で、常に物事を考えられているか。**

おそらくファイターズの優秀な首脳陣は、著者のこの当事者意識を見抜いた上で、監督に抜擢したのではないかと推察します。翻って我々コンサルタントも、日々どういう心構えで仕事に向き合っているのか、人生経験豊富な経営陣の方々からはすべて見透かされているんだろうなと、身の引き締まる思いがします。

このファイターズの首脳陣の先見性は、監督就任一年目でリーグ優勝という結果に表れますが、そのシーズンオフの大谷選手獲得の場面でも発揮されることになります。大谷選手は、ドラフト会議の前にＭＬＢへの挑戦を表明していたため、他球団はドラフト指名を回避。ファイターズが単独で大谷選手を強行指名し、交渉権を獲得します。大谷選手は指名後の会見でも、「評価していただいたのはありがたいですが、アメリカでやりたいという気持ちは変わりません」と語り、面会の場にも現れませんでしたが、ファイターズは、『大谷翔平君　夢への道しるべ　～日本スポーツにおける若年期海外進出の考察～』という資料（インターネット上で公開）を用意し、面談を重ね、最終的に大谷選手はファイターズに入団することを決意します。

相手の決断を促す「理」と「情」

本書では、この入団経緯について、栗山監督の目線からの解釈が語られます。

①まず、「大谷翔平はなにも変わっていない」といいます。メジャーの第一線で、長く活躍し続けたいという希望を持ち、最初から最後までそれは全くブレていない。

②その希望をかなえるために最も確率の高い選択は何か、それは「日本で、ファイターズで野球をやること」であると。それが「終始一貫していた球団の主張」であり、「絶対に間違っていないと、確信していた」。

③ただし、**「情熱で人を変えることはできない」**ともいいます。「人というものは信念を持っていればいるほど、他人の情熱でなんて変わるわけがない」と。つまり、大谷選手は、「メジャーでやりたいという信念を貫き、そこへ辿り着くための最良の選択をした」だけで、「我々のプレゼンテーションによって、それまで雑然としていた夢へのロードマップが整理された」だけなのだ。

④一方で、「人を動かすのは真心でしかない」ともいいます。そして、**「言葉より強い武器はない」**とも。その上で、交渉の席では、「一緒にやろう」とも、「ファイターズに来てくれ」とも、一度も言っていないといいます。「それらは、あの状況で伝えるべき言葉ではないと考えたからだ」、「言葉はとても大事なものだからこそ、あえて言葉にしないほうがいいこともある」と。

これは、同じ夢に向かってタッグを組むお手本のようなケースで、コンサルティング提案の場面においても参考になる要素が詰まっています。

①コンサルティングにおいても、まずクライアントの〝想い〟や信念を正しく理解し、そこに寄り添えるかどうかがすべての出発点となります。

②その希望をかなえるために、自分たちが提供／貢献できることは何か。自分たちが支援したほうが圧倒的に成果が出ると、どこまで信じているか。そこに絶対的な自信があればこそ、プロジェクトを提案します。

③ただし、コンサルティングのプロジェクトは無形のもので、やってみないとわからない不確定な要素も多く、それ相応の先行投資（フィー）を覚悟していただくことになります。その**決断をしてもらうのに必要なのは「情」ではなく「理」、つまり、自分たちを起用することがクライアントにとって最も投資対効果の高い／成功確率の高い選択肢であることを、理路整然と示すことが求められます。**

④一方で、そこに〝真心〟があるか（一緒に同じ夢を追いかけるパートナーたりえるか）は、常にクライアントから見透かされているのだと思います。ゆえに、コンサルタントにできることは、自分たちの提供価値を正しく誠実に伝えるところまでで、あとはクライアントが納得して決断するのを待つだけです。そもそも押し売りできるような代物でもないですし、言葉で催促するのも決断の純度を下げる野暮なことになります。

大谷選手はその後、まさに『夢への道しるべ』の通り、ファイターズで一段スケールアップしたあとに海を渡り、MLBでも「二刀流」として前人未踏の道を走り続けています。このマンガのような夢物語が今なお続いているのは、ファイターズ首脳陣の先見性と自信、栗山監督の「伝える」力、そして、それに応えた大谷選手の決断力があってこそで、本書には、この野球界の歴史が変わった瞬間（ターニングポイント）が描かれているともいえます。

『日本語の作文技術』

本多 勝一

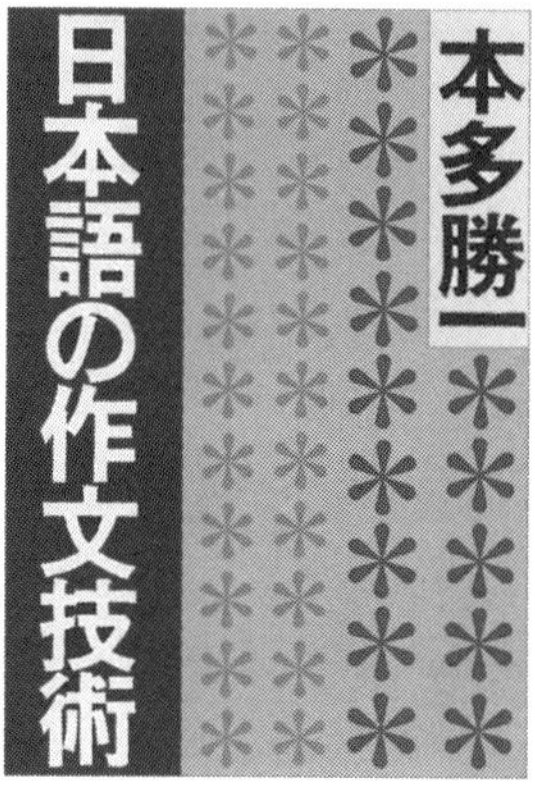

1982
朝日新聞社

難易度 ★★☆

31

「日本語表現」は、コンサルタントの真髄

元新聞記者の著者による、四十年以上前から今なお読み続けられているロングセラー。普段、無意識的に使っている「日本語」を、客体として取り出して解体し、「わかりやすい文章」として組み立てるための方法論が、「誰にでも学習可能な技術」として解説されています。

著者は、漢字とカナを併用する日本語は、わかりやすさという観点で「世界に誇る大発明」だといいます。「表意文字」で視覚的にわかりやすい漢字と、「表音文字」だが視覚的には「分かち書き」と同様の役割を果たすカナが組み合わさることで、言葉のまとまりが「絵画化」され、パッと一目で早く読める。逆に、「日本語を書く」という行為には、「絵画を描く」という要素も含まれ、ゆえに「技術」が必要なのだと。

本書では、漢字とカナの使い分け、句読点の打ち方、助詞の使い方、修飾の順序などについて、「わかりやすく伝える」ための「法則（セオリー）」が、さまざまな文章例を題材に考察されています。

私が駆け出しのコンサルタントだった頃、上司から本書を薦められました。当時の私の仕事の一つに議事メモの作成があり、その出来があまりにも悪かったからです。そのマネジャーはとても面倒見のよい人で、私の拙いメモをしっかり添削してくれて、毎回原形をとどめないほど真っ赤にして返してくれていました。

コンサル会社における議事メモは、発言録・議事録をただまとめて終わりではなく、議論を通じて得られた重要な示唆（キーファインディングス）を、構造化して簡潔に表現するところまでが求められます。

よいメモが書けるためには、**①インプット（議論の背景や内容の理解力）／②プロセッシング（概念化・構造化する論理的思考力）／③アウトプット（日本語の表現力）**の三つの「スキル」が揃っている必要があり、コンサルタントの力量差が如実に表れるところでもあります。

本書は③に対応するものですが、手前の①・②の「スキル」が足りていなかったことも、当時のメモが真っ赤に染まった要因です。加えて、そもそもコミュニケーションとは不自由なもので（言葉を介している時点で一〇〇％伝わることは絶対にない）、その**伝達効率を上げるために言語表現が極めて重要な役割を果たす**ことを、どこまで切実な課題として自覚できていたかという、「マインド」の要因も大きかったと思います。

コンサルティングは、クライアントを介して世の中に新たな価値をつくり出していく仕事です。どれだけよいアイデアを持っていたとしても、クライアントに正しく伝わり、意思決定や行動変容を促せない限りは、価値にはつながりません。ゆえに、その媒介となる「コミュニケーション」の果たす役割は大きく、なかでもクライアント接点を担う「日本語表現」は、「画竜点睛」ともいうべき欠くことのできないものです。

たかがメモ、されどメモ……ここに、コンサルタントの「スキル」と「マインド」が凝縮して詰まっているともいえます。

『経営者が語るべき「言霊」とは何か
リーダーの「言葉の力」が企業を変える』

田坂 広志

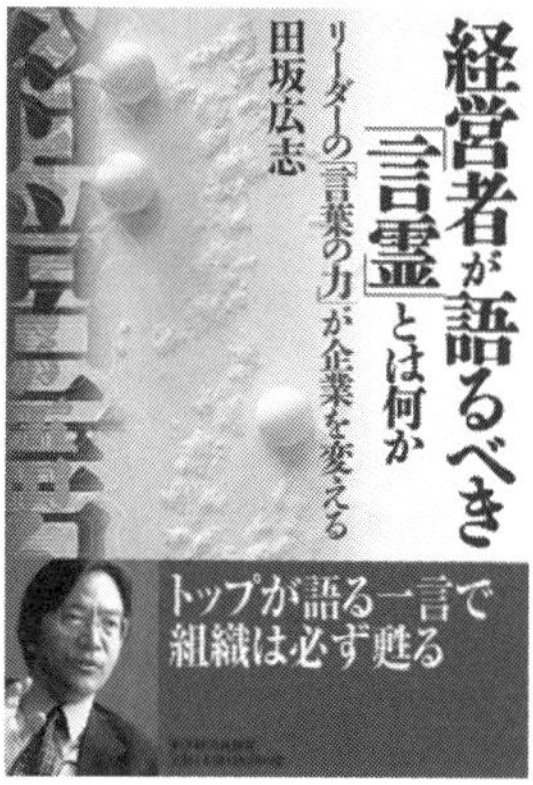

2003
東洋経済新報社

難易度	★★☆

32

経営トップの言葉の力を理解する

本書はこれまでにコンサルスキルとしてお薦めしてきた本とはかなり趣が異なります。著者の田坂広志氏は、東大工学系研究科で原子力工学を修了、日米のシンクタンクで数々の実績を残し、二〇一一年東日本大震災の際には内閣官房参与として日本の原子力政策の転換を主導した方ですが、こうしたキャリアとは一見乖離のある語り口で本書は語られており、人材業界出身の経営者の方に薦められて一年ほど前に読んだとき、とても驚いた記憶があります。

本書にはこんな一節があります。

「言葉を、経営者が、もし腹を据えて言えるならば、その言葉には、必ず「言霊」が宿る。理屈は要らない。経営トップが、そのことを深く信じ、魂で、その一言を言えるかどうか、それが問われるのです」

まさに「魂」のこもった語りで、論理的で理路整然とした論を好むコンサルタントという人種の中にはこの本を好きになれない人も多くいるのではないかと思います。独演のような文体に、理屈抜きに、「覚悟」や「志」といった言葉が多用され、たしかに少し暑苦しく感じられる方もいるかもしれません。

「我々経営者には、心に刻んでおくべき言葉がある。それは、何か。経営の世界において大切なことは、「何を語るか」ではない。「誰が語るか」である」

実はコンサル業界では全くもって真逆のこと、すなわち、誰が語るかではなく何を語るか、で判断しよう、ということが広く正しいこととして認識されています。私も本書に書いてあることのすべてが実感を伴って受け入れられるわけではないのですが、二つの意味でコンサルタントにとって学びがあると感じています。

一つ目は、**コンサルタントとして、相対する経営者の決断の背景にある矜持を少しでも理解しておくため。**「腹に響くか」「本当にできると思っているか」といった、ともすれば精神論的な言葉が並んでいる本書を、こんなの精神論だ、と言って突き放すことは簡単でしょう。けれども、およそ論理的でない、ちょっとオカルトとも言える語り口、でも否定できない何かがあって、言霊のこもった経営者の言葉で会社が変わるのを、従業員が奮起するのを、何度も耳にしたことがあります。

二つ目は、**コンサルタントとして、クライアントに話す自分の言葉に言霊が乗っているか、という視点**です。本書に則って言い換えれば、自分が本当にできると思っているか？　ということだと思います。コンサルタントという業種は、えてして実行段階では関わりが薄れるため、自分がやったことがないことや、実感が持てないことが提案の内容に入ってくることもあると思います。

自分が経営者ならその決断をできるか？　を常に考えながら、自戒を込めてお薦めさせていただきます。

33

ヒトの心に焼きつくアイデアとその発信法

『アイデアのちから』

チップ・ハース、ダン・ハース

飯岡 美紀 訳
2008 日経ＢＰ

難易度	★☆☆

スタンフォード大学（組織行動論）教授の兄、コンサルタントの弟の兄弟による共著です。ヒトの記憶に「焼きつく」アイデアと記憶に残らないアイデア、その違いは何か？　ヒトの記憶に「焼きつく」アイデアの共通項は何か？　を提言している書籍です。

あまりに気に入った書籍でして、購入履歴を確認すると、アマゾンで四冊も買っておりました。他人様に薦めて貸したり、差し上げたりした記憶があります。

コンサルタントは、（本来何かを提言した後のほうが大切で）クライアントに動いてもらってなんぼ、というのが本質です。そのためには、クライアントの記憶にしっかり何かを刻み込めるような提言が必要となります。これは、組織を率いるリーダーも同じでしょう。

本書は、このために、とにかく、自分が話したことや伝えたいことを、いかにして、ヒトの記憶に「焼きつけるか」？　そのためのヒントが書かれております。

重要な点をご紹介します。

人の心に焼き付くアイデアのポイントＳＵＣＣＥＳｓ

人の心に焼き付くアイデアのポイントは、次の六つ。頭文字をとって、ＳＵＣＣＥＳｓです。

Simple　単純明快である
Unexpected　意外性がある
Concrete　具体的である
Credible　信頼性がある
Emotional　感情に訴える
Story　物語性

では、たとえば、ＪＦＫが一九六一年に口にした「六十年代末までに人類を月に立たせて、安全に帰還させよう」という有名なフレーズは、これに当てはまるでしょうか？

順に見ていきましょう。

単純明快か？　イエス
意外性はあるか？　イエス
具体的か？　非常に
信頼性はあるか？　ＳＦ的だが、語り手自身は信頼できる
感情を掻き立てるか？　イエス
物語性は？　ごく短いが、ある

さらに、本書は語ります。もしこれが、企業の普通のＣＥＯなら「我々の使命は、チーム中心の最大規模のイノベーションと、戦略的目標に沿った航空宇宙計画を通じて、宇宙産業の国際的リーダーとなることだ」とでも言っただろう、と。

こういったいくつもの事例を帰納法的に分析・共通パターンを抽出したものが本書です。
（コンサルタントが好きなフレーズ　パターン化・パターン認識ですね）。

情報過多の今こそ、人の記憶に残す情報発信方法を知る必要

さて、iPhone初代版の発売が二〇〇七年で、本書の日本版が書かれたのは二〇〇八年、その間約一年です。

何が言いたいのか？

その後、ご存知の通り、スマートフォンは爆発的に普及し、生活は便利になったものの、一方で、我々は情報の波に飲まれるようになり、デジタルデトックスなる言葉まで出てくる始末です。

つまり、情報一つひとつの相対的な価値が下がり、ヒトの記憶に何かを残すのがより難しくなっているように感じております。

今だからこそ、本書の価値が高くなったと感じ、推薦させていただく次第です。

『デザインのデザイン』

原 研哉

2003
岩波書店

難易度	★★☆

34

デザインのプロフェッショナルに、情報コミュニケーションの極意を学ぶ

著者は、長野オリンピックの開会式・閉会式プログラムや無印良品を手がけたことでも有名なグラフィックデザイナーです。書籍のデザインも数多く手がけ、**電子メディアが普及した現代における紙の書籍の役割は「情報の彫刻」**であるといい、本書自体も、『デザインのデザイン』のデザイン（メタ表現）として、「みなさんの手のひらの中でこの本がいい雰囲気を醸し出すように」と、シンプルながらも質感にこだわった装丁に仕上がっています。

本書では、過去のデザイン史を紐解いたり、自身が関わった作品群を題材にしたりしながら、「デザインとは何か」「デザイナーの仕事とは何か」について、縦横無尽に考察を繰り広げています。

情報の建築

デザインとは何か。本書では、アートと対比して、次のように説明されます。
・**アート：個人を起点**とした、社会に向き合う個人的な意志表明
・**デザイン：社会を起点**とした、多くの人々と共有できる問題を発見し、それを解決していくプロセス

デザイナーの仕事とは何か。本書では、**「受け手の脳の中に「情報の建築」を行うこと」**と表現され、次のように説明されます。
・人間は、極めてセンシュアスな受容器官の束であると同時に、敏感な記憶の再生装置をそなえたイメージの生成器官である。
・受け手の脳の中では、感覚器官を通じて入ってくる「外部からの刺激」と、それによって呼び起こされる「過去の記憶」が組み合わさり、「イメージ」が生成される。
・デザイナーの仕事は、この**脳内プロセスに積極的に関与し、複合的な「イメージ」を意図的・計画的に発生させる**ことである。

コンサルタントの仕事は、クライアントの状況を理解した上で、自分たちが正しいと信じる方向性をコミュニケーションし、意思決定や行動変容を促すことです。ミーティングに臨む際には、クライアントの頭の中（理解度や関心事）は今どうなっていて、それをどう作り変えたくて、そのためにどんな資料を事前に準備し、当日はどのようにプレゼン・議論するとよいか、毎回、綿密なゲームプランを立てます。

これはまさに、クライアントの脳内プロセスに積極的に関与し、望む「イメージ」を作り上げるべく、「情報の建築」を行っていることにほかなりません。

本書では、著者がアドバイザリーボードを務める「無印良品」の起源や思想、コミュニケーション・デザ

インについても紹介されますが、ここにもコンサル会社とのシンパシーを感じます。

・無印良品の始まりは西友のPBでしたが、生活意識の高い消費者に支持されて成長し、独立した会社（良品計画）の商標になりました。クライアントを介して価値提供するコンサル会社も、立ち位置としては**匿名性**を持ったOEM/ODMメーカーに近く、自己主張しすぎず「一歩引いた理性」を届ける姿勢は同じです。

・ブランドの目指すところは**「究極の合理性」**で、「無駄なプロセスは徹底して省略するが、豊かな素材や加工技術は吟味して取り入れる」といいます。これもコンサル会社の価値観そのものです。

・コミュニケーションのコンセプトは「ＥＭＰＴＩＮＥＳＳ」で、メッセージではなく「空っぽの器」を差し出し、「受け手の側がそこに意味を盛りつけることでコミュニケーションが成立する」形式をとっているといいます。この**「究極の自在性」**ともいうべきあり方も、コンサル会社と似ています。

デザインとコンサルの「大局」

そもそも、この「デザイン」という営みの集積や反復の果てには何があるのか。著者は、自身が目指す「大局」を**「欲望のエデュケーション」**と表現し、次のように説明しています。

・今日、市場にある顧客の欲望や希求はマーケティングによって高精度に「スキャン」されている。

・マーケティングは新鮮な感受性もキャッチすれば、怠惰の方向に傾斜しがちなユーザーの性向をも正確にキャッチする。精密なマーケティングは、この「ゆるみ」とでも呼ぶべき顧客のルーズさをしっかりと分析し、商品という形に仕上げて流通させていく。顧客の本音に寄り添った商品はよく売れるが、これは一方でマーケティングを通した生活文化の甘やかしであり、この反復によって、文化全体が怠惰な方向に傾いていく危険性をはらんでいる。

・マーケットの要望に応えつつもユーザーの美意識に密やかに働きかけ、エデュケーショナルな影響力を生むような、そういうデザインを目指していきたい。これがコマーシャルな局面に関与する上での自分にとっての「大局」ということになるかもしれない。

コンサル会社も、**「究極の合理性と自在性を兼ね備えた匿名の器」**として、その営みの果てにどのような「大局」を描くのか。目の前のクライアント×プロジェクトの先に、どのような未来を見据え、どのような価値を世の中に提供していくのか。

翻って、「何でも屋」・「傭兵部隊」としてどんな仕事でも引き受けるのか、クライアントの「ゆるみ」に寄り添う「甘やかし」のようなプロジェクトでも売上に寄与するならよしとするのか。コンサル会社の価値観・美意識・インテグリティ、コンサルタントの矜持・美学・アスピレーションが問われる局面です。

当然、組織で活動している以上、コマーシャルな「量」的観点は避けては通れませんがその「質」的要素の中にこそ、コンサルティングの存在意義があるのだと思います。

デザイナーも、**根源的な関与ポイントは「情報の質」**で、**その制御を通じてコミュニケーションに「力」（感動や効率性）を生み出すことが介在価値**だといいます。そして、「情報の質」を高める要素として、**「わかりやすさ」・「独創性」・「笑い（極めて精度の高い理解が成立している状態）」**の三つが紹介され、これらのアクセスルートをたどって「情報の美」という頂上を目指しているといいます。

同じ「情報」を扱う表現者として、「質」にこだわり、「美」を追求し、「彫刻」や「建築」のような後世に残る仕事がしたいと「エデュケート」される、モノも中身も丁寧に「デザイン」された本です。

『クリスマス・エクスプレスの頃』

三浦 武彦、早川 和良

35

伝説のＣＭにエレベータートークの極致を見る

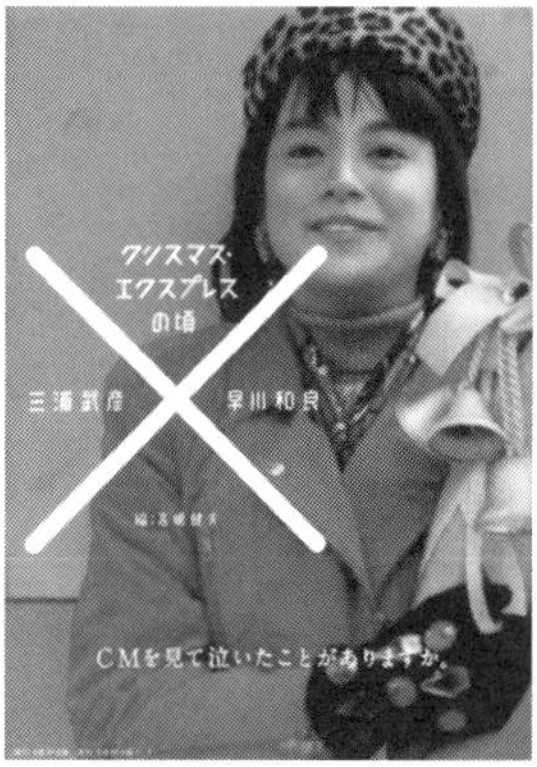

高嶋 健夫 編
2009 日経 BP コンサルティング

難易度　★☆☆

本書は、八十年代後半から九十年代にかけて社会現象を巻き起こした、二人のクリエイターによるテレビＣＭ作品集です。バブルの絶頂期、日本株の時価総額が世界一だった時代、まだスマホもYouTubeもなく、テレビにアテンションが一極集中していた時代……そんな時代に時間とお金を惜しみなく投下してつくられた、日本ＣＭ界のクラッシックともいえる作品群について、制作者本人たちが企画背景や演出意図を語る対談集です。本書にはＤＶＤもついていますが、まずはYouTubeでタイトルの「クリスマス・エクスプレス」から観ていただくことをお薦めします。

私は父親がＣＭディレクターだったので、子供の頃から特別な思いでＣＭを観ていました。コンサルタントとしても「消費財×マーケティング」が専門領域なので、ＣＭとは今も切っても切れない関係にあります。そして本書からは、時代の空気を読み解き、クライアントを介して世の中に新たな価値をコミュニケーションしていく上での、時代を超えた不変のヒントをもらいました。

ＣＭプランナーという仕事

三浦氏は、当時は電通に籍を置くＣＭプランナーで、自身の仕事についてこのように語っています。

・広告という仕事は、クライアントの問題を「コミュニケーションの設計」を通じて解決していくこと。

・その時代その時代で一番いい方法、最適なメディアを組み合わせ、解決のためのコア・アイデアを人々の心に響くメッセージにして、世の中に届ける――。時代やメディア環境がどう変わろうとも、この基本は不変です。

・情報ばかりが溢れかえる現代にあっても、**「人の気持ちを動かすのは理屈ではなく情感である」**という意味では、僕たちのやるべき仕事は決して変わるべきではないと思っています。

また、自身の創作姿勢についてこう語ります。

・ＣＭは誰も見てくれない。最初につくったＣＭでそのことを痛感して、だったら、絶対に見てもらえるものをつくってやろう。それにはどうしたらいいか。その方法はプランナーによってそれぞれ違う。いわばブラックボックスですが、僕はそのカギは**「時代の気分」**だと気づき、それをずっと追い求め続けていったわけです。

・テレビＣＭは「世の中の気分を動かし、モノを売る最強の武器」だと思います。そして、「15秒の映画」であり、「30秒のドラマ」だと思っています。こういう言い方はおこがましいかもしれませんが、15秒や30秒のＣＭをつくるとき、１本の映画をつくるのと同じくらいのエネルギーを注ぎ込む気持ちでやっています。

CMディレクターという仕事

早川氏は、当時はTYOに籍を置くCMディレクターで、自身の仕事についてこのように語っています。
・CMの目的は「見る人の心のドアを開く」ことです。
・CMとは、販売促進活動の一つにほかなりません。その目的は見た人の何かを動かすことです。心であったり、欲望であったり、何かを動かすきっかけづくりがCMの役目。当然ながら、そこから実際の消費行動につなげることは保証できないけれども、何か波紋を起こさせることはできる。
・CMの演出はあくまでも「翻訳」なんですよ。クライアントに対して「アナタの言いたいことはこういうことでしょう」と代わりに表現してあげる。その限りで言うと、CMディレクターは基本的には「聞き上手」でなければならないのかもしれませんね。
また、自身の創作姿勢についてこう語ります。
・めざしたのは「CMの中で黒澤明をやろう。TVでは見えないところまで手を抜かずにやろう」ということでしたね。
・僕たちの頭の中には、一番見せたい作品の「へそ」のようなものが先にあって、そこをより効果的に見せるために、逆算方式でその前をつくりこんでいくんだよね。
この「へそ」は、コンサルの世界では**「キースライド」**と呼ばれます。当然その完成度も重要なのですが、そこに至るプロセスや目に見えない部分のつくり込みが、その一枚を効果的に見せるという点は、コンサルにも通じます。また本書には、実際に使われた「演出コンテ」(カット割りや演出上の狙いが描き込まれているCMの設計図)も掲載されているのですが、これは、コンサルタントがホワイトボードやセクションパッドを分割してつくる手書きの「空パック」(ストーリー構成やキーメッセージを描き込んだパッケージの設計図)

とそっくりです。

六十秒で日本の文化を変えたＣＭ

この三浦（企画）×早川（演出）のコンビは、さまざまな実験的な取り組みを通じて、新たな広告手法を開発していきます。今では当たり前になった、クロスメディアやプロダクトプレイスメント、タイアップやシリーズＣＭなどは、二人の作品が先駆けだったことが本書で紹介されます。「日常の中のドラマ」を描き出して、**「ストーリーコマーシャル」**と呼ばれる新しい潮流を生み出したのも、このコンビです。

ＪＲ東海の「エクスプレスシリーズ」では、新幹線を「人と人とをつなぐコミュニケーションメディア」と捉え、駅や車内を舞台とした出会いと別れを叙情的に描き、それまで「ビジネス特急」としか見られていなかった新幹線のイメージを一新したといいます。

なかでも「クリスマス・エクスプレス」は、「日本広告史にその名を刻む傑作ＣＭ」として紹介されます。「それまで子供たちがプレゼントをもらい、家族一緒にケーキを食べる一家団欒の行事だったクリスマスを、年に一度の「恋人たちの特別な日」に変貌させてしまった」からで、「メディアはこれを〝**クリスマス・エクスプレス現象**〟と名付けた」といいます。

つまり**六十秒のコミュニケーション（ＣＭ）が、新たな慣習を生み出し、日本の一つの文化を変えてしまったわけで、「エレベータートーク」の究極形**ともいえます。

翻ってコンサルタントとして、六十分のコミュニケーション（会議）を通じて、そのクライアントの意識や行動、習慣や歴史を変えるような仕事がしたいと、フレッシュな気持ちになれる一冊です。

『仕事。』

川村 元気

2014
集英社

難易度 ★☆☆

36

新進気鋭の映画プロデューサーに学ぶインタビュースキル

執筆当時、著者はまだ三十代で、『電車男』や『告白』などのヒット作品を次々と手掛け、藤本賞（各年で著しい功績をあげた映画製作者に贈られる賞）を史上最年少で受賞して波に乗る、新進気鋭の映画プロデューサーでした。本書はそんな著者が、さまざまな分野（映画・アニメ・小説・音楽・写真・美術など）で今なおフロントランナーとして活躍を続ける十二人の巨匠と対談して、彼らが自身と同じ三十代の頃、「何を想い、何を考え、どう働いていたのか」を訪ねて回るインタビュー集です。

本書が出た当時、私も三十代半ばに差しかかった頃だったので、著者と同じ目線感で、人生の大先輩の「仕事」観から多くのヒントをもらいました。と同時に、同世代（四歳年上）の著者のインタビュアーとしての「仕事」を、羨望の眼差しで読んだことを覚えています。

コンサルタントとして示唆があった、著者の「インタビュースキル」を紹介すると——

「懐に入り込む力」

著者は、親子ほども年の離れた大先輩に対して、しっかりとリスペクトを示しつつ、ときにいやらしくない程度のお世辞も混ぜつつ、かといって媚びへつらうのではなく、たまにあえて生意気な意見も言ってみたりしながら、一方的に教えを乞うのではなく、対等なコミュニケーションを成立させています。その相手との距離の詰め方や懐への入り込み具合が絶妙で、インタビューの終盤には、巨匠の言葉の端々に「かわいいやつだな」感が滲み出てきます。

世間一般では「人たらし」や「ジジ殺し」、コンサル会社では「チャーム」と言ったりもしますが、これはさまざまな場面で関わる人たちの協力を必要とするコンサルタントにとっても大事な資質です（採用面接の際に重視するポイントでもあります）。

「引き出す力」

著者は、巨匠の来歴や作品を事前にしっかり「予習」した上で、会話の中で相手に向けて「わかってますよ」感を発しつつ、うまく合いの手を入れて会話にリズムをつけ、相手をノッてこさせながら、テンポよく核心へと話を進めていきます。おそらく「インタビューガイド」や「ゲームプラン」も用意していると思いますが、それに囚われすぎず、会話の流れの中で出てくる「生モノのキーワード」を拾って、臨機応変に話題を拡げ、予定調和ではない話を引き出していきます。

コンサル会社でも、対象者との「ラポール（信頼関係）」を築いた上で、相手の「本音」やまだ言語化がなされていない「モヤモヤしたもの」を整理しながら引き出すことが、よいインタビューとされています。インタビューが終わった後に、「おかげで頭の中がスッキリしました」と言われるのが、コンサルタントにとっての最高の褒め言葉です。

「意味づける力」

各インタビューの最後には「復習」というページがあり、そこで著者が、「インタビューを通じて何を学んだか」、「それをどう自分の糧とし、今後の活動にどう活かしていくのか」がまとめられています。実際、著者は本書以降も、アニメ映画にもプロデュース範囲を拡げて『君の名は。』を大ヒットに導いたり、小説家としてもデビューして『世界から猫が消えたなら』がミリオンセラーを記録したりするなど、学びを糧に活躍の幅を拡げ続けています。

コンサル会社でも、インタビュー後に「Key Findings」をまとめたり、プロジェクト後に「Key Lesson Learned」を整理したりして、**引き出した話や学んだ経験から必ず「意味合い」を抽出**します。この**学びを結晶化・血肉化していくプロセス**こそが、コンサルタントの指数関数的な成長の源泉になっていたりします。

人生の貴重な時間を使って何のために働くのか？

こうして並べてみると、プロデューサーもコンサルタントも、関わる人たちの信頼を獲得し、その力を最大限引き出すことを通じて、プロジェクトを成功に導いていく（と同時に自らの成長の糧としていく）という観点では、近しい「仕事」だと感じます。その「仕事」について著者は、「大人になってからの、ほとんどの時間。つまり生きているほとんどの時間、僕らは仕事をしている。だとしたら、僕は金のためではなく、人生を楽しくするために仕事をしたい」といいます。そして、**「仕事に丸をつけて肯定し、人生を楽しくするために働く」**、それが本書のタイトルに込めた想いだと。

この**「人生を楽しくする手段」としての「仕事。」**という捉え方は、個人的にはとてもしっくりくる表現です。幸いなことに、コンサルタントになってこの方、「仕事」をしているという感覚があまりなかったのですが、それは「仕事」という言葉には、「お金との交換条件で、自らの時間や労力を提供して対価を得る、我慢を伴う作業」というニュアンスが含まれるからなのだと、今さらながら思います。

今向き合っているのは「仕事」か、それとも「仕事。」か……。一人ではなくチームで活動するプロデューサーやコンサルタントにとって、その目的意識は周りを巻き込んでいく上で常に問われることでもあり、それが最終成果を左右するといっても過言ではありません。

人生の貴重な時間を使って何のために働くのか、このシンプルな問いについて、改めて考えさせてくれる本です。

『超思考』

北野 武

2011
幻冬舎

難易度	★☆☆

37

「独自の視点」×「表現力」現代の道化師、天才たけし！とコンサルタント

コメディアン・映画監督・芸術家など多彩な顔を持つ著者が、世の中のさまざまな出来事に対して、**常識に囚われないゼロベースのツッコミ**を入れながら、最終的に笑いへと昇華させていくエッセイ。

映画監督として数々の受賞歴があり、海外では「マエストロ（巨匠）」としての地位を確立している著者ですが、文化人扱いされることを嫌い、テレビではあえて変な被りものをしてコメディアンを演じていると語ります。その様はまさに現代の「ピエロ（道化師）」で、本書でも自己言及的に次のように述べています。

・昔、宮廷には道化師がいたそうだ。他の人が言ってはいけないことを言っても、道化師は罰せられなかった。笑いという隠れ蓑を使って、王様を茶化したり、皮肉を言ったりするのが、道化の役目だった。

・**一つの物事を、一つの方向から眺めても笑いは生まれない。道化の一言に人が笑うのは、それを眺める別の視点に気づかされるからだ。**

つまり著者は、**世の中に対して感じた違和感に蓋をしてしまわず、素直に「本音」を暴露して笑いに変えられるように**（いつでも「王様は裸だ！」と言えるように）、**意図的に仮面を被って道化を演じている**、ということかと思います。

コンサルタントにも、この「道化師」と似た側面があります。

・社内のしがらみに縛られない第三者的な立場だからこそできる「提言」（ときには「諫言」）をするほか、ときに、わかっているけれど表立って言えないことを「代弁」するのもコンサルタントの大事な役割です。

・**業界の常識に縛られない、一歩引いた視座や別の視点を持てるからこそ「付加価値」を生み出せます。**

著者はまた、自身の「独自の視点」に関して、次のように語っています（要約して述べます）。

・人は本音を心の底に押し込めて生きている。社会は建て前で成り立っている。その**建て前と本音の隙間に笑いが生まれる。**

・建て前と本音の両方が見える斜め上あたりの場所から、世の中を見ることにしている。「エンゼルフィッシュは水槽の横から見れば立派だけれど、真上から見たらただの棒じゃねえか」というネタを書いたことがある。俺にそのネタが書けたのは、もちろんエンゼルフィッシュを斜め上から見ていたからだ。

著者の各分野での成功は、根底にこの「独自の視点」、そして、各分野における「表現力」があったからでしょう。本書も、笑いという隠れ蓑の下で、本質を突いた鋭い視点（本音）が随所に見えます。

そして、この**「独自の視点」×「表現力」**という方程式は、コンサルタントにも当てはまります。コンサルタントの場合、笑いや感動ではなく「なるほど」を狙った、資料やコミュニケーションにおける「表現力」ではありますが、それが活きるのもベースとなる「独自の視点」があってこそです。

『考えない練習』

小池 龍之介

2012
小学館

難易度 ★☆☆

38

考えるべきことは何か？
考えてはいけないことは
何か？

東京大学教養学部卒の住職（執筆当時）、小池龍之介氏が書いた書籍です。「話す」、「聞く」、「見る」、「書く／読む」、「食べる」、「捨てる」、「触れる」、「育てる」の八章に分かれ、刺激過多の現代人が、五感（目・耳・鼻・舌・身）を研ぎ澄ませ、意識してそれらを使うことで、日常のイライラや不安を取り除き、思考を自分自身で自由に操り、クリアな状態にしていくセオリーが書かれています。その中から、「話す」ことについて、私の失敗談を交えて、ご紹介したいと思います。

当時、私は日本を代表する大企業クライアントのプロジェクトのプロジェクトマネジャーでした。今でもありありと鮮明に覚えているのですが、クライアントの役員がおられるなか、中間報告会でのプレゼンテーションが、うまくいきませんでした。コンテンツ自体はかなり自信のある内容だったとはいえ、たくさん詰め込み過ぎて、ポイントがぼやけプレゼンの途中で急に焦ってしまい、随分と早口になってしまいました。

担当パートナーであったＤＩ（ドリームインキュベータ）の山川社長からは、「今日のは資料は百点だったけど、青山のプレゼンは三十点だったな」という趣旨のフィードバックで、爽やかに一刀両断されました。加えて「焦って早口でしゃべるのではなくて、話す内容を半分にすればもっとクリアに伝わったよ」とも。凹んでいた私に、最も仲のよい後輩（野邊義博さん）が「兄さん、これお薦めですよ！」と薦めてくれたのが本書でした。

以下、本書から一部抜粋させていただきます。

「自分の話を聞いてほしくてしようがない時、少しでも多くの情報量を会話に詰め込みたくなることでしょう。相手に認められたいという欲の煩悩が強ければ強いほど、大きな声で、たてつづけに話してしまうものです。

しかし皮肉にも、（中略）聞くほうはひどく不快な刺激をインプットされることになります。結果として、（中略）相手に怒りの煩悩を喚起してしまい、同意は得られにくくなるでしょう。

反対に、ゆったりとしたスピードで、穏やかな声量と高さで話をされると、誰もが落ち着いて耳を傾けることができます。**まずは、相手に余計な苦しみや刺激を与えないように配慮すること。**（中略）その方法として提案したいのは、**話すとき、常に自分自身の声に耳を傾けておくことです**」

「自分の声にフォーカスして聞くように努めますと、ずいぶん違って感じられることに気づくことでしょう」

まさに、私の失敗そのものが本書に記載されており、本書に学んでからは、常に自分自身の声に耳を傾けるようになりました。しかし、よくよく考えると、コンサルタントは「徹底的に考えろ、脳みそに汗をかくまで考えろ」と耳にタコができるまでいわれ続ける職業なので、逆説的なタイトルですね（笑）。

39

雑談力で、クライアントの中での自分のマインドシェアを上げる

難易度 ★☆☆

定期刊行物3つ（100分de名著、TOPPOINT、FACTA）

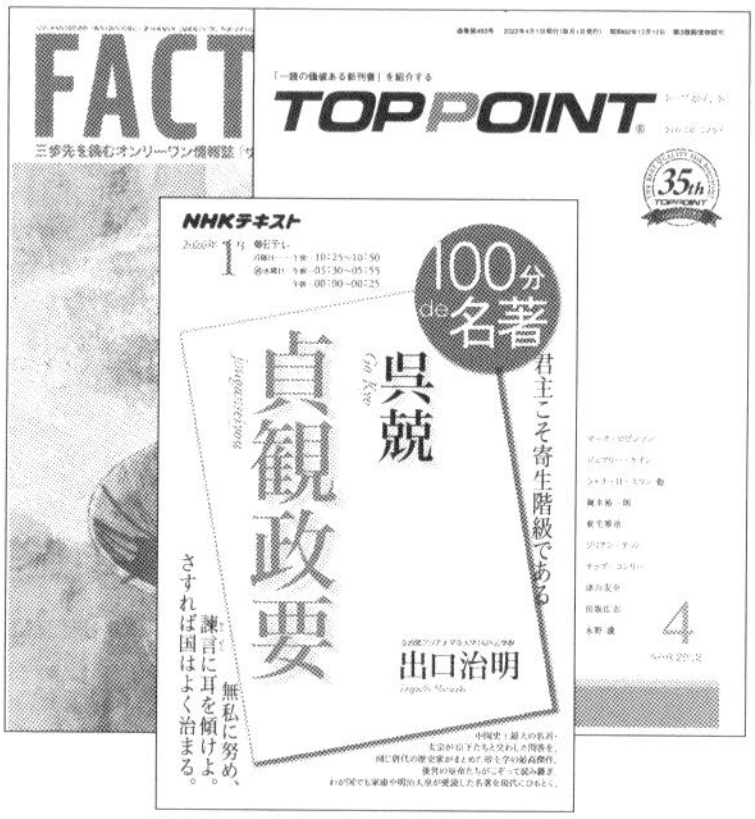

コンサルタントもお客さまあってのビジネス（いわゆる「客商売」）ですので、「おっ、こいつなんでも知ってるなぁ」「よく勉強しているなぁ」「よくそんなニッチなことを詳しく知ってるよね」と、雑談の中でも相手に感心してもらい、相手の中での自分自身のマインドシェアを少しでも上げたいものです。

というわけで、雑談力を上げるために、次の三つをお薦めします。

①100分de名著（月刊）　洋の東西を問わない過去の名著のキュレーションメディア
②TOPPOINT（月刊。毎月雑誌が送られてくる）　最新のビジネス書のキュレーションメディア
③FACTA（月刊。毎月雑誌が送られてくる）　ビジネス×三面記事っぽい話題

①100分de名著

ＮＨＫの番組のテキスト版。

名前の通り、ＮＨＫの放送では百分で、古典を理解できる仕立てになっております。

毎週二十五分×全四回＝百分の放送を見てもよいかもしれません。

その道の専門家に、伊集院光さんが質問をしていくことで、エッセンスを理解できる仕立てになっています（伊集院光さんの質問力の高さに驚かされます）。

テキスト版は、一冊百頁くらいのコンパクトな内容なので、読むのに百分も必要ないかもしれません。テキスト版を読んで、気になったものがあれば、原書をたどるというアプローチでよいと思います。

まさにキュレーションメディアですね。

ＮＨＫのサイトに行くと、放映済みの書籍が掲載されているので、気になったものを読むとよいでしょう。

②TOPPOINT

ビジネスに関する約百冊の新刊の中から、毎月十冊の厳選された書籍について、そのエッセンスが見開き二頁でまとめられています。

ベンチャー経営をしている親友から薦められて（ゴリ押しされて？笑）買うようになりましたが、キュレーションメディアとしては、秀逸だと思います。

たった四十頁で、最新のビジネス書、しかも厳選されたものの十冊分を読んだ気にさせてくれる、とてもお得な雑誌です。

これも同じく、気になったものがあれば、原書をたどるというアプローチでよいでしょう。私も、この十冊の中から、毎月一～二冊は買っています。

完全に蛇足ですが、出版社が私の地元京都なので、ひそかに応援しています（笑）。

③FACTA

経済版フライデーと揶揄していた方もおられましたが、二〇一一年のオリンパスの粉飾決算を暴いたことで一躍有名になった雑誌です。

広告モデルではなく、読者への課金で成立しているため、広告主への遠慮がなく、内容としては中立的。ただ、記事によってライターが異なるため、内容の濃さや正確性にバラつきが大きい印象があります。

本家本元のフライデーよりも、こちらの方が雑談力への貢献度は高いと思われます。

島田紳助が「紳竜の研究」というDVDの中で、たしか、キノコの栽培方法について語っている場面がありました。本人曰く、「もしも、俺がキノコの栽培方法について詳しく知ってたら、『このヒト、なんでも知ってるんやぁ』と相手が勝手によい意味で誤解してくれるやろ？（笑）それが大事やねん。プロってさ」というくだりを、どういうわけか、今、思い出しました。

雑談力はホント馬鹿にならないと感じることも多々あるため、ご紹介させていただきました。

第4章
コンサルが読んでる本
◉戦略・ビジネスモデル

『ビジョナリー・カンパニー4 自分の意志で偉大になる』

ジム・コリンズ、モートン・ハンセン

牧野 洋 訳
2012 日経 BP

難易度	★★☆

40

VUCAの時代にも繁栄する企業の共通点を探る

言わずと知れたビジョナリー・カンパニーシリーズの第四弾（ゼロがあるので、第五弾？）

今回は、二万四百社の企業群から、業界平均を十倍超上回る業績を叩きだした企業「10X型企業」（と名づけた）七社を抽出。その七社を牽引した経営者を「10X型リーダー」と呼び、南極点に到達したアムンゼンと失敗したスコットを引き合いに出して、「10X型企業」と同種の企業を対比する形で、その優れたリーダーたちに共通する項目を、帰納法的にあぶり出しています。

ちなみに、その七社のリーダーは、（我々もよく知っている）マイクロソフトのビル・ゲイツ、インテルのアンディ・グローブとゴードン・ムーア、サウスウエスト航空のハーブ・ケレハー等です。

その彼らに共通する項目は、次の四つです。

①「狂信的規律」好調不調にかかわらず、毎年一定のペースで成長する。

「並外れた一貫性」を保持することが肝要。アムンゼン隊は天候がよかろうが悪かろうが常に二十マイル行進。一方で、スコット隊の行進距離には天候により大きなバラつきがあった。

②「実証的創造力」「銃撃」に続けて「大砲発射」（**精度未調整の大砲を使うな**）。
つまり、有効性が実証できた場合にのみ、大胆に投資する。

先駆的なイノベーション企業のうち、最終的に市場の覇者として勝ったのは、たったの九％しか存在しない。

銃撃開始→評価（何かに命中したか？）→考慮（大砲へ転換すべき銃撃はあるか？）→転換（精度調整ずみの大砲を発射）というステップで事業拡大。

たとえば、「プログレッシブ保険」は、**実証的に有効性を確認できない限り**、どんなプレゼン資料が、住宅保険と自動車保険をセット販売するべし、と強調しても答えはＮＯ（有効性を実証してから、行動に移す。有り体にいうと、テストマーケティング）。

③「建設的パラノイア」死線を避けるリーダーシップ。万が一に備えて、平時に準備しておくこと。
事前準備がすべて。

サウスウエスト航空は、同時多発テロの際にも、黒字を維持し、株価維持を実現。

「万が一に備えて平時に準備しておくという哲学のおかげだ。これは驚嘆すべき予防薬である」（同社の二〇〇一年度版年次報告書）

リスク許容度が変わるまでの時間軸を把握するべし。

早く行動しすぎると、ときにリスクが高まる。遅く行動しすぎても、ときにリスクが高まる。だからこそ、リスク許容度が変わるまでにどのぐらいの時間があるか？　という質問がカギになる。

本当に難しいのは、この質問を自分自身に投げられるほど冷静沈着でいること。

④SMaCレシピ（Specific, Methodical, and Consistent）うまくいくレシピ（方法）を愚直に繰り返す。レシピの材料構成を平均二十年以上保っている（8年～40年）。

レシピが機能しなかったのは、
我々が規律を失ったからか？
環境が激変したからか？
平凡さを決定付ける特徴は、変化をためらうことではなく、慢性的に一貫性を欠くこと。

よくよく表紙を見てみると、原題は「Great by Choice」とあります。つまり「自分の意志で偉大になる」とのこと。

才能とか能力ではなく、意志です。自分自身に意志があるのか、経営者として意志があるのかが、著者のジム・コリンズから問われているんでしょうね……。

また、副題は、「UNCERTAINTY, CHAOS, AND LUCK - Why some thrive despite them all.」つまり、**「不確実性、カオス、めぐり合わせ。なぜ、かかる状況下でも繁栄する企業が存在するのか」**（コロナ禍含め）ブラックスワンが十年に一度は起こるような二〇二〇年代。現在の企業経営において、この書籍のエッセンスを参考にしない手はないと思われます。

ジム・コリンズの力作であり、偉大なリーダーの共通項ならば、マネして損はないはず（というかマネをしなきゃ損だ）。結局、**経営は実行**です。

『ストレッチ・カンパニー　超優良企業の成長戦略に学べ』

グレアム・K・ディーンズ、フリッツ・クルーガー

梅澤 高明 訳
2005 東洋経済新報社

難易度	★★☆

41

超優良企業になるための特効薬・万能薬とは？

コンサルティング会社のA・T・カーニーが、世界中の上場企業二万九千社の十四年にわたる調査・分析に基づいて、売上・時価総額ともに成長を実現している**「価値創造成長企業」のエッセンスを抽出**した本です。○○カンパニーという邦題のビジネス書は、『エクセレント・カンパニー』（トム・ピーターズら）や『ビジョナリー・カンパニー』（ジム・コリンズら）が有名ですが（いずれもマッキンゼー出身者の著作）、本書も負けず劣らずの隠れた名著です。

私が新卒内定者のときに、課題図書として送られてきた中の一冊です。ただ、当時のメンターだった人に、残りの学生期間をどのように過ごしたらよいかと聞いたところ、「学生の立場でしかできないこと、時間をかけないとできないことを経験しておいたほうがよい。お金はいずれ帳尻が合うから、前借りをしてでも。逆に、コンサルタントの予習のようなことはしなくてよい。運転教本をいくら読み込んでも、運転できるよ

うにならないのと同じで、仕事で実践しながら学んだほうが圧倒的に効率がよい」というアドバイスをもらいました（今では逆に、学生に聞かれたら同じように答えています）。

なので、本書もしっかりと読み込んだわけではないのですが、**「産業集中化曲線」・「価値創造成長マトリックス」・「ストレッチ成長モデル」**などのフレームワークは頭の中に残っていて、実際のプロジェクトにアサインされたときに、クライアントが置かれた状況を把握するための「海図」は得られたように思います。

改めて、本書の主旨を紹介すると、

・**「産業の成熟度」と「企業の業績」とは無関係である。**

・その置かれた状況にかかわらず、企業を成長させることは可能であり、売上・時価総額ともに成長を実現している**「価値創造成長企業」の経営者は、「イノベーション」・「リスクテイク」・「積極性」という共通点を持つ。**

・**成長の因子は、内部要因（企業内部の資源による変革）が主**で（87％の寄与度）、外部要因（合併・買収）はその補完でしかない（13％の寄与度）。

そして、「本書の結論を一言で表すと、**「成長のための特効薬など存在しない。万能薬もなければ近道も存在しない」**のである」と、何のひねりもない〝ド真ん中ストレート〟のような主張で結ばれます。

お手軽なノウハウ本と違い、明快な結論やキャッチーなコンセプトがあるわけではなく、むしろ正論すぎてエッジが立っておらず、ゆえにマーケティング的には必ずしも成功しているとはいえない本ですが（他の○○カンパニーのほうに軍配）、しっかりとした論拠に基づいて、具体事例とセットで実践的な提言がなされ、目に見える成果（Tangible Results）を愚直に追求するA・T・カーニーらしい本だなと、改めて思います。

『イノベーションのジレンマ
増補改訂版（Harvard Business School Press）』

クレイトン・クリステンセン

玉田 俊平太 監修、伊豆原 弓 訳
2001 翔泳社

難易度	★★☆

42

新規事業開発の必読書

超有名な書籍ですので、私がわざわざ紹介するものではないと考えておりましたが、一方で、経営ツールとして実践し、うまく成果が出た事例を紹介するなら意味があるのではないか、と考えたので、書かせていただきます。

巷で、よく新規事業が育たないとか、うまくいかない、などといわれて久しいですが、実は、処方箋の一つは、この書籍にちゃんと書いてあります。

私の元上司が、しょっちゅう口にしていたのは、**「理論なき実践は暴挙。実践なき理論は空虚」**というドラッカーのフレーズです。

新規事業を考える上での一つのセオリーは、「独立した別組織を新設し、その中で新しい問題を解決するために必要な新しいプロセスと価値基準を育てる」（抜粋）ことですが、ここで、「別組織が物理的に分離しているかどうかはさほど重要ではなく、むしろ、**通常の資源配分プロセスから独立することが重要**」「主流組織プロジェクトと資源を争わないようにすること」という点が肝です。

つまり、ポイントは、二つ。「別組織」と「新しいプロセスと価値基準」です。次に、そのポイントに沿って、実際に私が行ったことを二つの事例をあげて紹介しましょう。

事例その１――私が投資先のデジタルマーケチームの立ち上げ期に行ったこと

①別組織

デジマ組織をリアルチャネルの組織と分けた上で、オフィススペースも物理的に隔離（本社組織とデジマ部隊のフロアを分けた）。机を並べていると、口をはさみたくなるのが人間の性だから。

②新しいプロセスと価値基準

既存事業では、Ｇｏ／Ｎｏ Ｇｏの基準となるＲＯＩが明確になっているがゆえに、単価が低いため、粗利額もしくは粗利率が低くなる、成長市場（今後間違いなくし成長する場合）にも足を踏み出せない。往々にして、ネットのほうが、「安いものを、あまり手をかけずに売る」ということになりがちなので、リアルチャネルＶＳ．ネットチャネルという争いになると、明確なＲＯＩ基準があればあるほど、ネットは、分が悪い（加えて、新規チャネルであるがゆえに、ＲＯＩも皮算用になる）。

ということで、基本的に、まともに経営をやっている会社ほど、定量的に説明しきれずに、会議体が通らない。うまく立ち上がらない、というわけですね。これがイノベーションのジレンマの本質。

というわけで、既存事業を見ている投資先の経営陣ではなく、私（株主から送り込まれている）に予算と決裁権限を与えてもらい、リアルチャネルからの横やりから守って、インキュベート（起業）した。

そして、来るべきデジタルマーケ時代に備えて、リソース（人材採用・資金）を準備した。

当たり前のことをちゃんとやることで、結果、売上高という意味におけるデジタルチャネルの規模化に業界で最も早く成功した。

事例その2――とある消費財メーカーの通販チャネル（今っぽくいうとD2C）立ち上げ支援

マスマーケティングの限界が叫ばれて久しい。小売経由でしか、お客さまと接点を持てないのは、つらい。立ち上がるまでは、規模という意味では小さくても、お客さまと直接接点を持てるのは、大いに意味がある。

①別組織

D2Cの専門部隊を組成。

商品企画から販売に至るまで、バリューチェーンを一気通貫にできるような人材を手配。

②新しいプロセスと価値基準

社長直轄組織とした。

なぜなら、リアルチャネルとのコンフリクトが大問題で、なかなかD2Cに踏み切れなかった（よくある話。いまだにしょっちゅう耳にする）からだ。

通常の会議体を経るような意思決定プロセスにすると、つぶされるのは火を見るよりも明らかだった。

ただ、これは、上場企業の場合、本当にしっかりうまくやらないと、ガバナンスというフレーズを金科玉条のごとく振り回されて、反対されるのがオチ。

社長の本当に強いコミットとＣＦＯの深い理解とサポートがあったからこそ、テイクオフできた。感謝。

結局、やるかやらないか。実行するかしないか。

「経営は実行」という書籍を別ページでご紹介しますが、**「本当の問題は、実行という言葉が魅力的に響かない点にある」**とのこと。戦略とか大上段に言っているほうがかっこいいからでしょうが、「実践なき理論は空虚」です。

『戦略プロフェッショナル　競争逆転のドラマ』

三枝 匡

1991
ダイヤモンド社

難易度	★☆☆

43

競争戦略をストーリー仕立ての書籍から学ぶ

別著『V字回復の経営』同様、著者の実体験をもとに、物語のような語り口でつづられているため、架空の人物のエピソードの節々にリアリティと臨場感を感じることができ、読み物としても非常に面白い作品。コンサルタントのみならず、企業経営に携わる人であればどなたでも楽しく読むことができる書籍だと思います。

鉄鋼メーカーの第一製鉄の広川洋一を主人公に、新規事業創出に端を発する競争戦略のストーリーで、著者のコンサルタントの経験から実在の企業をもとにケーススタディのように話が進んでいきます。

私がこの本をはじめて読んだのは六年ほど前、フィールドマネージメントに入社する直前に、コンサルタント未経験の人間が読んでおくべき本はないかと片っ端から読んだうちの一冊だったように記憶しています。

コンサルタントとしての業務経験がない当時は、五十代後半の主人公の、私には経験のない業界の出来事であったためか、物語としては面白かったものの、ふーん、そんなものか……という感想で、触れたことのない知識やフレームワークをとにかく詰め込もうと意気込んでいた私には、どこか実用的でないもののように思えてしまったことを覚えています。

それから数年後、新型コロナウイルスの感染が拡大するずっと前の話ですが、現在も支援し続けている格安航空会社の新規就航先を検討するプロジェクトに携わりました。東南アジアを対象に、顧客のグループインタビューや日系旅行代理店へのヒアリングを通じて就航地の優先順位を検討する案件で、各空港や支店に足を運んで話を聞き、就航候補地の概要と、就航にあたっての課題を報告書にまとめました。

出来は悪くなかったものの、なんとなくいま一歩顧客の感覚を表現できていないような違和感が拭えず、空き時間に現地を歩いていると、繁華街から少し離れた街角にニューススタンドのような小さな旅行代理店があるのを見つけました。

違和感の元に繋がる何かを探しにドアを開けると、店のカウンターに個人向けローンの小さな広告が大量に貼られているのを見つけました。その国の中流以下の層では海外旅行はローンを組んで予約するようなものだったのです。そのとき、現地のインタビュー内容がやっと一つに繋がったような感覚がありました。

帰国後、報告書の仕立てや細かなニュアンスを修正し終えてからふと、何かの本で読んだ場面と似た経験だったなと気づき、**本書の、主人公が自社営業マンへのヒアリングから得た情報とクライアントの現場で得た認識のギャップに気づく**シーンを数年ぶりに思い出しました。以来、本書は、私が後進のコンサルタントに必ず薦める本の一つになりました。

『V字回復の経営　2年で会社を変えられますか』

三枝 匡

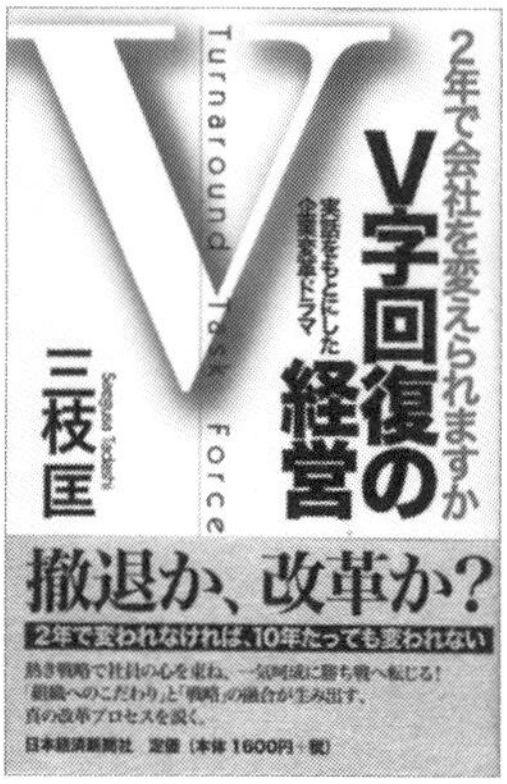

2001
日本経済新聞社

難易度	★★☆

44

組織の変革における中間層のコミットメントの重要性

ボストン・コンサルティング・グループの国内採用第一号となった著者の、大手産業機器メーカーでの経験をモデルに、コンサルタントの奮闘記が語られている作品です。著者の実体験をもとに語られているため、架空の人物の物語の節々にリアリティを感じることができ、読み物としても非常に面白いため、読み始めると一気に最後まで読み進めたくなってしまいます。

伝統的な産業機器メーカーである太陽産業の中の、売上四百億円規模のアスター事業部の経営改革に関する物語で、経営改革を主導する事業部長の黒岩莞太を中心に物語が展開されていきますが、実際には**経営改革タスクフォースに選ばれた中堅社員の成長と活躍**が主要なテーマであるといってよいと思います。

典型的日本企業の文化を持った太陽産業において、三十代後半から四十代前半の中堅社員たちが、事業部長や社長のサポートを得ながら、改革に対してさまざまな反応を見せる社員を巻き込んで、経営者人材として成長していく様は、非常に痛快である一方で、自分が同じ立場だったら、という想像をしては不安を掻き立てられます。

組織を短期間で変革するためには、優秀な中間層のコミットメントが必須であることは、私の短いコンサルタント経験でも実感を持って語ることができます。

以前、新たな航空会社の立ち上げに関わったことがあるのですが、短い期間でのスタートアップだったことや、新型コロナウイルス影響下で事業が思うように立ち上がらなかったこと等を背景に、客室乗務員を中心とした現場メンバーに、マーケティングサイドや経営への不満が溜まっていることが課題として挙がっていました。

いくつかのグループに分けて、コミュニケーション上の課題を中心にヒアリングを重ねていくと、親会社から出向してきた管理職層や新たに採用された未経験の新人たちの間、他の航空会社を経験して入社してきた中間層の中に、コミュニケーション上の課題と組織課題に仮説を持って語れる人材が多く存在することがわかりました。

外部の我々が、客観的な視点からコミュニケーションのルールを作ったり、マニュアルを仕分けたりすることで、不満の原因となっている不合理を**解決するのではなく、この中間層に主導権を持ってもらうこと、そして、自らが主体的にルールを設定できるようにサポートをする**ことが、本質的な課題解決のために必要なのではないかと思っています。

『経営思考の「補助線」 変化の時代とイノベーション』

御立 尚資

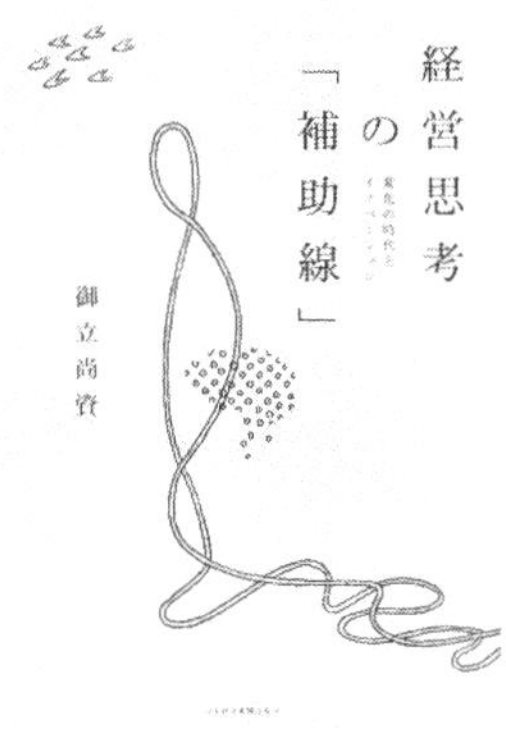

2009
日本経済新聞出版

難易度	★★☆

45

第一線を走るコンサルタントの先見の明

ボストン コンサルティング グループ（BCG）の日本代表を十一年間務め、『ワールドビジネスサテライト』のコメンテーターとしても活躍した著者が、「日経ビジネスオンライン」に連載していたコラムをまとめた書籍です。私は当時、別のコンサル会社のジュニアコンサルタントでしたが、この道の大先輩の思考回路を学ぼうと本書を手に取り、とても感銘を受けました。

まず、**取りあげる話題の「幅広さ」**に驚かされます。歴史や文学、建築や音楽、はたまた麻雀やお笑いまで、**多岐にわたるテーマに話が飛びながら、そこからエッセンスを抽出し、アナロジーを飛ばして**（＝「補助線」を引いて）、経営の土俵へと引き戻して示唆や提言につなげる語り口は、まさに第一線のコンサルタントのなせる業です。

また、**一つひとつのテーマからの学びの「奥深さ」**にも、目から鱗が落ちます。当時、コンサルタントとしての成長カーブを高めるためには、**一つの現象からいかに多面的・複層的に学べるか**が重要だといわれていましたが、まさにそれを地で行くかたちで、一を聞いて十を知るどころではなく、百も千も引き出しているような印象を受けます。

そして、**提言につなげる際の「視座の高さ」や「時間軸の長さ」**は、もはや経営コンサルタントの域を超えています。目の前のクライアント支援の先に、日本企業や日本という国がグローバルでどう戦うかという視座からの提言がなされ、資本市場からのプレッシャーが強まるなかでも、「長期に花が咲く分野へのタネまき」の重要性を説きます。四十代でＢＣＧの日本代表に就き、自らも経営者として長期の時間軸で成長投資を行い、「経営コンサルティング」という産業を日本になくてはならない存在にまで引き上げたのも、著者のこのランドスケープがあってこそだと思います。

本書を読んで数年後、私はＢＣＧに移り、御立さんの仕事を間近に見ることができました。部屋には種々雑多な書籍が天井までうずたかく積まれ、まさに本書の内容を体現するような**「知の四次元空間」**。プロジェクトでも、御立さんが話し始めると目に見えて場の空気が変わり、まるで役者や芸人のような印象でした。

それにしても、十年以上前の本ですが、次のような予見・提言をしているのは、先見の明があると言わざるを得ません。

「エイズやサーズに代表されるディジーズ（病気）は、（中略）グローバルなビジネスを長期に考えていくためには、避けて通れないメガトレンドの一つだ。エイズだけでなく、突然変異した病原菌やウイルスによる大規模な被害がいつでも起こり得るのは、サーズの事例でも明らかだろう」

『事業の意思決定
基礎理論からリアルオプションの実践まで』
湊 隆幸

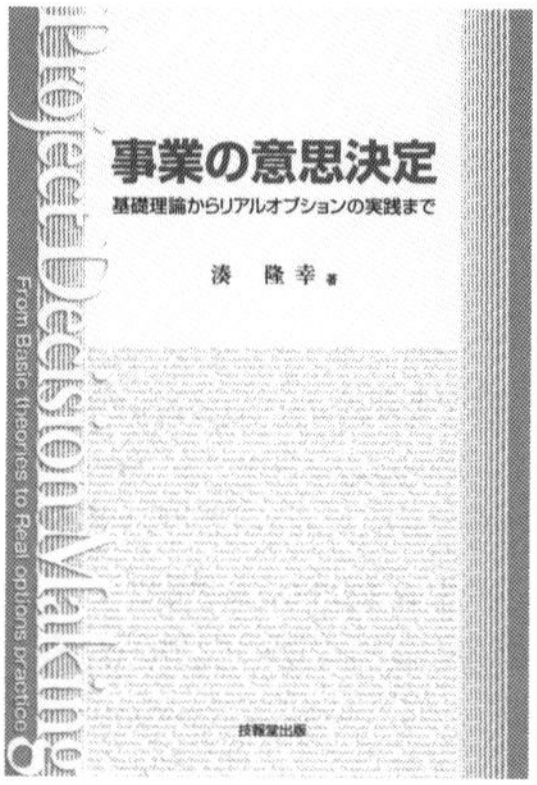

2010
技報堂出版

難易度 ★★★

46

リアルオプションの考え方を人生の意思決定にも活かす

私の大学院時代の指導教官の本です。著者とは不思議なご縁で、私はもともとパイロット志望だったのですが、身体検査に引っかかって夢絶たれ、そんな折に大学野球部の先輩が、自分の研究室に来たらどうかと、湊先生を紹介してくれました。ちなみにその先輩は当時、外資系投資銀行への就職が決まっていて、世間知らずだった私に、「外資系」という言葉や選択肢があることを教えてくれた人でもあります。

そのような経緯で始まった大学院生活であり、「新領域創成科学」という待ちの広い学科でもあったので、研究に没頭するというよりは興味の趣くまま「モラトリアム」的に日々過ごしていた私を、先生は温かく見守ってくれて、いろいろと考える時間やきっかけを持てたことが、その後の人生の糧になった気がします。

そんな恩師の本だから……というわけではなく、二百ページ弱の中に「意思決定」に関するエッセンス（たとえば次のような内容）がコンパクトにまとまった本書は、忖度なくお薦めできる本です。

・コンサルティングで用いる意思決定の基礎

ミクロ経済学の理論（期待効用仮説やゲーム理論など）から、行動経済学の主要な成果（ヒューリスティクスやプロスペクト理論など）、それらを意思決定につなげる支援手法（シナリオプランニングなど）まで。

・投資の意思決定で用いる価値算定の基礎

割引法（DCF法）による正味現在価値（NPV）の算定から、現代ポートフォリオ理論に基づく資本資産価格モデル（CAPM）まで。

リアルオプションとは？

ここまでであればどの教科書にも載っているような内容ですが、そこからさらに**「リアルオプション」の理論と実践**に踏み込んでいる点に、本書の特長があります。

「リアルオプション」とは、金融投資の領域で先行して使われていた「オプション」という考え方を、実物資産（リアル）に応用したものです。「オプション」とは、本書では次のように定義されます。

「将来の偶発的な要素に影響されるチャンスが訪れたときに、最良の選択をすることの出来る行動の柔軟性」

そして、その効用は次のように述べられ、これが「オプションの価値」となります。

「将来の不確実性が大きく、いますぐに方策を決定する必要がなく、将来よりよい意思決定の機会が訪れるような場合は、意思決定を引き延ばす方が効果的である」

この**「意思決定を先延ばしする（あるいは段階的に行う）」価値も含めて定量化し、意思決定に活用**しようというのが、「リアルオプション」の基本的な考え方です。

旧来の手法では、不確実な未来に対し、特定のシナリオを想定した上で、正味現在価値（＝伝統的ＮＰＶ）を算定して、意思決定を〝今行う〟という前提がありました。

リアルオプション分析では、伝統的ＮＰＶにリアルオプション価値（ＲＯＶ：Real Option Value）を加えたもの（＝拡張ＮＰＶ）を算定して、**意思決定を〝時間の経過に応じて柔軟に行う〟**ことが可能になります。

一方、算定式が複雑（ブラック・ショールズ式や二項モデル、モンテカルロ・シミュレーションなどの計算が必要）というデメリットもあり、少なくとも私のコンサル経験のなかでは、経営の意思決定の場面で活用したことがないのも事実です。

他方、「リアルオプション的な考え方」は実践で取り入れられてきており、たとえば、事業開発の領域においては、ＰｏＣ（Proof of Concept）や**テストマーケティング、アジャイル開発やリーン・スタートアップなど、〝将来の柔軟性を持ちつつ段階的に意思決定を行う手法〟**が一般的になりつつあります。

リアルオプションとコンサルという職種

大学院時代、先生との雑談の中で、この「リアルオプション的な考え方」を幾度となく伺っていたので、私にとって当時最大の意思決定事項であった「将来の進路」にも、自ずとそれを適用することになります。当時はまだ、日系大企業への就職は、終身雇用を前提に、今後四十年間の会社人生を〝今決める〟、「伝統的ＮＰＶ」的な意思決定問題でした。しかもそれを、社会人経験のない学生の立場で、非対称情報を頼りに答えを見出す、超難問のように私には思えました。

そんななか、前述の先輩から教わった「外資系」、あるいは「コンサル」という職種は、将来の柔軟性や可能性を広く持ちつつ社会に出ることができる、「オプション価値」の高い選択肢として映りました。

コンサルタント（特に新卒）は、モラトリアム期間中だといわれることもあります。まだ社会人としてのスタンスが定まっていないというような、どちらかというとネガティブな意味で。他方、この「リアルオプション的な考え方」を用いると、時と場合によっては、「モラトリアム」（惰性で生きるという意味ではなく、意思を持って〝意思決定を先延ばしする〟意思決定をするという意味で）が最良の選択にもなりえます。

近年はコンサル市場が急速に拡大し、就職希望ランキングの上位に並ぶようになって久しいですが、その背景には、ＶＵＣＡの時代ともいわれ、将来の不確実性が増すなかで、「オプションの価値」や「リアルオプション的な考え方」の重要性が高まっていることも一因なのかなと思います。

ところで、本書の紹介を機に、久しぶりに先生とお話ししたところ、こんなアドバイスをいただきました。

「明日できることを今日やるな」

一般的には、不確実性が大きく、将来のアップサイドが見込める場合には、「オプション価値」が高まる。一方で、しかるべきタイミングで「オプション」を行使できなければ、その「価値」は発現することなく、水泡に帰すので、常にアンテナを張り、不断の努力を怠らず、いつでも「チャンスの前髪」を掴める構えで待つことが必要条件になる。

「明日まで待つ価値がなければさっさとやれ」

たとえば、アイスクリームが溶けるのをじっと待つ人はいないように、待つ価値のないものを保持していると、まず時間による割引効果で価値が減衰し、さらに保持するコストでも価値が減衰する。なので、大事な意思決定にエネルギーを集中するためにも、アップサイドの見込めない些事はさっさと片づける。

『働くひとのためのキャリア・デザイン』

金井 壽宏

2002
（PHP 新書）ＰＨＰ研究所

難易度	★☆☆

47

なんとなくうまくいっているときこそキャリアの節目

これから就職し社会に出ようとしている若者からキャリアの中間地点に差しかかったミドルマネジメントまで、多様な人々に向けて、タイトルの通り、「キャリア」を自ら能動的に「デザイン」していくことについて書かれた書籍ですが、一方で〝キャリアのありようを完全にデザインしきれると思ったら、それも不遜なことである〟とも述べており、むしろすべてをデザインしきらず、**流れに身を任せて自らのキャリアを「ドリフト」する**ことも重要であると語られています。

筆者の考えるキャリア観、キャリア・トランジションモデルは、本書では以下のように定義されています。

・キャリアを通じた現実的な夢への方向感覚を持つ。
・節目だけは必ず自らキャリアをデザインする。
・デザインしたら、その方向に向けて力強くアクションする。

・節目の合間はドリフトしながら、偶然のめぐり合わせや出会いも楽しんで取り込む。

周囲のコンサルタントを見てみると、コンサルタントという職業に留まっているかどうかはさておき、本書でいうキャリア・トランジションモデルに近いキャリア観を持っている人が多いことに気づかされます。ファームに残る人も、出ていく人も、そのキャリアを選ぶことの背景には大きな目標や目的意識のようなものがあり、節目を感じた際には、それに基づき自らの身の振り方を再考する。そして、続ける／辞めると決めたからには、力強くアクションして仕事をポジティブに楽しむ。このスタンスは、短期間でさまざまなキャリアを歩むクライアントと数多く接するコンサルタントっぽいキャリア観ともいえるように思います。

著者によると、自分がキャリアの節目にいる、ということに気づかせてくれる契機は次のようなものです。

・何らかの危機感や焦燥感
・メンターや近しい人の声
・物事がうまくいっている、という感覚
・年齢やカレンダー、昇進、昇格、異動など

注目すべきは、**仕事がうまくいっていたり、あまりに楽しんでいたりするときこそ、それが自らのキャリアの節目であるかもしれない**、ということを見過ごしてしまいがちだという点です。

私も、前職で尊敬する上司からの評価のコメントに〝Get out of your comfort zone〟と書かれたことがきっかけで転職することを検討し始めた記憶があります。自らのキャリアを通じての大きな方向性がありながら、なんとなく仕事がうまくいっていたり、会社で評価されていたりすることが原因で方向性を見失ってしまいそうになるとき、自分でアクションすることの後押しをしてくれる書籍だと思います。

『マネー・ボール　奇跡のチームをつくった男』

マイケル・ルイス

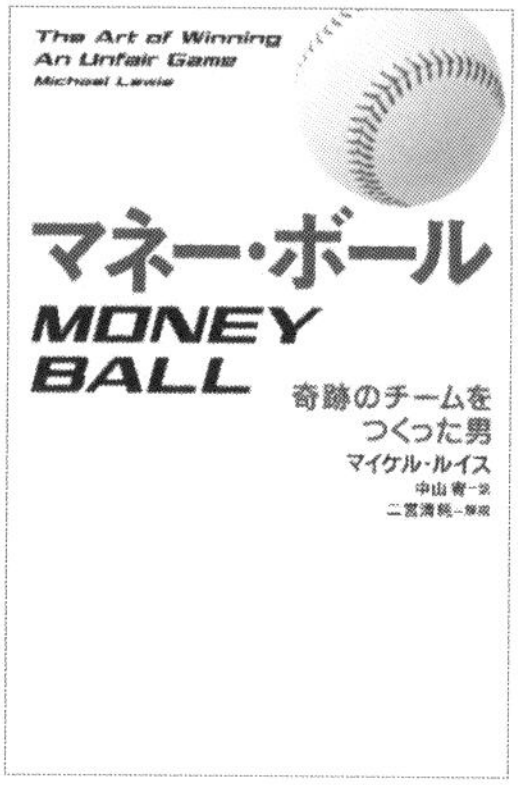

中山宥訳
2004 ランダムハウス講談社

難易度　★☆☆

48

伝説のＧＭに、限られた経営資源で最大の成果をあげる方法を学ぶ

本書は、二〇〇〇年代初頭のメジャーリーグベースボール（ＭＬＢ）を舞台に、貧乏球団のオークランド・アスレチックスが、ゼネラルマネジャー（ＧＭ）の主人公ビリー・ビーンを中心に、「セイバーメトリクス」と呼ばれる統計学的手法を駆使し、従来の常識を覆すチーム編成や選手起用によって、〝効率よく〟勝利を重ねていくさまを描いたノンフィクション作品です。

ニューヨーク・ヤンキースの三分の一の年棒総額ながら、スター選手を揃えた金持ち球団を〝ジャイアント・キリング〟し、二〇〇二年にはシーズン最多勝利数を記録するなど、プレーオフ常連へとのし上がっていく過程を痛快に描いています。後にブラッド・ピット主演で映画化もされており、そちらを観た方もいらっしゃるかもしれません。

本書が出たのは二〇〇四年、私は大学四年生。野球人生のラストシーズンを迎え、まともに就職活動もせず、野球漬けの日々を送っていた頃でした。「従来の常識」を盲目的に信じていた一野球人として、本書の視点は目から鱗でしたし、私が所属していた東大野球部は、東京六大学リーグの中で戦力的に圧倒的劣位だったので、アスレチックスの躍進する姿に勝手に希望を見出したりもしていました。と同時に、当時はまだ将来、何の仕事をするのか全くの白紙だった私にとって、ビリー・ビーンのような球団ＧＭという仕事がとても魅力的に映ったことを覚えています。

選手のパフォーマンスを独自の基準で評価

ビリー・ビーンが革新的だったのは、「チームの勝利」（目的関数）への寄与度の観点から、選手のパフォーマンス指標（説明変数）を評価・重みづけしたことです。

「チームの勝利」とはすなわち、九回終了時点で得点が失点を上回っている状態であり、野球を「二十七個のアウトを取られるまでは終わらない競技」と定義して、そこまでの「得点／失点期待値」に各指標がどれだけ寄与するか、そこに選手の能力がどれだけ純粋に（状況に依存する要素を極力排除して）反映されるかを、統計学的手法（セイバーメトリクス）によって導き出しています。

打者に関して、従来の常識では、「三冠王」という言葉に象徴されるように、打率・打点・本塁打数が〝よい打者〟の評価指標でした。ただこれらは結果に近い指標で、より「得点期待値」との相関が高い先行指標として、出塁率と長打率（および両者を合算したＯＰＳ）を重視します。逆にバントや盗塁は、アウトを献上するリスクをとる戦術であり、「期待値」計算的にはマイナスになるとの理由から否定的です。

投手に関して、従来の常識では、投手タイトルにもなっている防御率や勝利数が〝よい投手〟の評価指標でした。ただこれらも、同じく結果に近い指標で、より「失点期待値」との相関が高い先行指標として、プラス評価としては奪三振率と被ゴロ率（長打になるリスクが低い）、マイナス評価としては与四死球率と被長打率を重視します。一方、被安打率は、「守備」の状況に依存するとの理由から評価対象外としています。

そして、これら独自の評価結果と市場価格（年俸）を天秤にかけ、〝お買い得〟な選手を発掘し、チーム編成（ドラフトやトレード）や選手起用に反映させて、**限られた予算で最大の成果（勝利数）**をあげたというのが、改革の概要になります。

野球とコンサルティングの新たな共通点

この書を読んでから二十年近くが経ち、私はその後、コンサルタントとしてのキャリアを歩み、改めて今振り返ってみると、当時あこがれたビリー・ビーン／球団ＧＭの仕事と、コンサルタントとして携わってきた仕事がオーバーラップして見えます。

コンサルティングのプロジェクトでも、たとえば収益最大化などの経営目標（目的関数／ＫＧＩ）を実現するために、重要な経営レバー（説明変数／ＫＰＩ）とその寄与度を、統計学的手法（重回帰分析など）によって導き出すことがよくあります。

本書で描かれるのと同様、客観的なデータ分析の結果、主観的な〝経験〟や〝勘〟に基づく「従来の常識」が覆されることは多々あり、この仕事の醍醐味の一つでもあります。

そして、限られた経営資源で最大の成果をあげるべく、新たに見出した投資対効果（ＲＯＩ）の高い領域に重点的にリソース配分を行い、企業を変革（チェンジマネジメント）していくのが、コンサルタントの本分になります。

また、ビジネスの世界で起こってきたのと同様、野球の世界でも〝デジタル革新〟が進展します。本書の時点では、分析対象は静的な結果指標（出塁率や奪三振率など）に限られていましたが、その後、動的なパフォーマンスデータ（打球や投球の軌道・速度・回転数など）にまで分析対象範囲が拡がっていき、『ビッグデータ・ベースボール』（トラヴィス・ソーチック 著、桑田健 訳、２０１９、角川新書）で描かれる守備の革新の「三本の矢」（①野手の守備シフト／②投手のツーシーム／③捕手のピッチフレーミング）や、その対抗策としての「フライボール革命」へと進展していきます。

ちょうどこの頃、アメリカで語学留学をしていた私は、この光景を目の当たりにして衝撃を受けるとともに、そこに新たな貢献の可能性も感じ、それがフィールドマネージメントに移るきっかけにもなりました。

こうして見てくると、野球はどこまでも確率のスポーツで、ゴーイングコンサーンの企業経営と共通するものを感じます。そして、「チームの勝利」を支援するＧＭや分析スタッフの働きからは、「クライアントの勝利」を支援するコンサルタントに通じるものを数多く見出すことができます。

『日本プロ野球改造論
日本プロ野球は、日本産業の縮図である!』

並木 裕太

2013（ディスカヴァー携書）
ディスカヴァー・トゥエンティワン

難易度	★☆☆

49

「スポーツ」×「経営コンサルティング」の実践例

本書の編著者でもあるフィールドマネージメント代表の並木さんが、創業間もない頃に書いた本です。MLBとNPB（日本野球機構）の戦略や収益構造の違いを、コンサルタントらしくファクトとロジックで解き明かしつつ、自身のコンサル経験や球界内のキーパーソンへのインタビューからの考察もまじえながら、最終的に日本プロ野球界（ひいては日本産業界）への提言へとつなげています。

前述の『マネー・ボール』は、主に「競技（野球）」の領域に、コンサルティングでも用いられるデータ分析やチェンジマネジメントの手法を導入して成果につなげた例ですが、本書では主に「経営（ビジネス）」の観点から考察されます。

この「競技」と「経営」は、互いに独立したものではなく、**「自転車の両輪」**のように連動します。

・「競技」面で、強く魅力的なチーム作りができれば、それを応援するファンやスポンサーが増え、売上や利益も拡大し、より強く魅力的なチーム作りに再投資でき……という好循環サイクルが回り、

・「経営」面でも、売上や利益が拡大すれば、より魅力的なキャリアや報酬体系を用意でき、優秀な経営スタッフを迎え入れ、より経営を高度化して売上や利益を拡大でき……という好循環サイクルが回ります。

ゆえに、この「自転車の両輪」を早回しして、全体のパイを大きくできるかが、重要な論点になります。本書はその一例として、一九九五年時点では同等規模だったＭＬＢとＮＰＢの総収益が、二〇一〇年時点では四倍差にまで拡大しているというファクトを起点に、その差を生み出した要因・真因に迫っていきます。

米国留学をきっかけに野球熱が再燃した私は、**「野球」×「経営コンサルティング」**をまさに日本で実践しているケースとして本書と出会い、帰国してすぐ並木さんに会いに行きました。並木さんとの会話の中で、米国のＭＢＡ卒業生は、コンサル会社とＭＬＢ球団とで進路に悩む（たとえば、ボストン コンサルティング グループとボストン・レッドソックスを天秤にかける）という話を聞き、ＭＬＢが「競技」面のみならず、「経営」面でも求心力を発揮していることを知り、成長サイクルを早回しできている理由が腹落ちしました。

今や、日本のスポーツ市場は五兆円規模、対する米国は五十兆円以上ともいわれ、十倍以上もの開きがあるのが現状です。スポーツ庁は、これを十五兆円規模にまで拡大する目標を掲げていますが、米国との人口差（約三倍）やＧＤＰ差（約四倍）を鑑みれば、極めて妥当な水準ともいえます。つまり、日本のスポーツ産業には、まだまだ〝伸びしろ〟があるということです。

フィールドマネージメントは、日本の「スポーツ」×「経営コンサルティング」の領域において、ポールポジションにいるファームだと思っていますが、日本のスポーツ産業が好循環サイクルに入るために、どの経営レバーから押し始めるとよいか、日々のクライアントワークを通じて試行錯誤を続けています。

『ゴールは偶然の産物ではない
FCバルセロナ流 世界最強マネジメント』

フェラン・ソリアーノ

グリーン裕美 訳
2009 アチーブメント出版

難易度	★☆☆

50

コンサルタントによるサッカークラブ経営改革のお手本

著者は元コンサルタントで、二〇〇三年から二〇〇八年までFCバルセロナ（通称バルサ）の副会長としてクラブの財政再建を主導し、今はシティ・フットボール・グループ（マンチェスター・シティFCを筆頭に世界中で複数のクラブを保有し、日本では横浜F・マリノスの株主でもある、グローバルフランチャイズ戦略を掲げるサッカー事業グループ）のCEOとして活躍する、いわばサッカー界のプロ経営者です。

本書では、ラポルタ会長時代のバルサが、市場で十三番目の赤字クラブから、「経営（ビジネス）」と「競技（サッカー）」の両面で世界一のクラブにのし上がるまでの物語が描かれます。コンサルタントによるクラブ経営改革のお手本のようなケースです。

また、ちょうどメッシ選手が活躍し始めた時期とも重なり、当時の選手年棒や移籍金など生々しい〝おカネ〟の裏話も随所に出てきて、ルポルタージュとしても楽しむことができます。

著者のアプローチは極めてオーソドックスで、**ビジネスの領域で一般的に使われている手法を、サッカークラブの経営に持ち込んだ**だけともいえます。具体的には、

①市場（サッカー）や顧客（ファン）の特性を理解し、
②競合（マンチェスター・ユナイテッド、レアル・マドリード、チェルシーなど）を分析し、
③自社（FCバルセロナ）ならではの目標やそこに至る戦略を策定し、
④それらを迅速果敢に実行した。

というのが、著者が行った改革の概要です。各々のポイントを紹介すると——

①市場・顧客

サッカーは広義には娯楽の一種ですが、ファンが、ただ楽しむ以上に「チームの勝利」を求めていることが、他との根本的な違いだといいます。「ファンにとってはまず勝つことが先決で、楽しむことは二の次」であると。また、「クラブチームを地域やその住民と同一視するのは、サッカーというスポーツに限られた現象」で、「クラブチームには社会的な、時には政治的な価値が付与されている」ともいいます。

②競合

競合の中でも、就任当時（二〇〇三年）、世界一の収入をあげていたマンチェスター・ユナイテッドを、徹底的にベンチマークします。実は一九九六年時点でマンUとバルサの収入はほぼ同じで、その後の七年間で二倍の差を開けられており、「マンUにできるのなら、バルサにもできるはずだ」と考えたといいます。

ただし、単純な横比較による模倣戦略ではなく、各ビッグクラブの成立背景（大英帝国の社会的・文化的基盤を利用して大きくなったマンU、スペイン政府の支援を受けて不動産取引で莫大な資金を調達したレアル、ロシ

ア人石油王のポケットマネーで立て直されたチェルシー）など、前提条件の違いにまで踏み込んだ分析・示唆抽出を行っています。

③自社

バルサは、「ソシオ（会員）」によって運営される「市民クラブ」という特殊な経営形態をとり、これらを踏まえた〝ならでは〟の目標として、次の二つを両立させることを定めます。

a　勝つこと。巧みな試合運びで勝利するチーム、興奮を与えるチームにすること

b　ソシオ、ひいてはカタルーニャの人々の代表として誇りを持てるチームにすること

すなわち、カタルーニャのルーツを失うことなく世界のトップに君臨する、「クラブ以上の存在」を目指したといいます。

一方で、他の世界的なビッグクラブのように資金的背景に恵まれているわけではない（逆に多額の負債を抱えている）中で、高い目標を達成するべく、「縮小均衡」ではなく「大胆な改革」を選択します。

具体的には、大幅な経費削減と同時に、強く魅力的なチーム作りにも積極投資し、「経営（ビジネス）」と「競技（サッカー）」の好循環サイクルを回し始める道を選びます。

「この選択肢にはリスクもあり、クラブの財務状況は逼迫していたため、最初の投資での失敗は絶対に許されなかった」なかで、その最初の一手がロナウジーニョ選手の獲得だったといいます。

④実行

「変化の80％は最初の1年で実行された」とのこと。「転換を必要とするプロジェクトを任されたら、施策を決定し変革を実行するのに最適な条件が揃っているのは最初の数カ月だけであると、肝に銘じておいてほし

い。そういった条件は二度と整わないかもしれないので、この時期に施策を実行しなければならない」と。コンサルティングでも、マネジメント体制変更後には「百日プラン」を策定・実行し、変革のモメンタムを作ったりしますが、それとも通じる内容です。

結果、バルサは、「経営」面では、著者の在任期間中に、収入は三倍（二〇〇二〜〇三年の一・二億€から二〇〇八〜〇九年の三・八億€）に拡大して世界一の規模に、営業利益も赤字（▲七千二百万€）から黒字（二千五百万€）に転じます。「競技」面でも、二〇〇二〜〇三年のシーズンは惜しくもリーグ二位に終わるも、翌二〇〇三〜〇四年にリーグ優勝に返り咲き、二〇〇五〜〇六年は欧州チャンピオンズリーグを制覇、二〇〇九〜一〇年には史上初の年間六冠にも輝きます。

ピッチ上での一つひとつのゴールは「偶然の産物」かもしれませんが、「経営」の論理を突き詰めて売上・利益を積み重ね、それを「競技」面の強く魅力的なチーム作りに再投資して……という**両輪の好循環サイクルを回すことができれば「必然の勝利」がもたらされる**。これが著者がタイトルに込めた想いでしょう。

それから十年が経ち、二〇一九〜二〇年のシーズンのバルサは、「経営」面では新型コロナウイルスの影響もあり最終赤字に、「競技」面でも十二年ぶりの無冠に終わります。再び多額の負債を抱え、その影響も受けて、メッシ選手は二十年間プレーしたバルサを去ることになりました。「経営」と「競技」は自転車の両輪なので、逆に回り始めると今度はバッドサイクルに入ってしまいます。

十年ぶりに復帰したラポルタ会長が、今回は副会長に著者がいないなか、再び好循環サイクルへと戻すためにどのレバーから引き始めるのか、その手腕が試される局面です。

『オリンピックと商業主義』

小川 勝

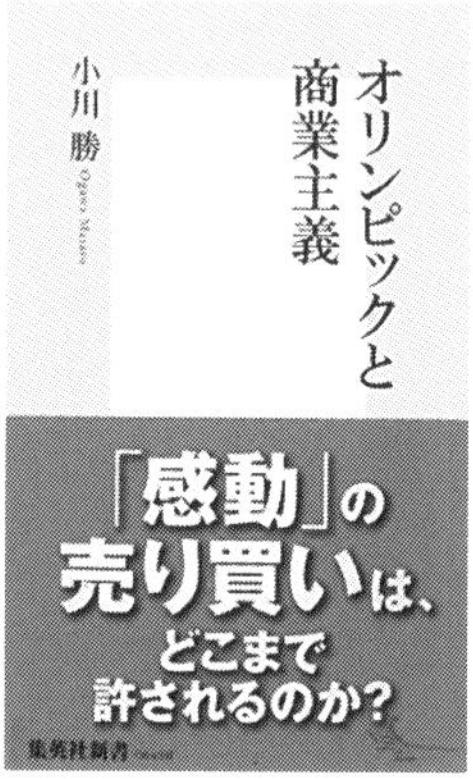

2012
（集英社新書）集英社

難易度 ★★☆

51

東京２０２０大会を終えて、改めて今思うこと

二〇一二年のロンドンオリンピック開催直前に書かれた本書は、一八九六年の第一回アテネ大会から二〇〇八年の北京大会までの百年にわたる近代オリンピックの変遷を、主に〝おカネ〟の観点から分析・解説しています。

私は二〇一四年にＢＣＧに移ったのですが、その理由の一つが東京２０２０大会の開催決定でした。ＢＣＧは、二〇一二年のロンドン大会のオフィシャルサポーターとして、通常は十数億円かかるスポンサー権利を、Value In Kind（ＶＩＫ）と呼ばれる現物支給モデルで獲得し、金銭提供ではなく、それ相当分のコンサルティングサービスを役務提供するという形で支援していました。次はBCG Japanが、このロンドンと同様のスキームを使って、東京２０２０大会を支援しようとしているという話を聞き、スポーツ案件に携われるならと、移ることを決めたのです。

ＢＣＧに転籍後、ロンドンチームとも連携しながら、プロボノ（無償）プロジェクトとして、東京２０２０組織委員会のご支援をさせていただきました。「チケットプライシング」はその一つでしたが、新型コロナの影響で、大半は無観客試合になってしまいました。

ちなみに東京２０２０大会は、スポンサー収入の観点では大成功を収め、契約総額は過去最高額の三倍ともいわれています。そのため、ＶＩＫスポンサーとの契約が後回しになり、よりスポーツの本丸の仕事がしたいという気持ちが強くなった私は、BCG Japanが正式にオフィシャルサポーターになるのを見届ける前に、フィールドマネージメントに移ってしまいました……。


本書は、組織委員会をご支援する際、基礎理解のために読んだ一冊ですが、改めて「近代オリンピック」の歴史を振り返ることで、新鮮な気づきがありました。


私にとって最初のオリンピックは一九八八年のソウル大会で、陸上百メートル決勝でのカール・ルイスとベン・ジョンソンの対決が、強烈な記憶として残っています。物心ついた頃から当たり前のように存在していたイベントだったので、あたかも古代ギリシャから連綿と続く神聖な祭典かのように思っていました。

本書を読んで、「近代オリンピック」は、百年前にクーベルタンというフランス人貴族が私財を投じて始めたアマチュア大会であり、途中で戦争やテロ、政治的プロパガンダにも翻弄されながら、現在の姿にたどり着いたことを知りました。

アマチュア大会としてスタートしたイベントが、徐々に規模を拡大し「商業化」していく過程は、スポーツビジネスのケーススタディとして、たいへん示唆に富んでいます。

本書では、オリンピックの収入源を、次の三つに分類しています。

①国や自治体のお金（税金や補助金など）
②個人のお金（寄付金や入場料など）
③企業のお金（スポンサー料や放映権料など）

最初こそ②個人のお金（クーベルタン等の寄付金）で創設された大会ですが、以降、収入源の主軸は、①→②→③へとシフトしていきます。

③企業のお金は、一九七二年のミュンヘン大会から入り始め、一九八四年のロサンゼルス大会では収入の過半を占めるようになり、この状態を本書では「オリンピックが商業化された」としています。

この収入構造の変遷は、各種競技団体の「経営（ビジネス）」観点での成長ステージの相似形にもなっています。そして、世界中から莫大な注目（アテンション）を集めて、それを効率的に〝おカネ〟に変換する仕組みをつくり上げたオリンピックは、スポーツビジネスの偉大な成功モデルだと改めて思います。

一方、本書では、**「商業化」**（**＝企業のお金で運営すること**）と**「商業主義」**（**＝価値や質よりも、利益を優先すること**）**を別物**として峻別しています。そして、「商業主義」に陥った最初のオリンピックが一九八八年のソウル大会で、前述の陸上一〇〇メートル決勝において「一線を越えた」といいます。

当初のスケジュールでは、決勝のスタート時刻は通常の大会と同じく夕方十七時でしたが、それだと米国は深夜の時間帯となり、米国の放送局に放映権料を高く売ることができないため、開始時間の繰り上げを〝おカネ〟で解決したのだと。陸上一〇〇メートルは同日に準決勝・決勝を行うため、選手は午前中にピークを持ってくるという慣れない調整を強いられ、ここで「アスリートファースト」の原則が崩れたといいます。

今回の東京２０２０大会でも、同様の理由から競泳の決勝が午前開催となり、金メダル候補筆頭の日本人選手が、前日午後の準決勝で余力を残しすぎて敗退したのは、記憶に新しいかと思います。

この「商業主義」に関しては賛否両論あろうかと思いますが、「利益」を出すこと自体は否定されるべきことではなく、それよりも優先すべきオリンピックの「価値」や「質」は何か、というのが大事な論点ではないかと思います。

初心に立ち返ると、東京２０２０大会は、「スポーツには世界と未来を変える力がある。」というビジョンを掲げ、「全員が自己ベスト」・「多様性と調和」・「未来への継承」という三つを基本コンセプトに据えていました。はたしてそれが実現できたのか、改めて振り返ってみると、

・全員が自己ベスト　新型コロナで開催自体が危ぶまれるなか、開催を信じて日々のトレーニングやピーキングを継続したアスリートや、通常とは異なるオペレーションを短期間で構築し滞りなく遂行した運営スタッフは、まさに「自己ベスト」の活躍を見せたと思います。

・多様性と調和　開催に至るまでにさまざまなスキャンダルに見舞われた大会でしたが、いずれもこの「多様性と調和」の精神の欠如によるところが大きく、逆の見方をすれば、このコンセプトの浸透によってスポーツ業界を取り巻く悪い〝膿〟（時代遅れの慣習や不透明なガバナンス構造など）があぶり出されてきたともいえます。

・未来への継承　こちらはまだ終わっておらず、引き続き新型コロナの影響でスポーツ業界全体が苦しむなか、今回の経験からどのような教訓を引き出し、何を「未来へと継承」していくのか、我々の今後の宿題として残されています。

『グーグルに勝つ広告モデル　マスメディアは必要か』

岡本 一郎（山口 周）

2008
（光文社新書）光文社

難易度　★★☆

52

メディア・コンテンツ業界の今を予見した考察

広告代理店を経てコンサル会社に勤めていた著者が、マスメディア企業に向けてビジネスモデル変革を提言している本です。本書が出たのは二〇〇八年、ライブドアによるフジテレビ買収騒動や楽天によるＴＢＳ買収騒動など、新興ネット企業とテレビ局との新旧メディアの攻防が日々報じられ、「通信と放送の融合」というキーワードが飛び交っていた頃です。そのような状況のなか、**「マスメディアとマーケティングの未来を、本質的なメカニズムまで遡って腰を据えて考えてみるべきではないでしょうか」**と、深い考察に基づいた骨太な提言がなされています。

　コンサルタントとして働き始めて二年目のときに、まさに動乱の渦中にあったテレビ局の「将来のタイムテーブル（番組編成）」を考えるというプロジェクトに参画しました。その事前スタディとしてメディア・

コンテンツ業界の関連書籍を〝大人買い〟した中に本書がありました。通常は、「点検読書」（『本を読む本』の項参照）でエッセンスを抽出したら読了となるのですが、本書はあまりの面白さについ読み込んでしまい、プロジェクト期間中に何度も読み返して参考にしていました。

テレビ局は、放送免許を持つ「メディア」であると同時に、国内最大の「コンテンツプロバイダー」でもあり、視聴者の衆目（アテンション）を集める裏側で、広告主（スポンサー企業）にCM枠を販売して利益をあげる、一種の装置産業です。言い換えると、「視聴率（リアルタイムのアテンションの総量）」がテレビ局の商品在庫であり、それが録画機器の普及やネット上の代替メディア・コンテンツ（YouTube等）の出現によって、徐々にシェアを奪われていたというのが、当時起こっていた（そして今も続いている）状況です。

テレビ局は固定費型ビジネスなので、視聴率の低下で広告収入が減少すると、利益確保のためには変動費（主に番組制作費）を圧縮せざるを得ず、そうなると低予算でも成り立つ番組（バラエティ等）へと編成が偏り、各局の番組が同質化してテレビ自体の魅力度が下がり、さらなる視聴率の低下を招く……という悪循環に陥ってしまいます。

本書では、この**メディア・コンテンツ業界で起きていたことの「本質的なメカニズム」**が考察されます。

まず、メディアに関して。

消費者の購買プロセスの説明モデルの一つにＡＩＤＭＡがあります。このうち、**Attentionを集めて卸売りするのがテレビに代表される「二十世紀型のマスメディア」で、Interestを卸売りするのがグーグルに代表される「二十一世紀型メディア」**だといいます。

そして、後者のほうが一段購買に近いステージを押さえているため、より広告価値が高くなるのだと。

近年はＡＩＳＡＳ（Attention・Interest・Search・Action・Share）やＳＩＰＳ（Sympathize・Identify・Participate・Share & Spread）など、購買経路の複線化が進み、必ずしもAttentionを集めることが必須ではなくなっていたり、足下ではネット広告費がテレビ広告費を追い抜き、サイバーエージェントと電通の時価総額が逆転したりもしていますが、著者は当時からこの新旧メディアの交代劇を見越していたともいえます。

次に、コンテンツに関して。

コンテンツ産業はストックビジネスで、過去の名作・傑作が蓄積されていくほど、現在の作品と競合する宿命にあり、これは「解決不可能なジレンマ」であるといいます。加えて、過去のコンテンツは、デジタル化して「モノと情報が分離」されたことによって、物理的制約（保管スペース）から解放され、探索コストが劇的に下がり、その実質価値が高まってきていると。

そして、「将来的には番組という枠組みは解体されて、**コンテンツはメタデータを持ったモジュールに分解され、それを視聴者が検索やリコメンデーションを通じてスキップしながら楽しむ**、という消費形態に変わるのかもしれません」といい、これもYouTubeやNetflixが全盛の現在を言い当てているともいえます。

そして、これらを届けるプラットフォームについて。

メディアの歴史を紐解くと、「プラットフォームが先に作られて、市場の文脈の中でコンテンツが生まれる」という流れがあり、**「新しいメディアプラットフォームが新しいコンテンツのあり様を形成していくのだ」**といいます。iPhoneが日本ではじめて発売されたのが二〇〇八年七月、本書はその直前に出版されていますが、その後のスマートフォンの普及によって、メディア視聴やコンテンツ消費のあり方が大きく変わった現在の状況を、当時から可能性として予見していたともいえます。

マスメディアのビジネスモデル変革の方向性

そして、これらの「本質的なメカニズム」を踏まえて、各マスメディア（テレビ・ラジオ・新聞・雑誌）の特性も加味した上で、**ビジネスモデル変革の方向性**を考察しています。その際、歴史や古典から示唆を引き出して提言につなげている点が、本書のユニークなところであり、面白くて、つい引き込まれてしまう理由でもあります。

たとえば、

・長嶋茂雄選手の引退スピーチから、論理から情緒へのコミュニケーションの時代の変化を見出す。
・織田信長が嗜んだ茶道から、「アテンションのゼロサムゲーム」からの脱却法へのヒントを導き出す。
・エジソンが発明した蓄音機から、プラットフォームがコンテンツのあり様を規定することを例示。
・スコットの南極探検での失敗から、「慌てものの誤謬」に陥らず再チャレンジする価値を説く。

といったエピソードが随所に登場します。

世の中には、こんなにも縦横無尽に思索を巡らせている人がいるんだなと、その引き出しの広さ・深さに感銘を受けていたのですが、後日、著者が同じコンサル会社に在籍するマネジャーだったことを知り、二度驚いたことを覚えています。実は、この著者名は諸事情あってペンネームで、今は本名（山口周）で活動し、著名な作家として活躍されています。デビュー作にはその作家のすべてが詰まっているともいいますが、「知のマッシュアップ」ともいうべき中身の濃い一冊です。

『キャラクター精神分析 マンガ・文学・日本人』

斎藤 環

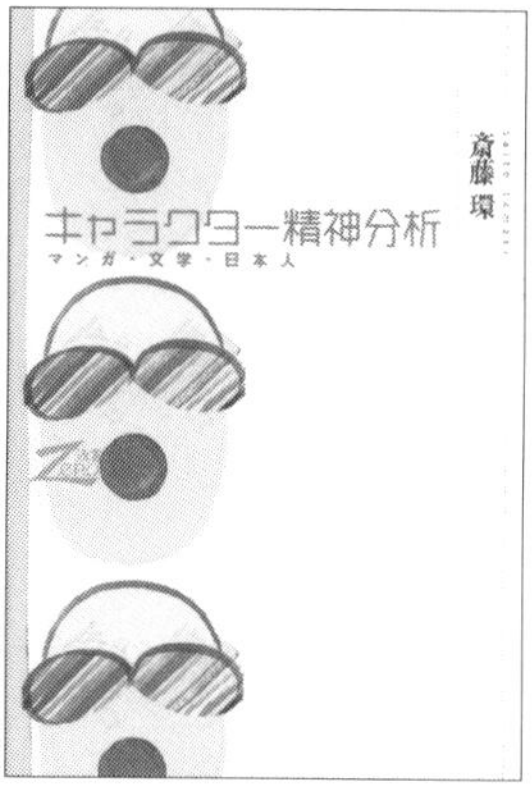

2011
（双書 Zero）筑摩書房

難易度	★★★

53

キャラクターとキャラの違いから、コンサルキャリアの方向性を考える

著者は、精神科医であり、サブカルチャー愛好家（オタク研究家）でもあり、その両観点から評論を行う文筆家でもあります。コンサルタントになって四年目の頃、キャラクタービジネスを手掛ける会社をご支援する際に読んだ一冊なのですが、本書でも、「キャラクターとは何か」「キャラとは何か」について、複眼的な考察が繰り広げられています。

学術的で難解なところもありますが、一つひとつの分析が鋭く含蓄に富んでいて、いつの間にか引き込まれてしまいます（本書内でも参照している『動物化するポストモダン』（東浩紀）や『芸術闘争論』（村上隆）もあわせて読むと、より理解が深まります）。

「キャラクター」と「キャラ」

本書の主題である「キャラクター」と「キャラ」の違いについて、「ディズニーキャラクター」と「サンリオキャラ」に紐づけて考察している箇所には、とても示唆深いものがありました。

主旨を要約すると――

「キャラクター」とは

・物語の世界と深くつながり「固有の関係性」を持つ、「文脈依存的」で隠喩的な「シンボル（象徴）」である。

・ディズニー〝キャラクター〟は、ミッキーマウスをはじめ、饒舌で主張が強く、表情豊かで擬人的（ネズミよりも人間に近い）で、ゆえに関与の余地が限られ、自立した存在として「共感」の対象にはなるが、必ずしも「かわいい」存在ではない。

・「文脈依存的」で「共感」を獲得しうるディズニー〝キャラクター〟は、長編アニメに向いている。

「キャラ」とは

・物語の世界から離れても通用しうる「同一性」を持つ、「物語横断的」で換喩的な「イコン（記号）」である。

・サンリオ〝キャラ〟は、ハローキティに口がないように、無口で主張しすぎず、無表情で動物的（人間よりもネコに近い）で、ゆえに関与の余地が大きく、放っておけない存在として「感情移入」の対象となり、「かわいい」存在となりうる。

・「物語横断的」で「かわいさ」を獲得しうるサンリオ〝キャラ〟は、グッズ展開に向いている。

「業界」と「テーマ」のマトリクス

別の言い方をしてみると、物語の世界に対して、**縦糸が「キャラクター」、横糸が「キャラ」**ということになります。これをコンサルティングの世界に置き換えてみると、**クライアントに対して、縦糸を「業界」、横糸を「テーマ」**として、そのマトリクスの中に各プロジェクトを位置づけることが一般的です。

そして、縦・横それぞれ「プラクティス」と呼ばれる専門チームを組成し、そこにプロジェクトで得られた知見を蓄積・共有知化していきます。

シニアになると、いずれかのプラクティスに所属することになり、たとえば私は、業界は「消費財・小売」、テーマは「マーケティング・セールス」のメンバーでした。その際、縦（業界）・横（テーマ）どちらに比重をおいて専門性を磨いていくのかは、その後のコンサルキャリアの一つの分岐点になります。

本書の主題に立ち返って言い換えてみると、

・縦の「業界」を基軸に、その時々の「テーマ」に対応しながら、「文脈依存的」な〝キャラクター〟として振る舞っていくのか（＝クライアントの「パートナー」としてのキャリアトラック）。

・横の「テーマ」を基軸に、どの「業界」でも通用しうる、「物語横断的」な〝キャラ〟を確立しにいくのか（＝特定テーマの「エキスパート」としてのキャリアトラック）。

当然これらは二律背反ではなく、同時並行で磨いていくものではありますが、トレードオフが生じる側面もあります。

・「業界」固有の「文脈依存的」な価値提供になればなるほど、特定のクライアントの胸には深く刺さる（ディズニーアニメのように感動をもたらすことができる）一方で、汎用性がなくなり、横展開が難しくなります。

・「テーマ」に特化して、「業界横断的」な〝キャラ〟が立てば立つほど、横展開してスケールしやすい（サンリオグッズのように幅広く展開できる）一方で、万人受けするものになり、クライアントの固有解からはほど遠くなります。

当時は、クライアントの「キャラクタービジネス」が市場で勝ち抜くという観点から多くの示唆が得られた本書ですが、改めて読み返してみると、**コンサルタントが「選ばれるプロフェッショナル」としての生存競争を勝ち抜く上で、どのような「芸」（キャラクター／キャラ）を磨いていくべきか**という観点からも示唆に富んだ、味わい深い一冊となっています。

『キッズ・マーケティング　子供の買うモノ・買わぬモノ』

ダン・S・エーカフ、ロバート・H・ライハー

五島 芳樹 訳
1999 五月書房

難易度	★★☆

54

発達心理学の観点から教育業界の今後を考える

著者の二人は、心理学の博士であり、同時に子供をターゲットとする企業のマーケティングを支援するコンサルタントでもあります。本書にはそのノウハウが詰まっており、子供（〇歳〜十九歳まで）の成長ステージを五段階に分けて、それぞれの発育過程を心理学や生理学の観点から分析し、どのようなマーケティングが有効かを考察しています。

私もこれまで、子供をターゲットとする企業（キャラクター商品、子供服、玩具、育児用品、学習塾など）をご支援させていただくことが多く、その際に参考にしてきた一冊です。**子供たちの興味関心や購買行動の裏側で、どのような心理が働いているのかを、学術的な研究に基づいて洞察**しているので納得感があり、特に子育て中の方であれば自分事としても多くの示唆が得られるかと思います。

子供向けの〝ビジネス〟に取り組む際にはいつも、難易度が高いと感じます。

まず、国内においては少子化に歯止めがかからず、市場の縮小が続いています。

また、子供は日々成長し、移り気で、同じところに留まり続けないため、典型的な「フロー型ビジネス」となり、顧客の入れ替わりが激しいなか、常に新たな顧客を獲得し続ける必要があります。

さらに、商品／サービスの使い手（子供）とお金の出し手（親）が分かれ、購買の意思決定が双方から影響を受けるため、両者のニーズを同時に満たす（あるいは綱引きの強いほうを見極める）必要がある、というのも難しい点の一つです。


本書は二十年ほど前に書かれた本ですが、子供の成長ステージ別にどのようなニーズが存在し、どうすればそれらを満たすことができるかに関する、学術的な観点からの考察は、今なお有用だと感じます。

一方、その実現手段に関しては、テクノロジーの進展に伴い、さまざまな変化を遂げてきています。

〝学ぶ〟市場／教育業界はその一つで、私が携わってきた学習塾業界を例にとり、そこで起こっている変化を紹介したいと思います。

教育業界で起こってきたこと。これから起こること

学習塾業界は長年、フラグメントな市場でした。
・かつては、リアル／ライブ授業を前提に、商品（講師・教材）と販売（授業・教室運営）がワンストップで提供されていました（＝**垂直統合モデル**）。
・そこでは、一人の講師が同時に教えられる人数（≒教室のキャパシティ）に限界があり、講師の数の掛け

算以上に規模を拡大できず、労働集約型ビジネスになっていました（＝**スケールメリットがきかない**）。
・また、大きな初期投資も必要ないため、誰でも開業することができました（＝**参入障壁が低い**）。

その後、テクノロジーの進展（映像配信技術の向上、通信コストの低減、スマートデバイスの浸透など）により、オンライン／映像授業が可能になり、市場環境に変化が生じてきます。
・オンライン／映像授業になると、商品と販売が分離され、それぞれに特化したプレイヤー（スター講師やフランチャイズ教室など）が登場してきます（＝**水平分業／レイヤーマスター**）。
・コンテンツ（教材・授業）が「生もの」から「加工品」に変わり、時間・空間を飛び越えたマルチ展開が可能となり、資本集約型ビジネスの様相を帯びてきます（＝**スケールメリットがきく**）。
・過去のコンテンツのストックが可能になったことで、洗練された良質なコンテンツへの累積投資が差別化の源泉になってきます（＝**参入障壁が生まれる**）。

このように分業化が進み、スケールメリット／参入障壁が生まれたことで、大きく三つの方向性で業界の再編が進みます。
・一つ目は、**横の展開**。業界内の合従連衡により、**コンテンツの展開範囲**を拡大し、より大きなスケールメリットを享受しようとする方向性。
・二つ目は、**縦の展開**。顧客が入っては卒業する「フロー型ビジネス」から、幼小中高大と繋いで**LTV（Life Time Value 顧客生涯価値）を最大化**し、「ストック型ビジネス」に近づけていこうとする方向性。
・三つ目は、**異業種やスタートアップの新規参入**。最新の〝**EdTech**〟（Education × Technology）を活用し、一人ひとりに最適化された学習環境・プログラムを、より効率的かつ効果的な方法で提供するべく、学習者

／顧客接点を起点にバリューチェーンを再構築しようとする方向性。

教育業界は、文部科学省が管轄する学校教育と、経済産業省が管轄する民間教育が、表裏の関係で存在する、〝半〟規制産業ともいえる特殊な業界です。そしてこれまでは、「提供者主体」の画一的（一律・一斉・一方向）なプログラムに、学習者の方が合わせる市場でした。しかしここにきて、テクノロジーの進展やコロナ禍による学習環境の変化にも後押しされ、**「学習者主体」の個別最適（自律・柔軟・双方向）の市場へと徐々に変化**しつつあります。

この**「提供者主体」から「生活者主体」への構造変化**は、どの業界でも多かれ少なかれ起こっていることですが、日々成長し、可能性を解き放っていく子供たちにおいては、その個性や状況に応じた**「個別最適化」**のニーズ／提供価値は特に大きくなります。

そこでは本書で紹介されているような、子供の発育過程（平均値のみならず幅やばらつきも含め）に関する研究の重要性がより高まります（本書はすでに絶版になっていますが……）。

〝ビジネス〟としては難易度の高いキッズ・マーケットではありますが、引き続き動向を注視し、その進展にコミットしていきたいと思います。

『日本人も知らない日本酒の話
アメリカ人の日本酒伝道師、ジョン・ゴントナー』

ジョン・ゴントナー

鴇澤 麻由子 訳
2003 小学館

難易度	★☆☆

55

日本酒をフランスワインのように。アメリカ人による提言

英語教師として来日した際に、日本酒の魅力に取り憑かれてそのまま日本酒ジャーナリストになったという、異色の経歴の著者。日本酒を愛するがあまり、自ら〝日本酒伝道師〟を名乗り、日本酒の奥深い魅力を世界に向けて発信しています。

十年ほど前、酒類メーカーの中長期戦略をご支援した際、新たな事業領域の候補に日本酒市場があり、関連する書籍を〝大人買い〟した中に本書がありました。当然、日本人が書いた本のほうが、業界「知識」を効率的に理解するのには適していた一方、視点が画一的かつ自分と同化していて、「気づき」としては多くありませんでした。そんななか、本書だけが全く異なる視点（アメリカ人というフィルター）を通して「日本酒（ＳＡＫＥ）」というものを捉えていて、まさにタイトルの通り新鮮な「気づき」の得られた本でした。

加えて、ちょうどその頃、経済産業省が主導、推進する「クールジャパン戦略」を、当時在籍していたA・T・カーニーが、代表の梅澤さん自ら旗振り役となって支援していたこともあり、「海外の人が〝クール〟と感じる日本の魅力は何か」という観点からも、多くの示唆をもらいました。

著者は、「日本人」と「日本酒」の関係について、「灯台下暗し」の状況だといいます。あまりにも身近な存在であるがゆえに、「イキ」なものとして捉えられず、どちらかというと「オジサンの飲み物」というイメージで、その素晴らしさを実感できていないと。そしてこの関係は、「フランス人」と「フランスワイン」の関係と全く同じだといいます。

・フランスでも長い間ずっと、フランスワインは落ち目になっていた。国際化が進み、他国のものもすぐに手に入る時代、当のフランス人たちがあまり飲まなくなっていたのだ。
・だがフランスワインの場合、フランス以外の国でフランスワインが賞賛を受け評判が上がったのを受けて、フランス国民は自分たちがどれほど素晴らしい宝をもっているか再認識することができたのだ。
・同じようなことが日本酒と日本人にも起こるといいなと、僕は夢見ている。
・日本酒は海外で、今やっと正当に評価されだしたところだ。
・事実、多くのワインのエキスパートたちが良質な日本酒に目をつけ始めている。

そして、**日本酒が海外でより評価されるためのキーは、「テロワール」**だといいます。
・ワインの世界では、ワインが生み出される地方の気候、土壌のタイプ、よく育つ葡萄の種類、その地方で食べられている料理、そういったすべてが混じり合って、地方ごとのワインを特徴づけている。ワインに影響を与えるすべての要素、このコンビネーションは、フランス語で「テラワァ」、日本では「テロワール」

と呼ばれている。
・ワインと同様に日本酒にも「テロワール」がある。「テロワール」を語ることで、日本酒を取り巻く日本の文化を人々により深く伝えることができる。つまり人々の知識欲に訴えるのだ。日本酒をその地方、気候、食べ物、歴史、文化と結びつけることによって、日本酒を飲むとき、なにか特別な、インテリジェントな気持ちになれるだろう。
・また「テロワール」を伝えることで、日本酒にいい信頼性を与えることができる。海外の人々はほとんど自動的に、ワインと日本酒を比較する。そしてワインと同じように日本酒にも「テロソール」があるとわかると、日本酒が誠実な、信頼性のある高品質なものであると、多くの目ききの頭にインプットされるのだ。

コンサルティングのアプローチの一つに、先進事例をベンチマークして、本質的なエッセンスを抽出し、前提条件の違いを考慮した上で、アナロジーを飛ばして他の業界・企業に適用する、という手法があります。

著者はそれと同様のアプローチで、フランスワインをベンチマークして、日本酒も「海外での評価獲得→逆輸入」という道筋を狙い、「海外の酒類市場の共通言語はワインである」という前提条件を考慮した上で、**「ワインの文脈や話法に沿って日本酒のテロワールを語ること」を提言**しています。

その甲斐あってかどうかは不明ですが、近年、海外の高級料理店では、日本酒のことを**「ライスワイン」**と呼び、ワイングラスで提供するところも増えてきているようです。

日本において一時期、日本酒と近しい状況にあったのがウイスキーです。

ウイスキーも、かつては右肩下がりの状況が続き、市場は八十年代をピークに五分の一にまで落ち込み、日本酒と同じく「オジサンの飲み物」と化していた時期がありました。

ウイスキーの場合はそこから、国内では「ハイボールブーム」による若者を中心とした新たな顧客層の獲得、海外では「ジャパニーズウイスキー」の数々のコンテスト受賞や国際的評価の高まりによって、今や原酒が不足し、供給が追いつかない状況にもなっています。

ハイボールは、要は「ウイスキーのソーダ割り」なのですが、当時は「ウイスキー＝オジサンの飲み物」というイメージがあったなかで、全く新しい飲み物かのように打ち出したのがミソです。その裏側で、サントリーが「角ハイボール」を起点に、〝ブーム〟創出の立役者になっていたのは有名な話です。

日本酒にも、「ハイボール」に似た「発泡清酒（スパークリングSAKE）」という新たなカテゴリーが生まれつつあります。一ノ蔵の「すず音」がパイオニア的な存在で、製造特許を公開して業界全体を盛り上げていこうとしていますが、いまだ〝ブーム〟を作り出すまでには至っていない状況です。

理由の一つとして、日本酒の製造免許は既存の酒蔵に紐づき、需給調整を理由に新規発行は行われず、業界参入には酒蔵買収しか手段がなく、サントリーのような資本力を持つ大手企業が存在していないことが挙げられます。結果、日本酒の国内市場は引き続き右肩下がりが続き、七十年代をピークに三分の一にまで落ち込んでいる状況です。

他方、日本酒の輸出市場は逆に右肩上がりで、この十年で倍以上に拡大しています。ただし、その規模は国内消費の五％程度にとどまり、まだまだ〝伸びしろ〟がある状況です。さらに令和三年からは、輸出用に限って日本酒製造免許の新規発行が解禁され、新規プレイヤーの参入も今後期待される状況でもあります。

本書が出てからすでに二十年近くが経とうとしていますが、著者が夢見た世界がいよいよ訪れるのかもしれません。

56

鈴虫寺に見る優れたビジネスモデル

『てくてく地蔵のしあわせ問答』

鈴虫寺（華厳寺）

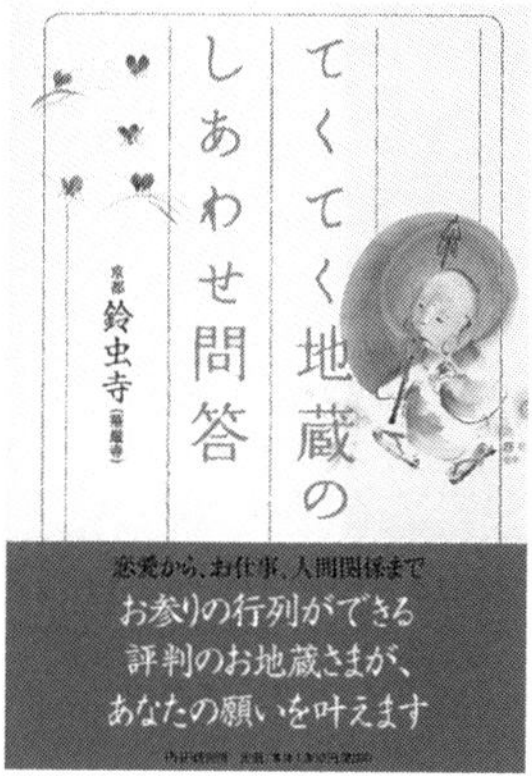

2009
PHP研究所

難易度	★☆☆

華厳寺（通称：鈴虫寺）の和尚さんが、仕事や家庭、恋愛など、さまざまな悩みに対して、参考になる仏教の「言葉」を紹介し、どのように向き合えばよいかをアドバイスしていく問答集です。

漠然と投げかけられる質問に、**悩みの本質（コンサル用語でいうところの「論点」）**を明らかにした上で、「言葉」を媒介に仏教の世界ではこう考えるという**アナロジー（コンサル手法でいうところの「ベンチマークからの示唆」）**を示し、とはいえ最後に決断するのはあなたですよと、そっと背中を押していきます。

たとえば、「上司が何も仕事をしないくせに、成果は自分の手柄かのように振る舞う」という悩みに対して、このように答えます。

・物事というのはすべて自分の捉え方次第でプラスにもマイナスにもなります。今の状況も、考え方によっては非常に幸運なことだと思いますよ。
・仕事のできない上司が無理やり首をつっこんできて、やりたかったことをぐちゃぐちゃにかきまわされることを思えば、自分の裁量で仕事ができるなんてうらやましい限りです。
・自分の頭を働かせ、自分の行動が物事を動かしてあるものを成し遂げた、それはあなたの人生を豊かにする出来事です。上司の手柄になったからといって、無駄になるものではありません。
・お釈迦さまが亡くなる直前に、弟子のひとりが尋ねました。「お釈迦さまが亡くなったあと、私たちは何を頼りに生きていけばよいのでしょう」。そこでお釈迦さまは**「自灯明　法灯明」**とお答えになられました。これは、他人の灯りではなく、自らの灯りを頼りに進みなさいということです。
・いつ灯るとも知れない上司の灯りが導いてくれることを期待せず、自らの灯りを大切にすることです。

私も、相性のよくない上司とのプロジェクトで思い悩み、座禅に行き心を整えたことがありました。コンサル会社には個性豊かな人材が集い、よく動物園にたとえられます。それゆえ、価値を提供できる反面、メンバー間の相性が合わないこともあります。そんな際に本書を読めば、煩悩を洗い流してくれると思います。

もう一点、本書を紹介しようと思ったのは、この鈴虫寺のビジネスモデルがとても優れているからです。京都嵐山の、交通の便がよいとはいえない場所にあるのですが、訪問するといつも行列ができています。

コンサル会社の採用選考ではケース面接を行うのが一般的で、その際、**事象を因数分解して要素ごとに議論していく**のが模範解答的なアプローチなのですが、たとえば「売上」は次のように分けられます。

売上＝顧客数（①新規＋②既存）×顧客単価（③訪問頻度×④購入単価）

鈴虫寺のビジネスモデルをこれに当てはめて紹介してみましょう。

①新規顧客数

新たな顧客を獲得するには、まず**商品／サービスを利用してもらうための「トライアルのフック」**が必要になります。鈴虫寺の場合、「鈴虫」がそれにあたります。鈴虫をウリにしているお寺は他にはないので、オンリーワンのポジションを築けていますし、鈴虫の人工孵化は難しいので、模倣困難な参入障壁にもなっています。今では既存顧客も増え、口コミ経由での新規獲得も多いと思いますが、その際に想起や紹介がしやすく、受け手の頭の中に残りやすいキャチーなキーワードとしても「鈴虫」は寄与していると思います。

②既存顧客数

トライアルした新規顧客をつなぎ止めるには、**「リピートの仕掛け」**が必要になります。その際に重要なのが、**最初の接点における「体験品質」であり、その結果としての「顧客満足度」であり、リトライアルを促す「リマインダー」**です。

鈴虫寺に入ると、鈴虫の音に癒されつつ、一服のお茶と和菓子をいただきながら、和尚さんの説法を拝聴することになります。この「鈴虫説法」が、落語の独演会のような一種のエンターテインメントになっていて、仏教の考えや「言葉」を笑いとセットで説いてくれます。そしてこの時間が、他のお寺では味わえない「独自の体験」となり、みんな「来てよかった」と満足して帰っていき、「また来よう」につながります。

③訪問頻度

売上向上のためには、**リピーターには定期的に・より頻度高く通ってもらうことが必要**になります。「鈴虫説法」の中で、鈴虫寺のお地蔵さまは、「願いをかなえに一人ひとりのもとへ赴くため、わらじを履いている」、そして「名前と住所を伝えてお願いすると、どんな願いごとでも〝一つだけ〟かなえに来てくれる」と語られます。この〝一つだけ〟というのがミソで、加えて、「無事に願いがかなってお守りを返しに来たら、また次の願いごとができる」という**「再訪のリマインダー」**もちゃっかり埋め込んでいます。

さらに和尚さんは、説法の中で願いごとの中身に関して**絶妙な「期待値コントロール」**をします。「宝くじが当たりますように」というような運や他力本願の願いごとではなく、自分の努力次第でかなえられる願いごとをしなさいと。結果、一番かなえたいことに絞って、現実的な願いごとをすることになるので、自ずとかなう（＝再訪する）確率も高くなります。

④購入単価

売上向上のためには、訪問時にできるだけ多くのお金を落としていってもらう必要があります。鈴虫寺の場合、拝観料と自分のお守り代に加えて、家族や友人の分のお守り（お土産）も充実させています。

ここで鈴虫寺のビジネスモデルを取り上げたのは、「坊主丸儲け」という話がしたいわけではなく、このモデルを通じて結果的に、顧客・社会・自社の「三方よし」を実現できていると思うからです。

顧客（参拝者）にとっては、楽しく仏教の考え方を学びながら、最優先の現実的な目標に向けて努力するきっかけになり、社会（仏教が理想とする世界）にとっては、「鈴虫説法」という形態をとることで、正攻法ではリーチできない層にも仏教の教えを届けることができ、自社（鈴虫寺）にとっては、しっかり稼いで、その利益を次の投資原資に回していくことで、理想とする社会の実現に向けて活動の幅を拡げていくことができます。

なお、私の財布の中にもこの「幸福御守」が眠っていて、無事に願いごとはかなったのですが、コロナ禍もあってまだ返しに行けていないので、折を見てまた次の目標をセットしに再訪したいなと思います。

『科学する麻雀』

とつげき東北

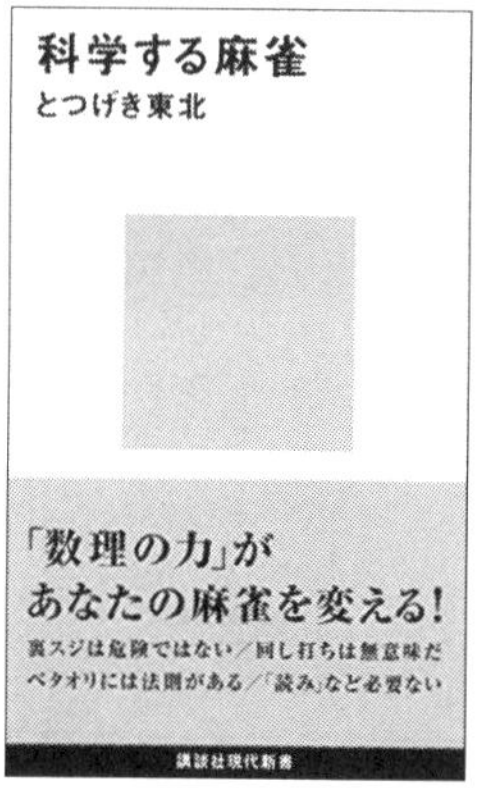

科学する麻雀
とつげき東北
「数理の力」が
あなたの麻雀を変える！
裏スジは危険ではない／回し打ちは無意味だ
ベタオリには法則がある／「読み」など必要ない
講談社現代新書

2004
（講談社現代新書）講談社

難易度	★★☆

57

コンサルに必要な意思決定力は、みんな麻雀で学んだ!?

いわば麻雀版の『マネー・ボール』で、かつての**「文学的麻雀」**から**「科学的麻雀」**への**転換点**ともいえる本。それまで、経験や度胸、勘や運、ヒキやツキ、流れや勢い、読みやハッタリといった〝オカルト〟的な言葉でしか語られてこなかった**麻雀界に、数理学に基づく理論や統計学に基づく確率論を持ち込み、「従来の常識」に一石を投じています。**

麻雀の特徴として、次のような〝VUCA〟的な要素があげられます。

・四人のプレイヤーの対局が「鳴く」ことで突然順番が変わるランダム性を持つこと（Volatility：**変動性**）。

・各プレイヤーの「手牌」は隠され、自分の「手牌」と他のプレイヤーの「捨牌」から状況を判断する、不完全情報ゲームであること（Uncertainty：**不確実性**）。

・「親」や「子」、「役」や「ドラ」等の要素により変動する点数を、「和了（あがり）」と「放銃（振り込み）」によって取り合うゼロサムゲームで、半荘終了後の点数と順位ボーナス（「ウマ」・「オカ」）によって最終成績が決まる、複雑な報酬メカニズムを持つこと（**Complexity：複雑性**）。

・各プレイヤーの打ち方には「クセ」があり、互いにそれを読み合ったり逆に欺いたり、繰り返しゲームの中で巧妙な駆け引きや心理戦が繰り広げられること（**Ambiguity：曖昧性**）。

これらのゲーム特性ゆえに、囲碁や将棋、チェスなどと異なり、長らく人間がＡＩに対して優位を保っていました。ただ直近では、インターネット麻雀の世界においてはＡＩが最高位レベルに上り詰め、「新たな定石」が続々と発見され始めてもいるようです。

この麻雀、世間的には、「マインドスポーツ」よりも「ギャンブル」にカテゴライズされることが多いようですが、実は「経営」に通じるところがあります。実際、コンサルタントには麻雀好きが多い（しかもみんな強い）ようにも思います。「経営」とのアナロジーで麻雀を語ってみると、

・**３Ｃ分析**（「場」の状況、競合プレイヤーの「点数」や「クセ」、自分の「点数」や「配牌」）に基づいて、勝ち筋（その局の戦い方）を見定めます。

・随時更新される情報（競合プレイヤーの「鳴き」や「捨牌」、自分の「ツモ」や「手牌」の進み具合など）をもとに、**リスク（振り込み）／リターン（あがり）の損益シミュレーション（点数の期待値計算）を常に回しながら、Ｇｏ（攻める）／Ｎｏ Ｇｏ（降りる）の瞬時の意思決定を繰り返します。**

・決算（半荘終了）のタイミングで、その期の業績（点数と順位）を確定させながら、**ゴーイングコンサーン（繰り返しゲーム）の中で勝率を高めていきます。**

麻雀で鍛えた思考体力と意思決定力が、コンサルタントの仕事にも活かされているのかなと思います。

『マンガ サ道 マンガで読むサウナ道』

タナカ カツキ

2016
講談社

難易度 ★☆☆

58

コンサルタントに「サウナー」が多い理由

マンガ家で、日本サウナ・スパ協会公認の「サウナ大使」でもある著者が、サウナの入り方を指南する啓発書です。今は第三次サウナブームともいわれていますが、その火付け役となったのが本書です。テレビドラマにもなっているので、そちらを観た方もいらっしゃるかもしれません。

私も、後輩コンサルタントからの薦めで本書を読み、実践し、サウナにハマってしまった一人です。ストレスが溜まってきたときや、クリエイティブに思考を回したいときなど、サウナに通って〝ととのって〟います。そして、統計を取ったわけではないので完全な感覚値ですが、コンサルタントの「サウナー」比率は世の中の平均よりもかなり高いようにも思います。

本書は、マーケティングの観点から、サウナの「リブランディング（価値の再定義）」の成功事例として捉えてみることもできます。「サウナ＝オジサンのもの／蒸し暑いだけの場所」という従来のパーセプションを、絶妙な「言葉」を駆使して覆すことに成功しています。

まず、サウナの入り方を「道」としたこと

それまで人それぞれ「我流」で無為に過ごしていた時間に対して、「サウナ↓水風呂↓休憩の温冷交代浴を三回繰り返す」という、基本の「型」（守破離の守）を本書で持ち込みました。基本が定まったことで、応用・アレンジ（破）や独自のスタイル（離）も生まれて、試行錯誤を繰り返しながら「極める」対象に、サウナの位置づけを昇華させました。

そして、「ととのう」という知覚ワードを開発したこと

サウナと水風呂で交感神経が優位（緊張状態）になり、その後の休憩で副交感神経が優位（リラックス状態）になり、このサイクルを繰り返すことで自律神経のバランスが良好に保たれ、脳内がリセットされて身体感覚が研ぎ澄まされた状態になることに対して、「ととのう」という言葉をあてています。しっくりくる言葉をあてがうことで、漠とした感覚をキャッチして自覚（知覚）しやすくなり、そこに再現性や中毒性が生まれるとともに、その体験を他人と共有／共感することも可能になりました。

さらに、人に語りたくなる「蘊蓄（うんちく）」を仕込んでいること

本書には、「ロウリュ」・「アウフグース」・「ヴィヒタ」・「熱波師」・「温度の羽衣」・「外気浴」など、一見すると意味がわからない、けれどもこだわりを内包する言葉がちりばめられており、これらが経験者（サウナー）間の共同体意識を育み、未経験者への口コミを誘発する仕掛けになっています。

私がここで本書を紹介していること自体、すでに作者の術中にハマっているのかもしれません。

また、少し引いた目で見てみると、コンサルタントの働き方そのものが、実は「サ道」的ともいえるかもしれません。

プロジェクトの最中は、脳に汗をかき、ひりつくような緊張感の中で、濃密な時間を過ごしているのですが、プロジェクトが終わった途端、そこから一気に解放されます。

私がジュニアの頃は一プロジェクトアサインで、プロジェクトが終わるとある意味「無職」の状態になるので、その度に一〜二週間の休暇をとり、旅に出て頭の中を〝ととのえ〟、そこで結晶化された学びを糧に次のプロジェクトに臨む、というサイクルを繰り返していました。

複数のプロジェクトを掛け持つようになると、さすがにそういうわけにもいかなくなり、今ではサウナがその代替になっています。

コンサルタントは脳みその状態を良好に保つことがパフォーマンスに直結する仕事であり、また日々、メリハリが凝縮された働き方をしているので、サウナとの相性がよく、ゆえに「サウナー」比率が高いのかなとも思います。

第5章
コンサルが読んでる本
◉組織・リーダーシップ

『マネジャーの実像
「管理職」はなぜ仕事に追われているのか』

ヘンリー・ミンツバーグ

池村 千秋 訳
2011 日経ＢＰ

難易度 ★★☆

59

汎用的な理論と具体的な実践例で学ぶ、実際に使えるマネジメントのモデル

著者は、『ＭＢＡが会社を滅ぼす』等の著作で有名な経営学者。本書は、さまざまな業種・職種の二十九人のマネジャーの行動観察に基づく研究成果で、汎用的な理論（マネジメントのモデル）と具体的な実践例（マネジャーが抱えるジレンマとその折り合いのつけ方）がバランスよくブレンドされています。

コンサル会社は、ときに、「ドッグイヤー」や「精神と時の部屋」ともいわれます。濃密な時間を過ごせる場であることのたとえですが、逆の見方をすると、猛スピードでの成長を余儀なくされる場でもあります。学生あがりのコンサルタントでも、早いと五年程度、二十代後半で「マネジャー」のポジションにまで昇進します。コンサル会社には三十代で中途入社する人もいるので、自ずと人生経験豊富な年上のメンバーをマネージする場面も出てきます。新卒出身のマネジャーは、コンサルスキルは一人前になっていたとしても、人間的な成熟（外見・内面ともに）が伴っておらず、そこで壁にぶつかることが多いようにも思います。

私もそんな〝成長痛〟を克服するべく、読書でその差分を埋めようと、マネジメントに関する本を読み漁った時期がありました。本書はそのときにヒントをくれた一冊です。

コンサルタントも他の職業と同様、プレイヤーのうちは個人の成果をあげていればそれで及第点ですが、マネジャーになると、チーム全体の成果にコミットしつつ、メンバーの成長や達成感への配慮や、オフィス全体への貢献も同時に求められるようになります。そのため、各活動への時間配分が重要になってきます。

本書では、マネジメントの関与モデルとして、「①情報／②人間／③行動の三つの次元」を提示します。

①情報の次元は、情報のやり取りやコントロールを通じて必要な行動を促す**「言葉」によるマネジメント**

②人間の次元は、人との関わりを通じて本人が自発的に行動するよう促す**「影響力」によるマネジメント**

③行動の次元は、現場の業務に直接携わり自ら率先して実行する、主に**「自分自身」によるマネジメント**

「三つの次元の役割をすべて果たしてはじめて、マネジャーはマネジメントに不可欠なバランスを保てる」のですが、そこにはトレードオフが存在することも語られます。

①情報の次元に時間を使えば、計画的な組織運営を実現できる一方、〝マクロリーダー〟になってしまうと、現場感のない空論に終始するリスクも。

②人間の次元に時間を使えば、人材育成による体制強化を実現できる一方、〝仲良しクラブ〟になってしまうと、いざというときに何事も成し遂げられないリスクも。

③行動の次元に時間を使えば、迅速で柔軟な変化対応を実現できる一方、〝マイクロマネジメント〟になってしまうと、メンバーの成長機会を奪うリスクも。

私にとって今も、自分の時間配分を振り返る上で、有用なモデルになっています。

『1分間リーダーシップ
能力とヤル気に即した4つの実践指導法』

ケン・ブランチャード、パトリシア・ジガーミ、ドリア・ジガーミ

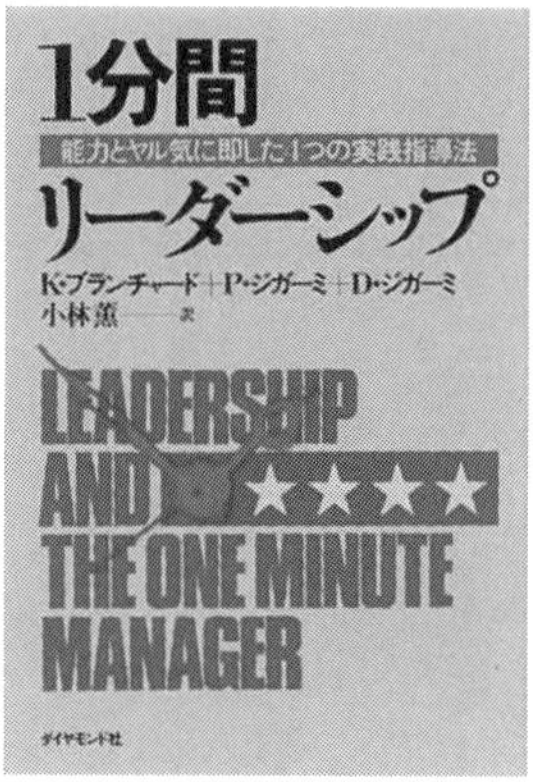

小林 薫 訳
1985 ダイヤモンド社

難易度 ★★☆

60

シンプルかつ柔軟なモデル、「状況対応型リーダーシップ」

一九八五年に発行され、今なお版を重ねている、時代を超えた普遍的なリーダーシップ論です。『マネジャーの実像』でも、「マネージャーにとって求められるスキルセットを身につけることは必要条件でしかなく、その臨機応変な使い分けこそが重要である」ことが述べられていましたが、その具体的な実践法ともいえる「状況対応型リーダーシップ」について解説されているのが本書です。

エッセンス中心に物語形式で紹介され、短時間で読めます。より学術的な理論背景も知りたい方は、同じケン・ブランチャードが共著者の『行動科学の展開―人的資源の活用』を読まれることをお薦めします。

コンサル会社では、プロジェクトごとにチームが組まれるので、マネジャーは毎回異なる「クライアント×テーマ×メンバー」のセットと向き合うことになります。そこで安定的にパフォーマンスをあげるために

は、画一的なマネジメントスタイルでは事足りず、本書で引用される**「平等でないものを平等に扱うことほど不平等なことはない」**（エマーソン）や**「人を見て法を説け」**といった箴言にあるような、相手の「状況」に合わせた柔軟な対応が求められます。

その実現に向けて本書では、**「ピラミッドを逆さにする」**という**「逆転の発想による新機軸」**を提示し、**「トップ・マネジャーが底辺にくる」ようにして「部下が勝者になるのを助ける」**べきだと説きます。

なぜなら、「部下の勝ちはあなたの勝ちなのですから」と。

本書では、**メンバーの「状況」（成長ステージ）**を、**「Will（やる気や自信）」と「Skill（知識や技能）」の二軸で定義**し、次のような基本方針を掲げます。

・**「Will」が足りていない場合は、「支援的行動」（精神的な援助・傾聴・奨励）を**

・**「Skill」が足りていない場合は、「指示的行動」（具体的な指図・管理・監督）を**

そして、縦軸に「Will」／横軸に「Skill」をとると、メンバーは〝U〟字型の成長カーブを描き、この各ステージに応じてマネジメントスタイルを使い分けるべきだというのが、本書の主旨となります。

①左上の象限
Will は高いが Skill は低い、物事を新しく始めるとき（新人やプロジェクト開始直後）の興奮した状態
↓具体的に指図をして、進捗を細かくチェックする「指示型」（低支援／高指示）のスタイルが有効

②左下の象限
Skill 習得がまだ追いつかず、Will も下がってきて、やる気と自信が揺らぎ始める状態
↓双方向の対話を重視し、ときに励ましながら伴走する「コーチ型」（高支援／高指示）のスタイルが有効

③右下の象限

Skill習得が追いつくにつれ、Willも再び上がってきて、やる気と自信を取り戻し始める状態

↓チャレンジを奨励し、必要に応じて側方支援する「援助型」（高支援／低指示）のスタイルが有効

④右上の象限

Skillを完全に習得し、Willも高く保たれ、独り立ちした状態

↓基本的に仕事を任せて、緩やかに見守る「委任型」（低支援／低指示）のスタイルが有効

メンバーの成長ステージ

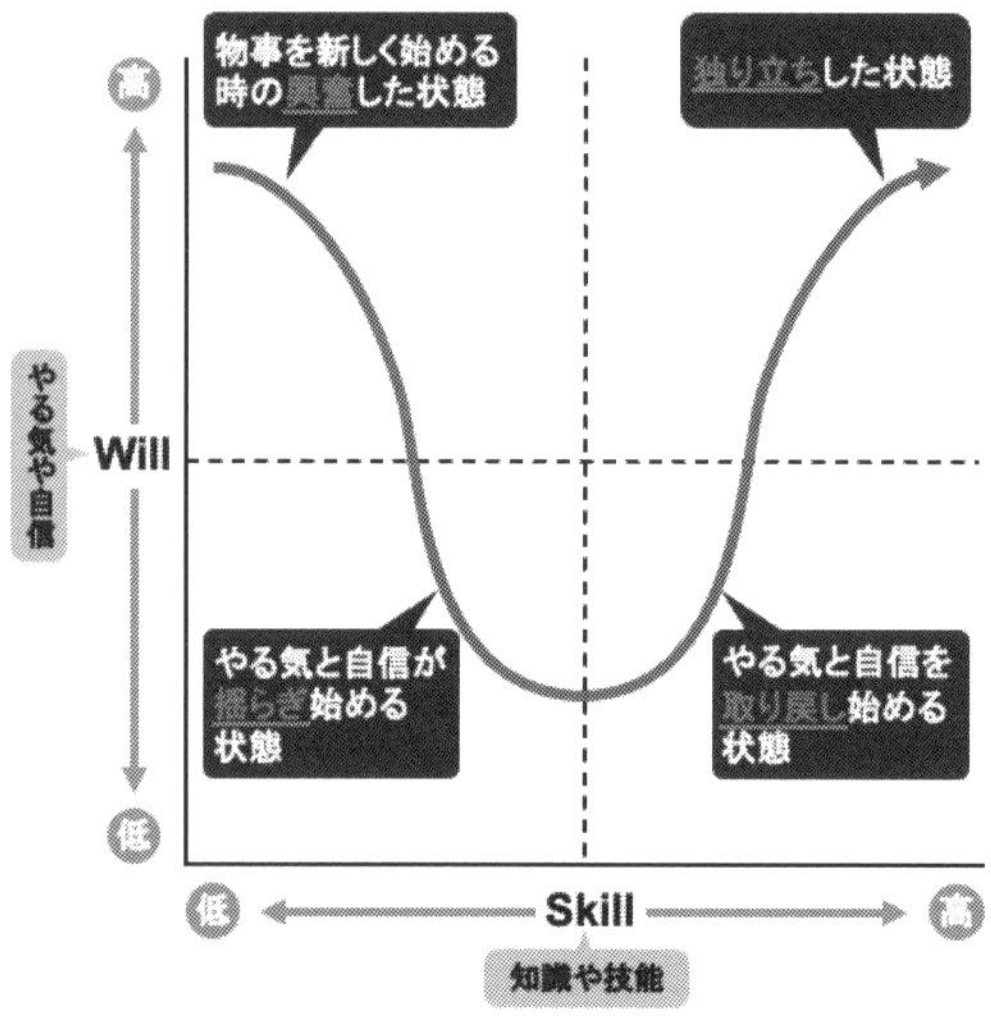

状況対応型リーダーシップ

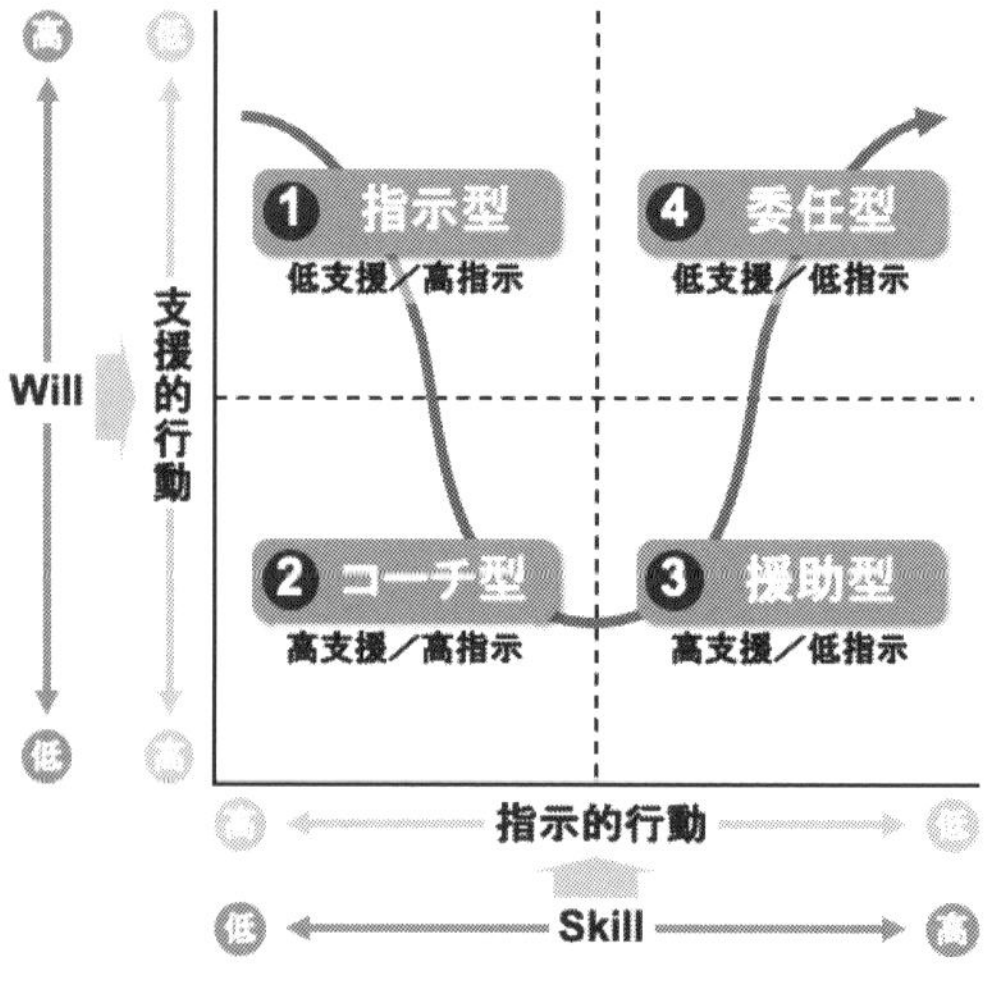

別の表現で、山本五十六の有名な句もまた、この「状況対応型リーダーシップ」のエッセンスを凝縮したものともいえます。

・やってみせ　言って聞かせて　させてみて　褒めてやらねば　人は動かじ（①～②のスタイル）
・話し合い　耳を傾け　承認し　任せてやらねば　人は育たず（②～③のスタイル）
・やっている　姿を感謝で　見守って　信頼せねば　人は実らず（③～④のスタイル）

加えて**マネジャーは、このU字の底にも留意しておく必要があります。**人にはそれぞれストレスのキャパシティがあり、それを超えるとメンタルヘルス不調に陥ってしまいます。そのリスクが高まるのが、②と③の間で、「Will（やる気や自信）」の下がり幅が大きくなりすぎると、底が抜けて戻ってこられなくなります（過去にそうなった同僚を何人か見てきました……）。

コンサルティングのプロジェクトは常にチャレンジングで、想定通りに進まないことのほうが普通で、メンバー育成にまで気が回らなかったりするのも実態です。であるからこそ、シンプルかつ柔軟なモデルであることが重要で、「状況対応型リーダーシップ」は、実用的なフレームワークとして役立っています。

（※右頁の図は藤熊作図）

『サーバントリーダーシップ』

ロバート・K・グリーンリーフ

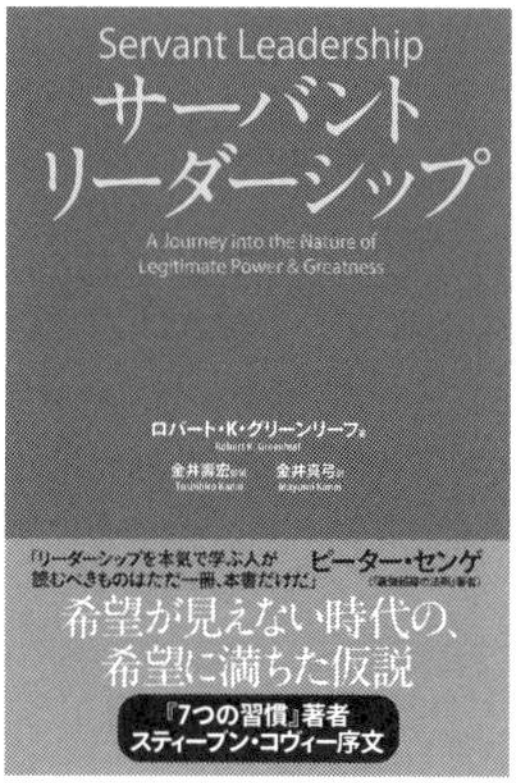
Servant Leadership
サーバント
リーダーシップ
A Journey into the Nature of
Legitimate Power & Greatness
ロバート・K・グリーンリーフ著
金井壽宏監訳
金井真弓訳
「リーダーシップを本気で学ぶ人が
読むべきものはただ一冊、本書だけだ」
ピーター・センゲ
希望が見えない時代の、
希望に満ちた仮説
『7つの習慣』著者
スティーブン・コヴィー序文

金井 壽宏 監訳、金井 真弓 訳
2008 英治出版

難易度	★★★

61

コンサルタントは、生粋のサーバント・リーダー!?

著者は、「組織」や「リーダーシップ」を現場で学ぶべく、一九二〇年代当時、「社員数が世界中のどの企業よりも多かった」という理由からAT＆T（アメリカ電話電信会社）に入社し、最終的に同社のマネジメント研究センター長まで勤め上げます。退職後も組織・リーダーシップ研究を続け、一九七〇年（六十六歳のとき）に、本書の主題となる「リーダーとしてのサーバント」を発表し、そのコンセプトは以後五十年以上にわたって影響力を持ち続けています。

『1分間リーダーシップ』でも、「状況対応型リーダーシップが機能するには、リーダーがフォロワーを下から支える、逆ピラミッドの発想が重要である」ことが述べられていますが、そのあり方を別の観点から統合したコンセプトが、本書で提唱される「サーバント・リーダーシップ」です。

著者は、ヘルマン・ヘッセの小説『東方巡礼』から、「サーバント・リーダー」の着想を得たといいます。「召使い（サーバント）」として同行し、旅団の精神的支柱にもなっていた人物が、実はその旅を主宰した教団の「指導者（リーダー）」だった、というお話です。そこから、「サーバント（奉仕する人）」と「リーダー（導く人）」という、一見対極にあるように思える二つのあり方が、実は共存しうるという主張を展開します。「リーダー」は「フォロワー」がいてはじめて成り立つ立場であるとするなら、「フォロワー」の信頼を獲得するためにまず「奉仕／貢献する」という姿勢は、むしろ王道でさえあると。

つまり、**「奉仕したい／貢献したい」という想いが先にあり、「導きたい」という気持ちが芽生えた後に、「導く」という役割を受け入れる**のが、自然な「サーバント・リーダー」の成立過程であるというのです。

本書では、この「サーバント・リーダー」という、矛盾語法的ながらもアウフヘーベンを内包するコンセプトを、著者自身の経験や研究成果と紐づけながら、実践的で実用的なあり方として解説していきます。

実はこのあり方は、多くのコンサルタントにフィットするのではないかと感じています。コンサルティングは、クライアントがいてはじめて成り立つ仕事で、クライアントに「奉仕／貢献する」ことにやりがいを見出せる人に向いた職業だからです。その観点で、コンサルタントは生粋の「サーバント」だといえます。

そして、マネジメントをする立場になった暁には、**そのベクトルをクライアントだけではなく、そのままメンバーに対しても振り向ければよい**だけで、いたって連続的で一貫性のある仕事だともいえます。

外資コンサルの「マネジャー」や「プロジェクト・リーダー」というと、世の中的には〝イケイケドンドン〟なイメージがあるようにも思いますが（実際にそういう人もいますが……）、かつての同僚の顔を思い浮かべると、意外と物静かでシャイな人が多かったりするのは、そういうことなのかなとも思います。

『なぜリーダーは「失敗」を認められないのか
現実に向き合うための8の教訓』

リチャード・S・テドロー

土方 奈美 訳
2011 日本経済新聞出版社

難易度	★★☆

62

大企業の失敗の原因を人間の弱さという切り口から喝破

原題は「DENIAL」（否認・否定）。まさに名は体を表すという書籍です。著者は、リチャード・テドローというハーバードビジネススクールの教授。本書の白眉は、（フォードやIBM等）経営史に残る企業の失敗の原因を、リーダーや組織、ひいては人間の持つ弱さ（いわば性弱説）の課題として喝破しつつも、勇気を与えてくれる点にあります。

失敗事例1（フォード）

かつて、フォードの生み出した「モデルT」は米国人の生活を一変させ、フォードは大躍進した。

だが、時代の変化とともに、消費者心理・購買行動が変化し、ゼネラル・モーターズ（GM）が躍進。

フォードが凋落する過程で起こっていたことは、

「ヘンリー・フォードは、本当は知っていながら、知らないように行動する道を選んだ」
「フォードは、周囲をイエスマンで固めることで、自らを現実から遠ざけていた」
「カンツラー（近親者）は、誰でもわかるような明らかな真実を語ったために解雇された」

失敗事例2（IBM）

IBMの事例自体は、極めて有名なので割愛しますが、「もはやライバルが消え失せたような状況下では、IBM社員にとって唯一の成功指標は、組織内でどれだけ出世できるかになった」という状況で、PCへの失敗が明らかになっているなかでも、「新たな痛ましい現実に直面することへの抵抗」があったことがインテル社のアンディ・グローブの言葉を借りて紹介されています。

このように、我々でもよく知っている事例に、人間的な弱さや組織に鋭く切り込んで、他山の石とすべき提言をしてくれているのです。

「自己欺瞞には、気持ちを安らかにしたり、元気づける効果がある」
「自己欺瞞ほど易しいものはない。真実であって欲しいことを、真実だと思い込める」
「否認の誘惑に駆られるのは、短期的にはそれで上手くいくこともある」

組織のマネジメント職に就かれている方や、そういったポジションを目指しておられる方には、ぜひ読んでいただきたい一冊です。

『ストレングス・リーダーシップ さあ、リーダーの才能に目覚めよう』

トム・ラス、バリー・コンチー

田口 俊樹 訳、加藤 万里子 訳
2013 日本経済新聞出版

難易度	★☆☆

63

メンバーの強みを知り、そこに積極投資せよ

自らの強みを可視化するツール「ストレングス・ファインダー」を開発してベストセラーになった**『さあ、才能に目覚めよう』のリーダーシップ編**です。先にご紹介した『1分間リーダーシップ』や『サーバントリーダーシップ』は、相手を知りそれに合わせることに主眼があったのに対して、「彼を知り己を知れば百戦殆からず」（孫子）ではないですが、今度は**「己を知る」**上で参考になる一冊です。

本書では、有能なリーダーの特性について、膨大な調査に基づくと、次の三点に集約される、と結論づけています。

① 常に強みに投資している

② 周囲に適切な人材を配置し、チームの力を最大限に引き出す

③ フォロワーたちの欲求を知っている

① 常に強みに投資している

投資をする前提として、自分やメンバーの強みがどこにあるかを理解している必要があります。そのために開発されたのが「ストレングス・ファインダー」で、三十四に分類された資質の中から、強みとなる上位五つが提示されます。ちなみに私の五つは、「内省」「調和性」「収集心」「学習欲」「規律性」で、いずれも納得感がありましたし、自分という人間を客観視するのに役立ちました。

同じような特性タイプ分類として、「ＭＢＴＩ（Myers-Briggs Type Indicator）」というものがあります。①内向（Introvert）⇕外向（Extravert）②感覚（Sensing）⇕直観（iNtuition）③感情（Feeling）⇕思考（Thinking）／④判断（Judgement）⇕知覚（Perception）の各二パターン×四乗で、それぞれの頭文字をとって人間を十六タイプに分類します。

ちなみに私はＩＮＦＪ型で、漫画『キングダム』の武将でいうと、李牧や縢と同じらしいです（笑）。

前職時代の研修で、プロジェクト・リーダー全員でこのワークショップを受けたのですが、同じ一つの現象に対して、それをどのように受け取り、どのような判断を下すのか、同じコンサル会社の同じ役職でも、全くバラバラなことに驚きました。と同時に、これほど千差万別なリーダーの下で働くメンバーはたいへんだなと……。

②　周囲に適切な人材を配置し、チームの力を最大限に引き出す

自らの強みを理解した上で、それを補完しうるチームを組むべきだといいます。その際に、メンバーを「スキルセットの集合体」とみるか、「バリューの集合体」とみるか、コンサル会社においては重要です。

コンサル会社に在籍するメンバーは、プロフェッショナルとして日々成長が求められ、「Development needs」という言葉がよく飛び交います。そして「成長課題」を順々に克服しながら、コンサルスキルのレーダーチャートのパイを、できるだけ大きな正多角形に近づけていこうとします。なので、ともすると、メンバーを「スキルセットの集合体」と捉え、あれはできている／これはできていないという見方をしてしまいがちで、その営みの果てには、「マトリョーシカ人形」のようなコンサルタントが量産されてしまいます。

他方、コンサル会社に集うメンバーはみな個性豊かで、好きなこと・得意なこと、情熱を傾けられるもの・夢中になれるもの、それぞれに違います。プロジェクトも、クライアントやテーマ、ワークスタイルなど、バリエーションに富んでいます。それゆえ、単純なスキルマッチングだけではなく、どうすればチームとしてのバリュー（提供価値）が最大化するか、という観点でチーミングを行う必要があります。

意思や感情を持った個性豊かなメンバーたちが、いかにモチベーション高く最大限の力を発揮できるか、そして、それらを効果的に価値に転換していくために、クライアントとチームの化学反応をどのように引き起こせるかといった、「バリューのデザイン」が重要になってきます。

③　フォロワーたちの欲求を知っている

本書では「なぜ人がついてくるのか」にも焦点を当てています。そして、同じく膨大な調査に基づき、フォロワーの基本的欲求は、**「信頼」「思いやり」「安定」「希望」**の四つだと結論づけています。

別の調査で、ＢＣＧとＨＢＳ（ハーバードビジネススクール）の共同研究の成果として、コンサルタントのパフォーマンスにとって大事な要素は、「Predictability」「Teaming」「Open Communication」の三つ（略してＰＴＯ）だといわれていました。「Teaming」は本書の二点めのポイントですし、「Predictability（先の見通しの明るさ）」は「安定」や「希望」、「Open Communication」は「信頼」や「思いやり」に相当し、表現の仕方は違っても同じ結果を表していて、このあたりに真実があるんだろうなと思います。

最後に、本書のまとめとして、次のような問いかけがなされます。

「金融資産を投資するときには、成功しているファンドや株、企業を選ぶのが常識だ。経営不振にあえいでいる企業に全財産を注ぎ込む人はいない。ところが、人的資源への投資となるとどうだろう」

私もこれまで幾度となくフィードバックを受けてきましたが、改めて振り返ると、「Development needs」について指摘されることのほうが多かったように思います。

一方で、自らの「課題」についてはすでに自覚していることが多く、コンサルタントの習性として、「課題」が明確になれば八割がた「解決策」も見えているので（すぐに解決できるかどうかは別として）、それを改めて指摘されてもなぁ、というのが率直な感想でもありました。

「好き」と「得意」は連動している（「好きこそものの上手なれ」ですし、成果が出るからこそより好きになれるという側面もあり、まさにポジティブフィードバックが働く）ので、**自分やメンバーの強みに焦点を当て、そこに積極投資する**ことの重要性を、改めて意識づけしてくれた本です。

『モチベーション3.0 持続する「やる気!」をいかに引き出すか』

ダニエル・ピンク

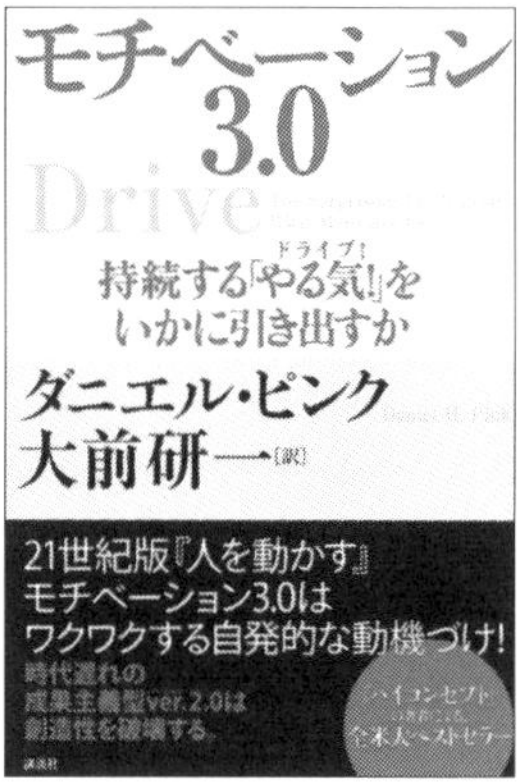

大前 研一 訳
2010 講談社

難易度	★★☆

64

自律性を尊重し、仕事そのものが報酬と感じられるように

まさにタイトルの通り、**人の動機づけに関する新たなパラダイムを提示**する本です。そして、その一見新しいパラダイムは、実は四十年以上も前にその有効性が科学的に証明されていること、一方でビジネスの現場では、いまだに旧態依然とした慣習（モチベーション2.0）がはびこっていることを、具体事例とともに解説していきます。

本書では、モチベーションのOSのバージョンを、次のように定義しています。

モチベーション1.0：生存本能に基づく動機づけ
モチベーション2.0：外発的な動機づけ（アメとムチ）
モチベーション3.0：内発的な動機づけ

別の表現をすると、〝ライス〟ワーク（お金や生活のための仕事）を駆り立てているのがモチベーション1.0や2.0で、〝ライク〟ワーク（やりがい）や〝ライフ〟ワーク（生きがい）を駆り立てているのがモチベーション3.0といえるかもしれません。

そして、この「内発的な動機づけ」に重要な要素は、**①自律性（Autonomy）②熟達（Mastery）③目的（Purpose）**の三つだといいます。これらは、コンサルタントがより高い価値（バリュー）を発揮するための条件とも重なり、いずれも納得感があります。

①自律性（Autonomy）

定型的な仕事にはアメとムチによる「統制（Control）」が、創意工夫が求められる仕事には「自律性（Autonomy）」が、より効果的な動機づけだといいます。

コンサルティングの仕事は後者の比率が高く、そして、コンサルタントはみな後者の働き方を好む人種です。私自身の過去を振り返っても、具体的な作業を指示された途端にやる気が失せましたし、逆に自分でハンドルを握っている感を持てているときは、モチベーション高く仕事ができていたように思います。

他方、コンサルタントは常に、**クライアントからの高い期待値を上回る成果が求められ**、またチームで協業する仕事なので、何でも自由にやっていいわけではありません。チームとしての働き方のルールを守り、クライアントへの成果責任を果たすという前提条件の上で、自らの役割を全うする必要があります。

逆説的ですが、自分がモチベーションや生産性を高く保って仕事ができる環境を一刻も早く整えるために、クライアントやチームからの信頼を勝ち得るまでは、一時的な不自由も我慢し、たとえモチベーションが湧かなくても、どんな些細な仕事でも手を抜かない、という姿勢が求められるのです。

②熟達（Mastery）

コンサルタントのアウトプットは、クライアントの期待値を超えることは最低水準として、そこからどれだけ時間をかけて、どこまで〝作品〟としてこだわるのかは、各人の矜持をかけた美学の領域になります。駆け出しの頃、コンサルタントは長時間労働なので、時給換算したらマクドナルドのバイトよりも安いといわれたこともありました（あながち間違ってもいません）。今ではコンサル業界でも働き方改革が進み、過度な長時間労働は是正されてきていますが、クライアントへの提供価値は下がっていないようにも思います。これは、コンサル会社の生産性の向上も一因ですが、漸近線のカーブが寝てきてからのラストワンマイル（クライアントからは差分が知覚されないほどのディテールへのこだわり）がなくなっただけ、ともいえます。

一方で個人的には、やらされ仕事ではなく、自ら進んで〝作品〟を磨いている時間は、全く苦ではなかった（むしろ至福の時間だった）ので、それが定時で強制終了される今の新人はかわいそうな気もしますし、コンサルタントという仕事から職人的要素が失われ、サラリーマン化してしまうことを内心危惧しています。

③目的（Purpose）

ここでいう「目的（Purpose）」は、「**自分の利益を超えたことのために活動したいという切なる思い**」と定義されています。コンサルタントは職業柄、自分が取り組んでいる仕事が、クライアントやその先の社会の役に立っていると感じられることが、一番わかりやすいモチベーションの源泉になっていたりもします（コンサルタントに限らず、多くのビジネスパーソンに共通することだとも思います）。

似たような話で、ピーター・ドラッカーの有名な「三人の石工」のたとえがあります。彼らに何をしているのかたずねた際に、一人目は「これで生計を立てている」と答え、二人目は「この国で一番の石切りの仕事をしている」と答え、三人目は「この国で一番の教会を建てている」と答えた、というたとえ話です。

別の言い方で、駆け出しの頃、先輩コンサルタントから、「タスクベース」ではなく「バリューベース」で仕事をしよう、というアドバイスをもらいました。

・「タスクベース」で仕事を受けると、「How（どうやるか）」が気になります。そのタスクが最終ゴール（「目的」）となり、いかに効率的にこなすか／いつまでに終えられるか、が関心事になるからです。

・「バリューベース」で仕事に向き合うと、「What（何をすべきか）」や「Why（なぜそれをすべきか）」が気になります。より高次の「目的」（クライアントやその先の社会への提供価値）に照らして、目の前の仕事がそこにどう繋がるのか／どういう意味を持つのか、が関心事になるからです。

目の前の仕事を、価値あるものに感じられるか、〝ブルシット・ジョブ〟ととらえてしまうのかは、視座の持ち方や意義づけの仕方次第なのかなと思います。

逆に、モチベーション2.0（アメとムチ）の弊害として、以下のような研究結果が紹介されます。

・活動に対する外的な報酬として金銭が用いられる場合、被験者はその活動自体に本心からの興味を失う。

・報酬は、暗に〝その仕事は望ましくないものである〟というメッセージを送っており、遊びや興味深い仕事を、決まりきった退屈な仕事に変えてしまう。

私自身も過去に、プロモーション（昇進）というニンジンをぶらさげられて、途端に仕事がつまらなく感じてしまった経験があります。逆にマネジメントする立場としては、**メンバーの「自律性」を尊重し、この仕事の「極めがい」を伝えつつ、目の前の仕事の「意義づけ」をしっかりと行い、「仕事そのものが報酬」と感じてもらえるようにし**ていかねばと、気持ちを引き締めてくれる本です。

『ヤフーの1on1　部下を成長させるコミュニケーションの技法』

本間 浩輔

2017
ダイヤモンド社

難易度	★☆☆

65

メンバーの成長を目的としたコミュニケーションを学ぶ

私は二〇一六年から一年間、当時、Jリーグ・ヒューマン・キャピタル（JHC）という名前で実施されていた、Jリーグ主催のスポーツ業界のための人材育成講座に通っていました。フィールドマネージメントに入社して一年が経過し、スポーツに関わる仕事がしたいと思って入社したにもかかわらず、ほとんどその機会が得られていなかったことに危機感を感じ、当時の上司に相談したところ、この講座を紹介されたのです。

本書の著者である本間さんはJHCの講師として講座全体の設計やファシリテーション等を担当されており、当時（おそらく執筆前のタイミングかと思いますが）から、ヤフーでは部下と上司の1on1ミーティングをかなり高い頻度で実施していることや、どのような態度で実施すべきかを折に触れて語っておられました。

ヤフーの1on1の目的は「社員の経験学習を促進」し、「社員の才能と情熱を解き放つ」とのことですが、当然ながらそのベースには、部下との密なコミュニケーションがあり、ヤフーにおけるコミュニケーションの定義は**「自分の意図が相手に伝わって、相手が意図に沿って動いてくれること」**と書かれています（ちなみにこの定義は『ロジカル・シンキング―論理的な思考と構成のスキル』照屋華子、岡田恵子著の記述とほぼ一致します）。

一般的に、コンサルティングファームにはコンサルタントという単一の職種しか存在しないファームも多く、経験を積み、解くべき課題の目線が上がっていくと役職が上がり、マネジャー以上になると業務における営業の色合いが濃くなっていくものですが、目的は、管理職でも新人でも変わりません。すなわち、「クライアントの課題を解決する」ことです。

つまり、ある一定のレベルまでは課題解決能力の高い人間が昇進して、昇進すると本人の望むと望まざるとにかかわらず部下の育成や営業のロールを担うことになり、それに長けた人間がまた昇進していく……といったサイクルになっているファームが多い。

これはどういうことかというと、コンサルファームにおける上司は、基本的には課題解決能力が一定以上のレベルにある場合が多く、部下との1on1で、クライアントと話すときと同じように、結論から、簡潔に、要点だけを伝えてしまうことが（自戒を込めてですが）多くなりがちだということです。

もちろん問題解決を目的にした議論ではそうしたスタンスで臨むことも重要だと思いますが、**メンバーの成長を目的にしたコミュニケーションの機会を作っていく**ことも非常に重要な役割なのではないか、と感じています。近しいことを少しでも感じたことのある方にはぜひお薦めしたい一冊です。

66

NBA伝説のコーチに学ぶコーチング・リーダーシップの真髄

『イレブンリングス　勝利の神髄』

フィル・ジャクソン、ヒュー・ディールハンティー

佐良土 茂樹 訳、佐良土 賢樹 訳
2014 スタジオタッククリエイティブ

難易度	★★★

NBAのチャンピオンシップを十一回獲得したという意味の書名です（余談ですが、書名の「リング」は、バスケットのゴールを意味するリングではなく、米国のメジャースポーツではポストシーズンを制したチームは、記念に指輪を製作するので、「十一個の指輪」という意味です）。

スタープレイヤーがいながら優勝ができないでいた二つのチーム、すなわち、マイケル・ジョーダン率いるシカゴ・ブルズで六回（スリーピートと呼ばれる三連覇を二回）、シャキール・オニールとコービー・ブライアント率いるLAレイカーズで五回、歴代最多となる計十一回、チャンピオンシップを獲得した伝説のコーチ、フィル・ジャクソンの著書です。

十一個のNBA優勝リングにまつわる物語が、さまざまなプレイヤーたちとの逸話とともに語られます。

二〇二〇年春に、動画配信サービス「ネットフリックス」から、「ラストダンス」というマイケル・ジョーダンのドキュメンタリー（六度目に優勝した一九九七―九八シーズに焦点を当てつつ、過去を振り返ったもの）が公開されたのは、ファンにとっては記憶に新しいのですが、その際に、たしか「ジョーダンからボールを奪った男」という挑発的な見出しで、メディアに記載されていました。それが、このフィル・ジャクソンです。

本書は、歴代最多となる十一回の優勝を、どういう基本思想・プロセスで、そして、どういうチーム内外のやり取りを経て、獲得するに至ったか（リームのリーダーであるジョーダンやコービーの成長も含め）が、つぶさに語られています。

正直申し上げると、バスケ好きでもない限りは、フィル・ジャクソンの書籍（しかも約三百五十頁）を、手に取る気は起こらないとは思います。

一方で、バスケ好きの方や「ラストダンス」をご覧になった方には、エンタテイメントとしても十分に楽しめる内容となっております。

ビジネスに通じる切り口という意味では、極めて我の強いプロフェショナルスポーツチームを率いるための、コーチング・リーダーシップという意味で、参考になる箇所が豊富に掲載されているため、ご紹介させていただきました。

さて、私が、本書をひとことで紹介するなら――

チームが継続的に勝利するには「チームメイト各々が、**俺は**（**俺だけは**）**すごい**、というメンタリティから、（他の集団と違って）**俺たちはすごい、というメンタリティ**」に移行していく必要がある、という著者のメッセージです。

プロフェショナルサービス（コンサル）・ファームは、頭が切れる人間や自我が強い人間が集う場所なので、どうしても、「俺が、俺が」という雰囲気になりがちです。一般の企業や職場でも、珍しくない光景でしょう。けれども、特にコンサル・ファームについては、チームで、数か月以上にわたってお客さまに対して、継続的に価値提供を行うことになるわけですから、やはり、個人プレーはまずい。個人プレーに走るのは、チーム全体としては生産性が下がります。当然、その場でその場での個人の大喜利力（気の利いたことを言うチカラ）も必要とされますが……。

著者は、コーチングに東洋思想やマズローの心理学などを取り入れていたことで知られますが、「フィル・ジャクソンの十一カ条」と呼ばれる禅の考え方や経験をベースとした具体的な原則もさることながら、彼の傑出した成果は、**選手一人ひとりを、バスケットボールコートにおける単なる駒としてではなく、コート外も含めた一人の人間として、敬意と共感を持って接していた**ことによるものです。それこそが、組織のマネジメントに欠かせない要素だと思われます。

（スラムダンクの桜木花道のモデルとなったといわれる問題児）デニス・ロッドマンは、自分自身のことをフィル・ジャクソンが、「一人の大人として扱ってくれる」ことを気に入っていると、記者に語ったことがあるそうです。）

また、遠征前には、個々の選手に合った課題図書を選んで渡すことが習慣されていたそうです。推薦図書の内容はともかく、一人ひとりに特別な意味を持つ本を探そうとするくらい、選手個人個人を気にかけているということは、選手たちにメッセージとして伝わったものと思われます。伝わらなくとも、少なくとも笑わせられはしたことでしょう。

67

サッカー指導のプロに部下へのフィードバックの方法を学ぶ

『教えないスキル ビジャレアルに学ぶ7つの人材育成術』

佐伯 夕利子

2021
（小学館新書）小学館

難易度 ★☆☆

近年、スポーツで実績を残した指導者や監督が、その指導メソッドを書籍にして出版するケースが広がってきているように思います。ラグビーＷ杯で強豪・南アフリカに圧倒的劣勢を覆して勝利した日本代表を率いたエディ・ジョーンズヘッドコーチや、青山学院大学陸上競技部監督として箱根駅伝総合四連覇を達成した原晋監督、古くはＩＤ野球を標榜して野球界に革命をもたらした故・野村克也監督等、枚挙に暇がありません。

本書の筆者の佐伯夕利子氏も、二〇二二年まで、Ｊリーグ理事を務めたサッカー指導者で、本書には二〇〇八年から十年間勤務したスペインの名門サッカークラブ・ビジャレアルＣＦでのキャリアにおいて、「ビジャレアルＣＦ人格形成プロジェクト」として指導メソッドの改革に取り組んだ経験をもとに、指導者として選手に接する際の考え方や心構え、その背景にある彼女の指導経験が記載されています。

私自身、個人的にサッカー指導者の資格取得を目指して勉強していたことが本書との出会いのきっかけだったのですが、読み進めていくと、コンサルタントとして、自分がマネジメントするチームメンバーと接するなかで感じた違和感や苦悩に対して、示唆に富む記述がたくさんありました。

選手や部下へのフィードバックの対象は大きく、

①　アティチュード（姿勢・態度・取り組み方）

②　アプティチュード（適性・才能・スキル）

③　ビーイング（存在・あり様）

に分けられ、自分が**部下の何に対してフィードバックするかによって、コミュニケーションの手法が異なる、**ということはマネジメント初心者の私にとって非常に重要なインプットでした。

かつて、私が推進していたプロジェクトで協働したメンバーに、非常に能力が高く、興味のある分野で主体的に関われば大きな力を発揮する一方で、ふとしたボタンの掛け違いで主体的に関わる機会を失ってしまうと、それが態度にも出てしまい、クライアントからの見え方も悪くなってしまうという人がいました。

当時マネジャーとしてプロジェクトを推進する立場にあった私は、このメンバーになんとか能力を発揮してもらおうと、ネガティブなフィードバックを避け、彼の興味の持てない仕事を自分で巻き取り、コミュニケーションの機会を増やしと、試行錯誤したのですが、結果、段々とナメられるようになってしまい……うまく能力を発揮させられないままプロジェクトが終了してしまったことがありました。当時この本と出会っていれば、と読みながら何度も思いました。

『リーダーシップを鍛える
ラグビー日本代表「躍進」の原動力』

荒木 香織

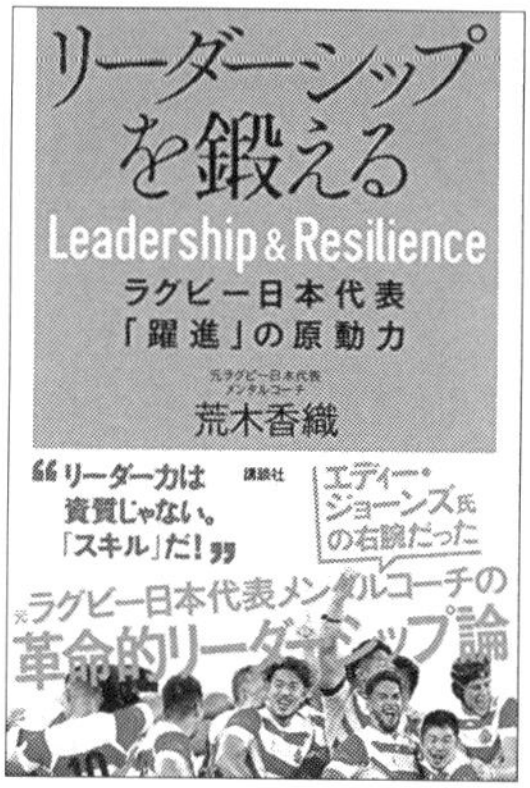

2019
講談社

難易度 ★☆☆

68

ラグビーワールドカップ日本代表チームの成長に、コンサルの成長過程を見る

著者は、エディー・ジョーンズ氏がヘッドコーチ（HC）を務めた二〇一二～一五年のラグビー日本代表のメンタルコーチとして、その躍進を支えた影の立役者です。当時話題にもなった五郎丸選手のプレースキック前のルーティンは、著者と二人三脚で作り上げたといいます。

本書では、ラグビーワールドカップ二〇一五の南アフリカ戦で、歴史的勝利（ブライトンの奇跡）を挙げるまでの道のりが、著者の専門であるスポーツ心理学の観点からつづられています。あたかも厳しい父親（エディー）と優しい母親（著者）のもとで選手たちが独り立ちしていき、最後にジャイアント・キリングを成し遂げるまでの成長ストーリーを追体験しながら、同時に、リーダーシップの大事な〝スキル〟をケーススタディ形式で学ぶことができる、ラグビー好きには特に、一度で二度おいしい本です。

さて、ラグビーも今や強い日本代表が板についていますが、著者の就任当初は、ワールドカップで過去一勝しかしたことがない、〝負け癖〟がついたチームでした。そのため著者の最初の仕事は、**「自分たちには伸びしろがある（Power of Yet）」という「変化を信じるマインドセット（Growth Mindset）」を植えつけ、「勝ちの文化」を作る**ことでした。

そして、エディーHCが課したのは「ハードワーク」。全力を尽くすことは前提として、やみくもに反復練習を繰り返すのではなく、**「学びながら工夫しながら理にかなった練習を継続すること」**を高いレベルで求めました。それに対して著者が支援したのは**「レジリエンス」**。心理学の意味では、「思考と行動の過程を変化させることにより、できるだけ**前向きに挑戦できる習慣を身に付ける力**」を指します。

この**「ハードワーク」と「レジリエンス」の両方が揃うことが、成功への扉を開く鍵**だといいます。

この時期の代表メンバーは、コンサル会社でいう**「アナリスト」**にあたるかと思います。「理にかなったハードワーク」は前提として、コンサルティングに必要な基礎スキルを習得し、身の丈に合ったチャレンジと成功体験を積み重ねながら、自らの限界を広げて徐々に実力と自信をつけていく時期です。

「ハードワーク」を乗り越え、〝勝ち癖〟がついてきた日本代表は、二〇一三〜一四年にかけての一年間、テストマッチで十一連勝という快進撃を続けます。しかし著者は、この時期のチームの状態は、スポーツ心理学的には決して好ましいものではなかったといいます。それは、「もっと注目されたい」というような、「不健康で外発的な動機付け」が出てきたからで、「「名誉」や「報酬」などをモチベーションとして取り組むことは、結局は結果だけを求めることになりがちで、そのプロセスをないがしろにしてしまう」と。

そうではなく、**「健全で内発的な動機付け」に向かうように働きかけ、その結果として生まれた目標が、「歴史を変える」**だったといいます。

この時期の代表メンバーは、「コンサルタント」として独り立ちした状態にあたるかと思います。人材としての市場価値が高まり、さまざまな魅力的なオファーが舞い込み始めるのもこの時期です。同時に、磨き上げたスキルを、どのような形で社会に役立てていくのか、新たな目標設定や動機付けが問われる時期でもあります。ビジネスの世界は、スポーツの世界と比べると多様な価値軸が混在し、選択肢も豊富に存在しますが、それでもなおコンサルを続けるという人は、著者のいう「内発的な動機付け」(先に紹介した「モチベーション3.0」)、すなわち、この仕事の意義や極めがいを強く感じられている人なのだろうと思います。

そして、二〇一五年のワールドカップシーズンを迎えます。「これまでリーダーに従っていただけの選手が自らの足で歩み始めた」、「チームが急速に力をつけ、さらなる進化を始めた」年でした。**「自分たちで決定していく経験が増えることは、内発的なモチベーションを保つ大きな条件」**であり、ワールドカップ本番直前の代表チームは、「最高に健康的で理想的なモチベーション」にあったといいます。

そしてあの「ブライトンの奇跡」につながります。

南アフリカ戦、二十九対三十二の僅差で負けている状況、時計はすでに後半アディショナルタイムを指し、日本は敵陣深くでペナルティーキック(三点)のチャンスを得ます。五郎丸選手のキックの精度を考えれば、同点に持ち込めるのはほぼ確実、エディーHCはインカムでペナルティーキックを指示します。

しかし、グラウンド上では、トンプソン・ルーク選手が「歴史を変えるの、誰!?」と繰り返し、リーチ・マイケル主将は迷うことなく「逆転のスクラム」、すなわち、引き分けを捨てるリスクをとり、敗戦覚悟の逆転のトライ(五点)で勝利を奪いにいく選択をします。

結果はご存知の通り、「スポーツ史上最大の番狂わせ」。まさに「歴史が変わった」瞬間でした。

この時期の代表メンバーは、コンサル会社でいえば「マネジャー」。最終的な責任はヘッドコーチにあたる「パートナー」や「ディレクター」が負いますが、その場その場の判断は現場に委ねられます。得てして現場から離れたシニアは、高い視座からゼロベースのアドバイスをくれる一方、外すことも多々あります。社内論理を優先してサラリーマン的に指示に従うのか、後で怒られるリスクも覚悟の上でクライアントへの提供価値が高まると信じる決断をするのか、プロフェッショナルとして真価が問われる場面でもあります。

本書の主題は、タイトルの通り、**「リーダーシップはスキルであり、鍛えることができる」**、つまり、**「特別な才能のある人だけが持ち合わせる「資質」ではなく、誰でも伸ばすことができる「技術」」**であることを、エディーHCと代表メンバー各々の「リーダーシップ」を題材に伝えることです。著者は「フォロワーがリーダーの想定外の結果を達成することが、真のリーダーシップの価値」であり、南アフリカ戦を指し、「彼らのリーダーシップは、あの試合においては、もはやエディーさんを超えた」といいます。

ビジネスの世界でも、**誰しも「フォロワー」でありながら、同時に「リーダーシップ」も求められ**ます。上司のいない「リーダー」は社長のみで、社長ですらも株主の「フォロワー」ともいえるわけですから。

著者は、「エディーさんは、言われたことに忠実である選手を生み出そうとはしていませんでした。選手たちが自ら考え、作り上げ、コーチである自分の想定を超えてくることを望んでいました」と述べていますが、これはまさにコンサル会社の、そして、今、イノベーションを求める企業、組織に共通して求められる縦のコミュニケーションそのものでしょう。

『結果を出すリーダーはみな非情である
30代から鍛える意思決定力』

冨山 和彦

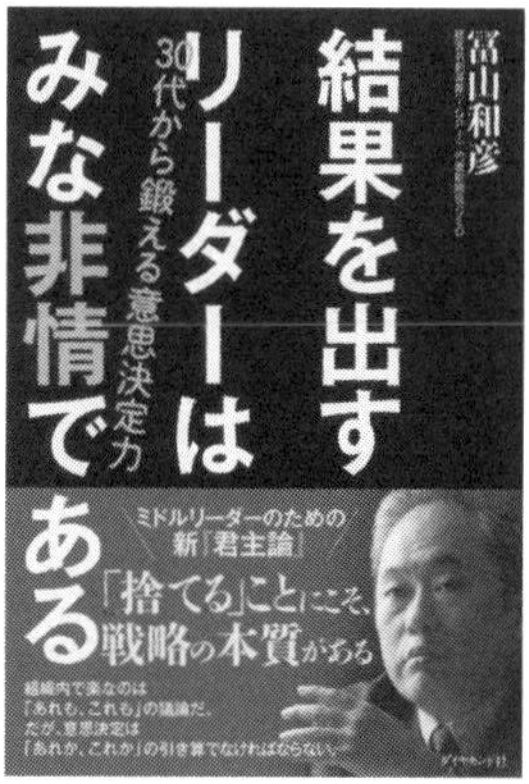

2017
（日経ビジネス人文庫）日本経済新聞出版

難易度	★★☆

69

ミドルマネジメント向けの君主論

言わずと知れた冨山和彦さんの書籍。経歴はさまざまなメディアなどで紹介されているので、極々簡単にご説明すると、新卒でＢＣＧ入社後、四十三歳の若さで、産業再生機構のＣＯＯを務め、カネボウやＪＡＬの再生に尽力されたことで知られます。後に、ＩＧＰＩを創業。

本書は**「ミドルマネジメント向けの君主論」**（まえがきより）。会社を実質的に動かしているのは、課長クラス、だから、課長クラスよ、もっと頑張れ、という応援メッセージが根底にあります。

では、もっと頑張って、成果を上げるにはどうしたらいいか？　ポイントを絞ると三つです。

①「与党」の立場で考えて、実行しろ。

「体を張って挑戦しない人、挫折を味わったことがない人は、リアルな権力闘争の場や深刻な利害衝突がある状況で、組織を舵取りできない。典型的なのが野党的政治家だ」

「与党政治家は我慢の連続だ。自分の理想と現実の間で、思いっきり妥協しなければいけない。理想論、あるべき論を過激に語るのは、自分が権力を握るとか、それを行使しなければならない立場に立つことをまったく考えていない連中だけだ。本気で権力を握ることを考えていたら発言は自ずと慎重になるものだ」

私見ですが、たしかに、「野党的立場から」、経営の批判をする社員は少なからずいます。

批判自体は、健全な議論には必須なので歓迎すべきですが、**批判に加えて現実的な「対案」「代替案」が出せるかどうか、これが重要です。**しかし、現実問題としては難しい。だから、現実的な「対案」「代替案」が出せる人間がやはり出世していきますよね。

②ストレス耐性を上げる／ストレスがかかった場面での意思決定回数を増やせ。

③思考は論理的に突き詰める。情に逃げない。ただし情に背を向けて合理に突っ走ってもうまくいかない。

「リストラ局面やマイケル・サンデルの命題のように、情理と合理が最終的にぶつかりあう局面では、すべての人がすっきり納得できる論理的な解はない。だから誰よりも真剣にその問題を考え尽くし、悩み尽くしたうえで、最後はなんとか折り合いをつけていくしかない」

私は、三十二歳（二〇二一年）から損害保険会社の非常勤取締役を務めさせていただいておりましたが、「経営コンサルティング（というアドバイザリー業務）」と「経営そのもの」に大きな隔たりを感じており、どう埋めていくべきか？　随分悩んでおりました。何度も何度も読み返したので、ドッグイアと赤線だらけになっております。思考実験やケーススタディをするにはとてもよい書籍ですので、お薦めします。

『運を支配する』

桜井 章一、藤田 晋

2015
（幻冬舎新書）幻冬舎

難易度 ★☆☆

70

名ベンチャー経営者は、運を味方にする

サイバーエージェントの藤田社長と雀鬼会桜井章一会長の共著です。藤田社長曰く、「ビジネスは、必ずしも学校の成績順に成果が出るものではなく、頭がよくて人一倍努力しても、運やツキといった目に見えない流れを読む勝負勘がなければ、それらをフルに活かすことはできない」。本書は、運・ツキ・勝負勘といった合理的に説明しにくいものに対し、「二十年間無敗の男」とも呼ばれる桜井会長の言葉を、藤田社長がビジネスマン向けに翻訳・分析するというアプローチで書かれたもので、桜井会長パートが数頁、その後に藤田社長パートが数頁という具合に、交互に著者が登場する形式で構成されています。

藤田社長が桜井会長から最も大きな影響を受けたものは、①「己を律する」こと ②「正々堂々と戦う」ことの二つだそうです。

①「麻雀が弱い人は、己の欲望に負ける人です。桜井会長が「洗面器から最後まで顔を上げなかったものが勝つ」と述べているように麻雀は我慢比べみたいなところがあります。ビジネスにおいても早く楽になりたいと勝ちを急ぐ人も、負けが込んで挽回しようと熱くなる人も、「己を律する」ことができない人は結局、欲に飲み込まれて自滅していきます」

②「ビジネスをしていると、ズルをしたり人を騙したりして稼ぐほうが得をして、誠実にやっているほうが損をしているように見えることがあります。しかし、卑怯な手を使う側に回りたくなる誘惑に負けてしまったら、そこでおしまいです。人からの信用を失うばかりでなく、たとえ成功しても、幸せを感じることはできないでしょう。僕は「正々堂々と戦う」が最後は一番強いと信じています」

ほかに、私自身がベンチャー企業の経営をしていて、山あり谷ありというか、基本的に谷の方がずっと長かったなかで（苦笑）、心の支えになった箇所を少しだけご紹介すると――

①専門家は当たり前のことを言っていたら存在価値がなくなるから、物事を複雑化しがちだが、実際は、**シンプルに考えて、シンプルに行動する**のが一番よい。

②会社／職場の空気がとても大事。会社の空気をいかによくするかを意識してきた。**採用面接では、（頭の良し悪しというよりも）性格がよいことを必要条件としてきた。**

③運から見放されるのはどういう場合か？　雑用を軽んじたり、手を抜くことを覚えたときだ。

④超がつくほど真面目な経営者の下で働きたいか？　**経営者には人間くさくてどこかだらしないところがないと、社員は伸び伸びと仕事ができない。**

⑤**ネガティブではダメ、だけどポジティブすぎると現実に向き合えない場合がある。**

経営者を目指している方、何より運やツキをよりよくされたい方、必読です。

『松明は自分の手で』

藤沢 武夫

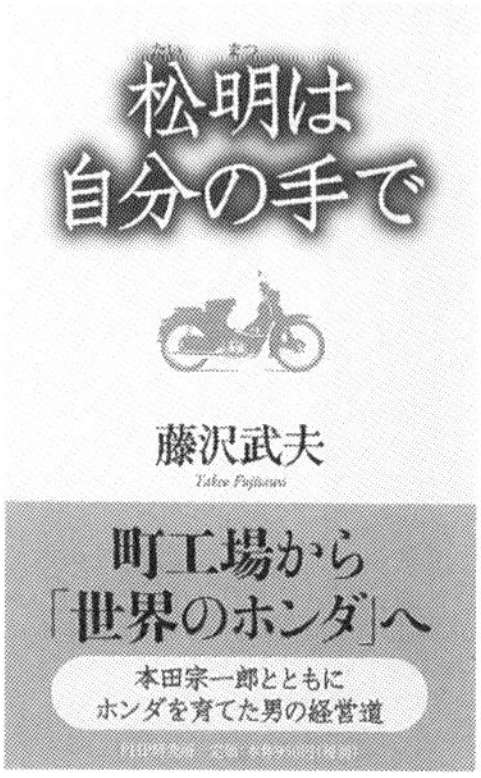

2009
PHP研究所

難易度	★☆☆

71

本田宗一郎と二人三脚で ホンダを創った男

HONDAは、本田宗一郎と藤沢武夫が二人三脚で、世界的企業に育てあげました。役割分担としては、本田宗一郎がプロダクト全般を、藤沢武夫は経営全般を指揮したといわれています。本書は、その藤沢さんの著書です。

藤沢さんにはもちろん、お会いしたことすらありませんが、書籍から、人柄やご苦労・ご経験がしみじみと滲み出ているため、まとめようとするとなんだかすごく陳腐なものになってしまう気がして怖いというのが本音です。けれども、ぜひお薦めしたいと思って、書いてみました。分厚い書籍でもないため、経営者を目指す方には、ぜひとも手に取っていただきたいと思います。

余談ですが、新卒で入社したドリームインキュベータ（DI）社のビジョンは「ソニー・ホンダを百社創る」でしたので、それが本書を手に取るきっかけとなりました。

以下、私なりにまとめた要点を簡単に記します。

・シンプルに考えているか？

私の経営信条は、すべてシンプルにするということ。

状況が変わっても、一筋の太い道を迷わずに行くこと。

・先を読んでいるか？

我々の置かれている位置、進んで行く方向が、正しいか正しくないかを知るのが一番大切。現在、繁栄しているかどうかは、二番目になって然るべき。

企業がスムーズに展開されて障害がなく、これからも同じように阻害されるべき要素を未然に探求しておくことが、経営だと思う。


経営を阻害するのではないかと考え始めて、表面化するまでには、半年かかる。実際のところ、その期間は苦しむ。なぜなら、悪いという現象がはっきりと出ていないだけに、取り上げてよいものかどうか、迷うからだ。はっきりと理論的に割り切れるときは、楽なのだが。

・油断していないか？

いま、あぐらをかいていることはないだろうか？

研究、生産、営業も隙ができていたため、（米国市場におけるスーパーカブの躍進により）売上が急減した。

売れているのだから、それでいけばいいという「研究」の怠慢、流れ作業の中で仕事がしやすいということだけで製品計画を立ててきた「工場」の油断、「営業」も無条件で売れ続けると安易に思っていた。

禍を福に転じることができるかは、経営者が仕事の根本に帰って問題を考え、大胆に行動し得るかどうかにかかっている。

・情熱は維持できているか？

首を取るとか取らぬとかは問題ではない。二年間なら二年間というもの、「情熱が冷めないこと」が大切（大石内蔵助）。

従業員の情熱の火を燃え続けさせるところに経営の仕事があるし、それが経営者の義務である。

・歴史を知る

生まれる前のことを知らないというのは、赤ん坊のままで育っているのと同じだ（会社の過去や歴史を知ることが大切という意味）。

・引き際（人はいつかは退くべきもの）

五十で死んだ信長には未来は描けるが、年を重ねた秀吉にはそれがない。

創立二十五周年に退こうと考えていた。

若手を抜擢する習慣を作るために、会社に功績のある人に不愉快な思いをさせた。でも、それも企業の将来のためにしたことだった。自分が残るのはその人たちに申し訳ない。

私も企業を経営するなかで、迷うことがあったり結論に自信が持てなかったりするときには、藤沢さんのこの書籍を手にとり、考え方の指針とさせていただいています。

『経営は「実行」 明日から結果を出すための鉄則』

ラリー・ボシディ、ラム・チャラン、チャールズ・バーク

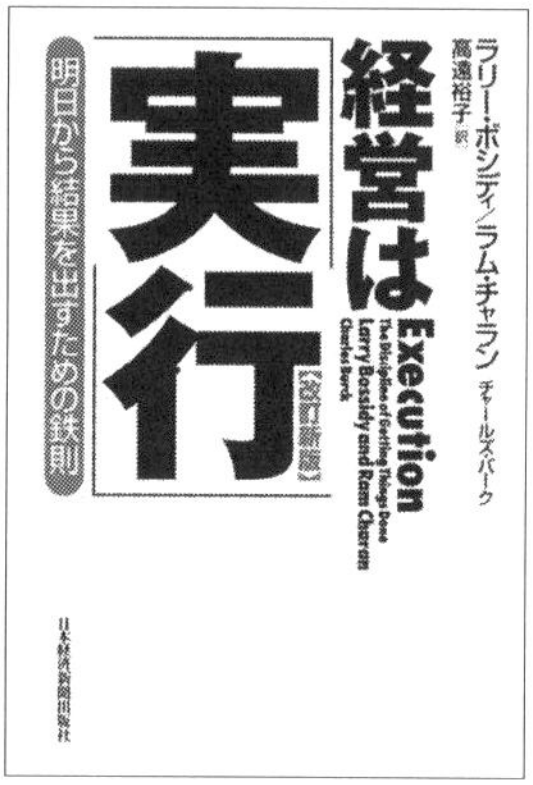

高遠 裕子 訳
2003 日本経済新聞出版

難易度 ★★☆

72

正しい計画があったとしても実行されなければ単なる画餅

ジャック・ウェルチの右腕だったラリー・ボシディとハーバードビジネススクールやケロッグで教鞭をとった経営コンサルタント、ラム・チャランの共著。原著は、真っ黒なカバーに「Execution」という原題の文字で、なかなか物々しい雰囲気を醸し出しております。

邦題は、『経営は「実行」』。計画（plan）と実行（execution）。計画が間違っていると、どれだけ正しく実行しても成果は出ない。一方で、**正しい計画があったとしても、実行されなければ、単なる画餅にすぎない。**

この「実行」というプロセスに焦点を当て、体系立てて解説してくれているのが本書です。

かねてより、クライアント、投資先、いろいろな組織を見るなかで、業績が継続的に上がっていく企業とそうではない企業の違いって、何なんだろう、と素朴な疑問を抱えておりましたが、この疑問に答えてくれ

たのが本書でした。
経営者・ビジネスリーダーの手引きとなり得る内容が満載です。**企業経営・部門経営・新規事業に携わる方の必読書**です。

私にとって、特に心に響いたくだりは次の通りです。

・**本当の問題は、実行という言葉が魅力的に響かない点にある。**
→たしかに、戦略ファームにいると、実行支援はちょっと低く見られがち。
・**「調和よりも真実」が守るべきモットー**（調和は真実の敵になり得る）。
→八方美人の私には耳が痛い（笑）。真面目な話、同調圧力が強い集団組織では、これはなかなかの勇気が必要です。
・**ＩＱの高さよりも、勝ちにこだわる人間を求めよ。**
→たとえば、東大アメフト部卒に有名なリーダーが多いのも頷ける。
・**重要なのは、「明日」の仕事ができるかどうか。**その時点までどれほど成功を収めていても、昇進させるのは全く別の決断だ。次のポストでも成功して当たり前だと考えるわけにはいかない。
→概念としてはわかるが、これは本当に本当に難しい。

あまりによい書籍なので、少々長くなりますが、まとめを残しましたので、もし本書を手に取る時間がない方がおられたら、参考にしていただければと思います。

まとめ

・リーダーとして信頼され続けるには、問題を覆い隠そうとするのではなく、あくまで現実的になろうとすべき。

・ヒトは頂点に立ったときに、成長するか慢心するかのいずれか。

フォーチュン500のトップ二百社のうち四十社のCEOが、(引退ではなく)解任か辞任に追い込まれている(二〇〇〇年の話)。

・よきリーダー

①自分を取り巻く世界について、圧倒的な知識を持っていること。
②学ぶことをやめない。
③何より大切なことは、自分についてくる者が元気になれるように前向きに指導し、自信を与えるという資質だろう。

・実行とは

①体系的なプロセスであり、戦略に不可欠。
②実行とはリーダーの最大の仕事。

③企業文化の中核であるべき。

・**実行できるように率いるのは**
細かく管理することでもなく、現場に任せることでもなく、権限を委譲することでもない。

積極的に関与することである。

・**本当の問題は、実行という言葉が魅力的に響かない点にある。**

・**電話会議も会議後の議論も、叱責の場ではなく、困らせるのが目的ではない。前向きで建設的な議論がなされる場。**

1　リーダーがとるべき7つの行動

①自社の人材や事業を知る
・個人的な繋がりを持て。
・度量の大きさと前向きな姿勢、堅苦しくなくユーモアの精神が必要。
・詰問調になってはいけない、ソクラテスのような対話の形が必要。

②常に現実を直視するよう求める
・去年からの進化ではない。
・他社と比べてどうか？　他社はもっと進化したのかどうか？

③明確な目標を設定し、優先順位をはっきりさせる

・三つか四つに絞り込む。

④最後までフォローする

⑤成果をあげた者に報いる

⑥社員の能力を伸ばす

・行動を観察し、優れた点や改善すべき点を具体的な行動や業績を挙げて指摘すべき。

⑦己を知る

・「精神的な強さ」が大切。
（頭脳明晰でなくても、人当たりがよくなくても、事業を知らなくても）。

・自己の探求や克己心から生まれる。

2　文化の変革に必要な枠組みをつくる

・評価と処遇の間の「透明性」。

・活発な対話の促進。

・企業文化とは、リーダーの行動そのもの。

3　他人に任せてはならない「適材適所」

・最初の二年間は、三〇～四〇％、その後は二〇％強の時間を幹部の採用／選抜／評価／育成に割いた。

・勢いを「持続させる」ために、短期的な目標・中間目標を設定する（大風呂敷を広げる必要もない）。
・絶えず、フォローしろ。
・通常の面接では、実行力のあるリーダーの資質を見極めるのには役に立たない。
・「何をやることに興奮を覚えるのか？」を質問することで、実行へのエネルギーとやる気を判断する。
・目標達成の方法は、目標達成と同等かそれ以上に大切。
・客観的だといわれる基準だけを重視してしまい、もらうべきではない人間が報酬をもらうと、組織全体が壊れる。
・率直な評価をするには、「勇気」と「精神的な強さ」が必要。
・五十〜七十五名の部下（直属およびその一階層下）について、各五〜六ページのメモを書き、半年毎にフォローする。
・従来の人材プロセスの最大の欠点は、「過去」の仕事に目を向けて、「現在」のポストでの仕事の評価を重視している点。
・はるかに重要なのは、「明日」の仕事ができるかどうか。
・業績は、過去を記録したもので、遅行指標にすぎない。
・その時点まで、どれほど成功を収めていても、昇進させるのは全く別の決断だ。
・次のポストでも成功して当たり前だと考えるわけにはいかない。

『職場の「感情」論』

相原 孝夫

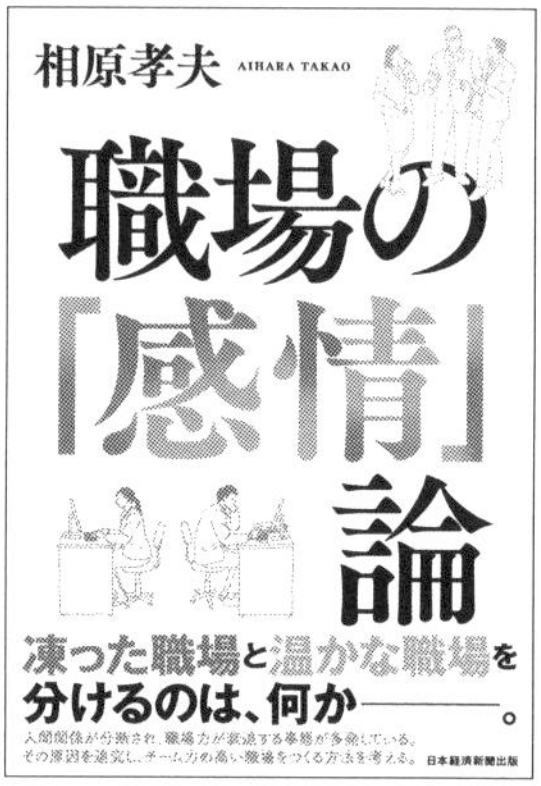

2021
日本経済新聞出版

難易度	★★☆

73

リモートワークで浮き彫りになった職場の生産性のカギ

コロナ禍に伴い、二〇二〇年春頃より強制的にリモートワークが普及しました。リモートワークには、通勤時間がゼロになることで、時間が捻出され、また同僚から話しかけられることがなくなるので作業に集中できるため、生産性・効率性が上がる、というメリットはあるものの、私自身は、実はあまり好きではありません。寂しがり屋ということもありまして（笑）、会社に出向くのが好きなタイプです。真面目な話、経験的に、社内での雑談の中に重要なヒントがあったり、同僚の顔色を見ることでなんとなく、皆が具合がよいのか悪いのか、わかったりするものだと思っているからです。

また、チャットでの連絡の文字面だけ読むと、なんというか、すごく冷たく感じてしまうことも多く、相手にもそう思われてしまうだろうな、リモートワークだと、ちょっとした相談もしにくいし、顔が見えないので相手の状態をうかがい知れず、気軽に電話もチャットもしにくいなぁ、とモヤモヤと考えていました。

そんなモヤモヤしているなか、愛読誌の紹介記事で知り、書名に惹かれて購入したのが本書です。

筆者は、マーサージャパンの代表取締役副社長等を歴任された人事・組織コンサルタントの相原氏。

書籍の骨子を私なりに要約すると、次の通りです。

・そもそも、（家族構成も含めた）リモートワーク環境は、個々人によって大きく異なり、これ自体がそもそもダイバーシティの一要素であり、マネジメントの複雑度・難易度を増す原因となっている。

・加えて、「メラビアンの法則」によると、話の内容・言葉などの「言語情報」から伝わる割合は七％にすぎず、表情や仕草などの「視覚情報」からは最も大きく五五％、声の大きさや質などの「聴覚情報」からは三八％となっているため、対面だと把握できる相手の理解度や納得感といった「肌感」が、リモートワークだと極めて把握しにくい。

・リモートワークで顕在化した職場における三つの課題。

まずは、信頼関係。顔を合わせていれば信頼関係が十分ではなくとも、なんとかなったが、リモートワークでは構築は難しい上に失いやすい。

次に、レジリエンス（困難な状況への適応力・ストレスからの回復力）は強く求められる一方で、チームの一体感や結束力はリモートワークでは高まることはない。つまり、エンゲージメントは低下する方向に作用する。

パーソル総合研究所が二〇二〇年四月に実施した二・五万人超を対象にした調査では、組織への一体感や仕事への意欲・やる気が低下したと回答した割合が三〇％を超えているのに対して、上昇したと回答した割合はそれぞれわずか三・八%、五・六%にすぎない。

三つ目に、日本の雇用慣行であるメンバーシップ型は、ジョブ型と異なり、リモートワークとは相性が悪い。

・かかる状況においては、職場はネガティブな感情に支配されやすい。

そもそも、職場における同僚との関係性は、「マイクロムーブ」（メールの返信が遅れた・ランチに誘わなかったなど、その瞬間にはとるに足りないことのように思われるが互いの関係に影響を与える言動）に左右されることがわかってきている。その場にいれば、メールの返信が遅れても、相手の状況が見えるので関係性がこじれることはないが、リモートワークだとそううまくはいかない。

・一つのネガティブ「マイクロムーブ」を克服するために、四つのポジティブ「マイクロムーブ」が必要となる（心理学者のロイ・F・バウマイスター）。

・では、どう対処すればよいのか？

そもそも、**ポジティブな経験の「頻度」は、ポジティブな経験の「強さ」よりも、幸福度の予測材料としてはるかに優れている**（心理学者のエド・ディナーの研究）。つまり、**幸福度は、一つか二つの大きな出来事の影響ではなく、無数の小さな総和である。**毎日続けて、成果が出るのを待つ必要がある、ということ。

・毎日できる具体的アクションとしては、①声がけ、②笑いの二点が大きな意味を持つ。

①千人の米国人労働者を対象にした調査では、**同僚に声をかけられ、仕事上のこと・個人的なことで、言**

葉を交わすときに最も強く所属意識を感じると回答した人は、約四〇％にも上ったとのこと。そもそも人間はどこかに所属していたいという根源的な欲求を持っているため、当然と言えば当然の帰結。

②日本のホワイトカラー一万人を対象にした健康や生産性に効く重要な要素にまつわる調査では、**「職場で敬意を持って接された感覚がある」ことと、「仕事中に笑った」ことが特に重要**だとわかっている。

また、コメディ動画を一本見た後の従業員は、他の従業員と比べて生産性が十％高かったという米国の研究もある。したがって、**ムードメーカーの存在が大事**。

職場に必要なのは、「ハイパフォーマーよりも機嫌のよい人」。

・加えて、一日の印象が決まるため、**「一日の仕事の終わり方」も極めて重要**。**一日の朝には「to do」を、一日の終わりには「to feel」**がよい。**今日一日何が印象に残ったのかを振り返る**のがよく、印象を振り返るだけで、評価をよくしようという無意識の力が働くとのこと。

・また、職場環境を規定する変数は五つ。

①**企業ブランド**　②**組織風土**　③**仕事内容**　④**リーダー**　⑤**同僚**

職場の抱える課題感によって、それぞれの変数に働きかけるのがよい。

『挑戦―日本郵政が目指すもの』

西川 善文

2007
（幻冬舎新書）幻冬舎

難易度 ★☆☆

74

論理だけでは進まない巨大プロジェクト郵政民営化

著者は、住友銀行に入行し、バブル崩壊後の不良債権処理やメガバンクに至る合従連衡の時代を経て、三井住友銀行の初代頭取を務めた後、民営化を控えた日本郵政の初代社長に就任します。本書は、郵政民営化（二〇〇七年十月一日〜）のまさに直前に発行されたもので、著者のそれまでの半生と日本郵政での今後の〝挑戦〟が語られています（著者のより詳しい自伝や日本郵政での〝その後〟も知りたい方は、『ザ・ラストバンカー　西川善文回顧録』も読まれることをお薦めします）。

私は二〇〇七年四月からA・T・カーニーで働き始めたのですが、コンサルタントとしてのデビュー戦が、この郵政民営化のプロジェクトでした。通常、クライアントとコンサル会社の間には守秘義務契約というものがあり、クライアント名を開示できないことが多いのですが、本プロジェクトに関しては、著者自身が

A・T・カーニーを起用したことを公言しているため、こうして名前を出すことができています。

郵政民営化といえば、小泉首相の「郵政解散」やその後の「劇場型選挙（小泉劇場）」が有名で、当時は連日、その話題がメディアを賑わしていました。ちょうどその頃、学生から社会人になるタイミングだった私は、コンサルタントになるんだったら日経新聞くらい読まないとな、と慣れない紙面を日々追いかけていたのですが、まさか自分が社会に出てすぐ、その渦中に放り込まれることになろうとは、思いもよりませんでした。

入社時研修もそこそこに、四月の終わりにはもう、大手町の日本郵政本社に常駐することになりました。その頃はまだ、学生に毛が生えた程度の駆け出しコンサルタントで、右も左もよくわからない状態だったので、先輩コンサルタントの下について、丁稚のごとく見よう見まねで仕事をするのが精一杯の毎日でした。

今でも記憶に残っているのは、経営陣がずらりと居並ぶ重要な報告会の場で、著者が私の書いたスライドを見て激昂し、担当役員を怒鳴りつけたことです。そのスライドは、足で稼いできたファクトを単純に横比較しただけのものでしたが、**四十万人を抱える巨大な組織の意思決定を、自分が出した数字一つで左右しかねない責任の重大さ**に、もし間違っていたらどうしよう……と、末席でビクビク震えていたことを覚えています。

コンサル人生の中でも何本かの指に入るたいへんなプロジェクトでしたが、最終的にはご満足いただける提言ができ、クライアント側のカウンターパートだった方が、我々チームを慰労してくださる会がありました。この方も元コンサルタントで、マッキンゼーを経て郵政民営化に携わり、民営化前後の日本郵政のボードメンバーとして改革をリードされていました。

その食事会の席で、国鉄（ＪＲ）や日本電信電話（ＮＴＴ）の民営化は「エリア」で分社化したのに、**なぜ郵政は「事業」で分社化するのか**、そして、郵政の事業は三つ（銀行／保険／物流）なのに、**なぜ四つの会社（ゆうちょ銀行／かんぽ生命／郵便事業／郵便局）に分けるのか**、という話を熱く語ってくれました。

郵政民営化の論点の一つに、「特定郵便局」の問題がありました。本書から引用すると――

・明治初期の１８７１年、前島密は、わが国初の郵便事業を始めようとしました。それまでの飛脚を廃止し、全国に郵便局を設置して、そのネットワークで郵便の配達をやろうとしたわけです。

しかし、明治政府には、全国に郵便局を設置していくだけのお金が乏しかった。

そこで、全国各地の有力者、素封家、資産家などに頼んで、自宅の敷地の一角を郵便局として提供してもらい、その人たちに経営もやってもらった。これが特定郵便局の始まりです。

・いわゆる族議員華やかなりし時代は、特定郵便局長が自由民主党の集票マシーンと言われたこともありました。局長本人は公務員のため、政治活動はできません。そこで奥さんが運動したり、局長のＯＢ会ががんばったりした。そういう政治活動について、いろいろと批判を受けることもありました。

つまり、ユニバーサルサービスとして全国津々浦々に張り巡らされた特定郵便局（一万九千局）のネットワークと、全国特定郵便局長会（全特）の会長を頂点とした上意下達の指揮命令系統が、いつしか政治（選挙）と密接不可分に結びつき、利権の巣窟になっていたということです。

これが当時、「郵政は伏魔殿だ」といわれた所以です。そして、郵政民営化を主導した小泉首相の「自民党をぶっ壊す」という発言は、すなわち、この利権構造にメスを入れることを意味し、四つの事業会社に分社化するのは「魚を三枚におろす」こと、すなわち、**「身」（事業）と「骨」（利権）を切り離す組織改革**に他ならないのだと、まさに目から鱗の比喩表現を用いて語ってくれたことを覚えています。

しかしながら、この政治色の強い改革は、そう易々とは進みません。小泉首相が退任した後の次の衆議院選挙では、今度は民主党が圧勝して政権を奪取します。そして、郵政造反組の急先鋒だった亀井静香議員（自民党を除名され、このときは国民新党の代表）が、新たに郵政改革担当大臣に就任します。

これはすなわち、郵政民営化の巻き戻しを意味し、著者は辞任を余儀なくされ、後任の社長には、元大蔵官僚が着任し、小泉改革の「官から民へ」を再び「民から官へ」とひっくり返します。

また二〇一二年には、郵便局会社が郵便事業会社を吸収合併して「日本郵便」となり、再び「骨」と「身」がくっついた状態に戻ります。

そして、全特（今は全国郵便局長会）は、一時期は郵政造反組で結成された国民新党を支持しましたが、二〇一三年の郵政民営化法の改正を機に、再び自民党支援へと鞍替えしています。

この郵政民営化の組織改革は、ファーストプロジェクトとして思い入れが深いテーマであると同時に、**必ずしも「論理」だけで物事がうまく運ぶわけではない**ことを、身をもって教えてくれたケースでもあります。

『「権力」を握る人の法則』

ジェフリー・フェファー

村井 章子 訳
2011 日本経済新聞出版

難易度 ★☆☆

75

憎まれっ子、世に憚る

スタンフォード大学ビジネススクールの組織行動学の専門家の著書です。日本には、本書のテーマを端的に表すよい諺があります――「憎まれっ子、世に憚る」。この諺を実在の人物を元に実証している書籍です。話としては「韓非子」や「君主論」が近いと思われますが、最近の実例が元になっているため、とても想像しやすいものとなっています。

そもそも、なぜ権力志向になるべきか？

・長く健康に人生を楽しめる可能性が高い（ロンドン大学が行った、イギリスの中央官庁で働く公務員を対象にした長期的な研究によると、地位が低い人ほど死亡率が高い）。
・収入が高くなる。

・権力はリーダーシップの一部であり、何かを成し遂げるためには、必須である。

それを邪魔する三つの障害物

①世の中は公正だという思い込み

少し前に、東京大学入学式の式辞で上野千鶴子さんが「社会は不公正」「努力が必ずしも報われるものではない」という主旨のことをおっしゃって世間をにぎわしましたが、「公正世界仮説」（世の中は公正にできていると考える世界観）にしがみついていると、思いがけず足をすくわれる可能性があるから、こういう幻想は捨ててしまおう、と著者は言います。

②思い込みを強く反映したリーダーシップ本の悪影響

眉唾だと断罪。ここまでスパッと批判されてしまうと、かえって清々しい気分になります。

③自分自身

「セルフ・ハンディキャッピング」、つまり、**失敗した際の言い訳を作っておくことで、自分が傷つくのを回避する**ことで、自分で自分の足を引っ張っている。スタンフォード大学ビジネススクールの学生ですら、失敗の屈辱を恐れ、全力で挑まない学生があまりに多い。

ゆえに、セルフイメージにこだわるのをやめ、他人にどう思われるのか気にするのもやめよう。

権力を握るヒトの七つの資質は？（詳細は本書に譲りますので、項目だけ）

①決意　②エネルギー　③集中　④自己省察　⑤自身　⑥共感力　⑦闘争心

自身のことを（勉強は頑張ってきた自信があるけれど）世間知らずだと自認されている方は、ぜひ一読を。

『申し訳ない、御社をつぶしたのは私です。
コンサルタントはこうして組織をぐちゃぐちゃにする』

カレン・フェラン

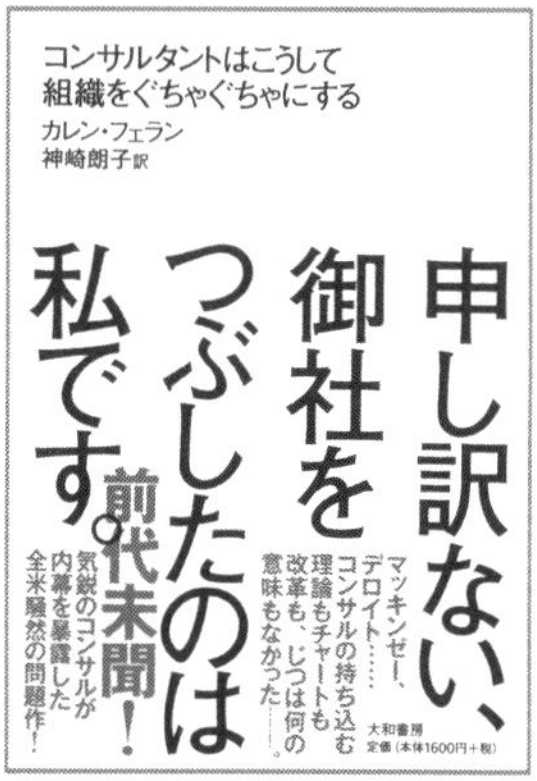

神崎 朗子 訳
2014 大和書房

難易度 ★★☆

76

コンサルタントとそのクライアント、必読

本書は、かつて大手コンサル会社で働いていた著者が、自身の過去の経験を赤裸々に告白しながら、コンサルティングの功罪（主に「罪」の方）を論じている本です。扇情的なタイトルですが、コンサルティングに関わる方は、「反面教師」としても一読する価値のある本だと思います。

本書の主旨を要約すると――

・コンサルタントが振りかざす教条主義的な経営理論やモデル、形式的な方法論やプログラム、画一的な管理手法やツールは、実際のビジネスの現場においては全く機能しない。
・会社やビジネスは「人」で成り立っているのだから、課題の根源は、組織・プロセス・システムなど

「非人間的なもの」ではなく、その状況に反応する「人間」の側にある。
・ゆえに、コンサルティングにおいて重要なのは、早計に解決策を示すことではなく、クライアントの話をじっくり聞き、「対話」を積み重ねていくことである。

極めて真っ当な主張ですが、なぜそれができていないのか。

まず前提として、「コンサルティング」と「コンサルティング営業」は、別物と考える必要があります。「コンサルティング」は、主語がクライアントにあり、クライアントにとって純粋に価値があるものを、中立的な立場から提供する活動であるのに対して、「コンサルティング営業」は、主語が自社にあり、自社の既存商品（プログラムやシステムなど）が、最終的に売れるように誘導する活動です。

「戦略」とはすなわち「差別化」であり、他社と同じことをしても市場競争を勝ち抜けないので、いわゆる「戦略ファーム」と呼ばれるコンサル会社は、〝基本的に〟前者のスタンスで活動をしています。

一方、特定の「機能」（財務・会計、組織・人事、ＩＴ・システムなど）にフォーカスし、自前のパッケージ商品や導入部隊を抱えるいわゆる「専門コンサル」の場合は、後者の「ハンマーを持つ人にはすべてが釘に見える」状態にも陥りがちです。

先ほど〝基本的に〟と書いたのは、戦略ファームにおいても、この〝ハンマー釘病〟に罹る可能性があるからです。ここに、コンサル会社における「規模」の捉え方という神学論争があります。

・ある戦略ファームAは、規模は追求しないといいます。
目の前のクライアントに尽くすことは、一点ものの固有解を導き出すことであり、大量生産することなどできないと。クライアントにより高い価値を届けるためには、その源泉となるコンサルタントは厳選採用し、時間をかけて育成せざるを得ないと。

・ある戦略ファームBは、規模を追求するといいます。
世の中に大きなインパクトをもたらすためには、それ相応の規模も必要で、規模が大きくなれば、コンサルタントのラインナップも拡充され、社内に多くの知見を蓄積でき、巡り巡ってクライアントにもより高い価値として還元できると。
一方、規模を拡大する過渡期には、採用ハードルを引き下げたり、その人員体制でも推進できる「パッケージ商品的なプロジェクト」やクライアントのオペレーションを代行する「人材派遣的なプロジェクト」が必要になったりする局面もあると。

そして、この両者の間には、埋められない価値観の溝が存在します。
・職人気質のAにとってBは、金太郎飴のような紋切り型のクライアントファーストでない仕事や、御用聞きともいうべき取るに足らない仕事をしているように映ります。
・政治家気質のBにとってAは、町の団子屋（目の前のお客さんの期待には応えているが、その店が潰れたとしても日本は困らない）ともいうべきスケールの小さな仕事をしているように映ります。

つまり、本書で懺悔しているような状況がなぜ起こっているのかを推察するに、コンサルタント会社（戦略ファームであれ専門コンサルであれ）もまた、「組織」として「ビジネス」を営んでいるので、その思惑が色濃く出てしまうと、クライアントの期待との間に齟齬が生じてしまう、ということでしょうか。**「組織」は一定の規模を超えると自己増殖作用が働くので、本来は「手段」であったはずの「規模」（売上成長）自体が「目的」と化し、社内の論理をクライアントに押しつける場面が出てくる**ことが容易に想像されます。

一方で、私がこれまで接してきた個々のコンサルタントはみな、想いに共感するクライアントに貢献したいと純粋に考えている人ばかりです。ただファームに在籍している以上は、「組織人」として会社の方針に沿った振る舞いが求められ、多かれ少なかれジレンマを抱えているのも実情です。

最近は、戦略ファームで腕を磨いた後に、フリーで活動するコンサルタントも増えてきていますが、これは、共感するクライアントとともに興味関心のあるテーマを突き詰めたいという想いの現れでもあるかと思います。

そんななか、本書が主張する**「人」中心の「対話」重視のコンサルティング**は、個人的には共感するところが大きいです。フィールドマネージメントも、「会社組織」ではなく「人」に寄り添うことを大切に、「STEP ZERO」というコンセプトを掲げていますが、それと通じるものを感じます。

その時々の「組織」の看板はあるにせよ、最終的には「人」対「人」であることを、改めて思い起こさせてくれる本です。

『経営者になるためのノート』

柳井 正

経営者になるためのノート
ユニクロの幹部社員が
実際に使っている
門外不出の一冊。
柳井 正
13万部突破!

2015
PHP研究所

難易度	★☆☆

77

柳井社長が語る経営者に必要な四つの能力

名実ともにアパレルの世界トップ企業となったファーストリテイリング社の柳井社長が、ユニクロの幹部社員教育用に作成し、かつては（社員に配付する際にはシリアルナンバーをつけるくらい厳重に）社外秘だったという、経営者・リーダーを目指す方にはぜひ読んでいただきたい書籍です。

目次を読むだけでもハッとさせられるので、時間がない方は、目次だけでも読んでいただきたいのですが、ワークブック形式になっているので、ドンドン書き込んで本書（柳井さん）と対話することをお薦めします。

経営者に必要な能力は、四つあるとのことです。

① 変革する力 ～経営者はイノベーターたれ

ある意味、市場（顧客）は暴力的で、付加価値がないと売れないものは全く売れない。変化のスピードと競争が激しいため、顧客は、望むものを一瞬のうちに変貌させる。変革か、さもなくば死か。

② 儲ける力　～経営者は商売人であれ

儲けることが大切だが、ただ儲ければいいわけではない。

儲けは、お客さまからの支持のバロメーターであり、適切な経営ができているかを測るバロメーター。

③ チームを作る力　～経営者はリーダーであれ

家業の小郡商事（ファーストリテイリングの前身）を継いで、思うままにやっていたら、一人を除いて全員が辞めてしまった。

信頼関係を作る（それが始まりであり、すべてである）。

④ 理想を追求する力　～経営者は使命に生きる者であれ

企業の最終目的は、自分たちの存在意義である使命の実現であり、変革・儲ける力・チームを作る力も、すべては使命実現のための手段である。

以下、私がジュニアコンサルタントだった頃の昔話を、少しだけ書かせてください。

たとえば、②儲ける力の「現場・現物・現実」という一節に、経営に悩んだら、現場に入ってみたらいかがでしょうか、現場に行って、現物・現実を見たら、一発でわかることが多い、とありましたが、そこを読んで、自分が駆け出しコンサルタントの頃に、堀紘一さん（ドリームインキュベータ創業者）から、昔話として、ＨＹ戦争（ホンダ・ヤマハの二輪車の覇権争い）のことを教えていただいたことを思い出しました。

堀　おい、青山、お前、知ってるか？　HY戦争って？

青　はい、知ってます（いや、本当は知らないけど、でも知らないって言うと、またまた叱られるから、とりあえず、話の調子を合わせておこう。あとで調べりゃいいや）。

堀　現場が大事だって話をしたいんだけどな。当時、ホンダのコンサルをやっていたときに、両社の販売シェアの違いを分析して、営業戦略を進化させる必要があった。

堀　でも、当時の俺はさ、知恵がなく、仮説が出なかったので、仕方なく、バイク屋さんを何軒も回って、バイク屋の親父と話したりしてた。で、陳列状況を見たときに、はっと気づいたわけよ。

堀　一番目立つ場所にどちらのメーカーのバイクが陳列されているかで、販売の勝ち負けが決まっていた。

堀　なっ？　聞いてみるとバカみたいに簡単な話だろ？　でもさ、現場に行くまでは、みんなでうんうん唸って、答えが出なかったんだよな。

堀　仮説が出なければ、現場に行ったら、答えが落ちてるもんなんだよ。わかったか、青山？

青　はい！　ありがとうございました！

堀さんとの会話はいつもだいたいこんな感じで、ほぼ一方的にお話を伺うのみでしたが、非常にためになる話が多かったです。

第6章
コンサルが読んでる本
◉リベラルアーツ・サイエンス

『モモ』

ミヒャエル・エンデ

大島 かおり 訳
2005（岩波少年文庫）岩波書店

難易度	★☆☆

78

児童文学で見つめ直す、コンサルのあり方と人生の「パーパス」

本書は、約五十年も前にドイツの作家によって書かれ、今なお世界中で読み継がれている児童文学の不朽の名作で、子供の頃に触れた方も多いかと思います。子供向けの冒険ファンタジーの顔をして、大人向けには「時間の大切さ」を伝えるアレゴリー（寓意）を潜ませ、著者自身は「利子が利子を生む資本主義社会」に警鐘を鳴らすものだといい（『エンデの遺言─根源からお金を問うこと』より）、読む時期ごとに新たな気づきが得られる複層的な物語です。

そして、コンサルタントにとってのテーゼとアンチテーゼの両方が描かれた寓話としても読むことができます。

モモの特殊な能力とコンサルタントの理想形

主人公はモモという女の子で、ある特殊な能力を持っています。

・小さなモモにできたこと、それはほかでもありません、あいての話を聞くことでした。

・ほんとうに聞くことのできる人は、めったにいないものです。そしてこのてんでモモは、それこそほかにはれいのないすばらしい才能をもっていたのです。

・モモはいわばあいてのなかにすっかり入りこんで、そのひとの考えや、そのひとのほんとうの心を理解することができました。

・モモに話を聞いてもらっていると、どうしてよいかわからずに思いまよっていた人は、きゅうにじぶんの意志がはっきりしてきます。ひっこみじあんの人には、きゅうに目のまえがひらけ、勇気が出てきます。不幸な人、なやみのある人には、希望とあかるさがわいてきます。

このモモのあり方は、コンサルタントの一つの理想形だと思います。

逆に、ジュニアコンサルタントがやりがちな過ちとして、「**ほんとうに聞くこと**」**よりも自分が伝えたいことに意識が向き、相手の話を遮って会話の流れを断ち切ってしまう**ことがあります。そうすると、到達できたかもしれない思考や引き出せたかもしれない本音が永遠に失われ、あとでシニアコンサルタントに叱られることになります。

また、**相手の質問を額面通りに受け取って表層的に回答してしまう**ことも、やりがちな過ちの一つです。

相手はなぜこのタイミングでこの問いを発しているのか、それが出てきた背景や意図を曖昧にしたまま即答していては、いつまでも深い理解にはたどり着けません。

相手の「ほんとうの心」を理解できていないのであれば、まずはそれを逆に質問すべきで、**質問にではなく「Why」（真意）に答えるべき**なのです。

やがて物語の町では、「モモのところに行ってごらん！」が合言葉になります。過去のコンサルプロジェクトを振り返っても、コンサルタントの常駐部屋がクライアントの駆け込み寺になっていたときには、豊かな成果につながっていたように思います。

Time is Money!?　コンサルにおける効率化の罠

その町にある日、「時間貯蓄銀行」から来たという、灰色の男たちが現れます。彼らは、記号を名乗る没個性的な存在で、町の人たちに、時間を節約して銀行に預ければ、利子が利子を生んで何倍にもなって返ってくるとけしかけます。しかしそれは実はまやかしで、彼らは預けられた時間を「灰」にして生きる存在であり、人々が効率を追求すればするほど、灰色の男たちの勢力は増していきます。

そして「時は金なり（Time is Money）」を掛け声に、こんな言葉で町の人たちを説き伏せていきます。

「もしもちゃんとしたくらしをする時間のゆとりがあったら、いまとはぜんぜんちがう人間になっていたでしょうにね。ようするにあなたがひつようとしているのは、時間だ。そうでしょう？」

「人生でだいじなことはひとつしかない」「それは、なにかに成功すること、ひとかどのものになること、たくさんのものを手に入れることだ。ほかの人より成功し、えらくなり、金もちになった人間には、そのほかのもの――友情だの、愛だの、名誉だの、そんなものはなにもかも、ひとりでにあつまってくるものだ」

この灰色の男たちの台頭は、コンサル業界の加速度的な成長と重なって見えます。たとえばＢＰＲやＤＸなどのプロジェクトは、クライアント企業の業務を効率化して捻出した時間（＝お金）を原資に、コンサル会社はそこからフィーを受け取ります。したがって、企業が効率を追求すればするほど、コンサル会社が肥大化していくという側面もあろうかと思います。

当然、「効率化」という手段自体は悪ではなく、捻出した時間を本来の目的に沿った活動に振り向けられればよいのですが、**「効率化」そのものが目的化すると、ラットレースのような状況に陥ってしまいます。**そして、コンサル組織が自己増殖の手段として確信犯的にこの状況を後押しすると、世界は灰色に染まってしまいます。

物語の中でも「時間貯蓄家」たちは、蓄えた時間とは裏腹に、心のゆとりや生活の豊かさを見失い、やがて灰色の男たちに似た、没個性的な存在になっていきます。

「仕事がたのしいかとか、仕事への愛情をもって働いているかなどということは、問題ではなくなりました――むしろそんな考えは仕事のさまたげになります。だいじなことはただひとつ、できるだけ短時間に、できるだけたくさんの仕事をすることです。

時間をケチケチすることで、ほんとうはぜんぜんべつのなにかをケチケチしているということには、だれひとり気がついていないようでした。じぶんたちの生活が日ごとにまずしくなり、日ごとに画一的になり、日ごとに冷たくなっていることを、だれひとりみとめようとはしませんでした」

近年、「パーパス」という言葉が盛んに叫ばれていますが、これは経営や人生の「Why」（意義や目的）が見失われ始めていることの裏返しでもあるのかもしれません。

Time is Life!　時間とは生きることそのもの

灰色に染まった世界の中で、モモは金色に彩られた「時間の国」に導かれ、そこで時間をつかさどるマイスター・ホラという人物に出会います。マイスター・ホラはモモに、振子とともに咲いては散りを繰り返す無数の「時間の花」を見せてこう言います。

「光を見るためには目があり、音を聞くためには耳があるのとおなじに、人間には時間を感じとるために心というものがある。そして、もしその心が時間を感じとらないようなときには、その時間はないもおなじだ」

そこでモモは、「時間はいのちそのもの（Time is Life）である」ということに気がつきます。

「**時間とは、生きるということ、そのものなのです。**そして人のいのちは心を住みかとしているのです」

時間の意味を〝忘〟れてしまうほど〝忙〟しいときにこそ、〝心を亡くす〟ことのないよう、今一度、「Why」に立ち返るべく、定期的に読み返したい本です。

『墨攻』

酒見 賢一

2014
（文春文庫）文藝春秋

難易度 ★★☆

79

墨家に重ねてコンサルティングファームの役割を思う

本書は、中国の戦国時代を舞台に、その裏側で暗躍したと伝えられる「墨家」という思想集団を主題にしたフィクション作品です。百五十頁に満たない短編小説ですが、どこまでが史実でどこからが創作か見分けがつかないほど、リアリティに富んだ物語で、漫画や映画にもなっています。同時代の漫画『キングダム』を読まれている方であれば、そのサイドストーリーとしても楽しめるかと思います。

中国戦国時代の戦略コンサルファーム！

本書の中で、墨家の思想は、**「兼愛」**と**「非攻」**が二本柱だと紹介されます。

「兼愛」について、「自己愛を拡大してゆき治国平天下にまで及ぼしてゆくものであり、博愛主義の主張ともなる」といいます。そして、「他国を自分の国と同じように愛するならば戦争はなくなる」という考え方のもと、「非攻の論」を唱えます。

「非攻」について、「自ら侵略することは絶対にしなかった。ただ、守る、のである」といいます。そして、「非攻の説を口先だけで終わらせないためには、身をもって大国の侵略を挫いて見せるしかない」という考え方のもと、「傭兵部隊というおよそ非戦的でない性格をも兼備」し、小国の守城戦を無報酬で支援していたといいます（この「守禦戦術の堅さ」が「墨守」という言葉の由来だそうです）。

まるで、**戦国時代の「守り」に特化した「戦略コンサルティングファーム」**のような存在として、墨家が描かれています。

物語は、大国（趙と燕）に囲まれた小国（梁）の城を舞台に、趙から攻め込まれようとしている梁が墨家に支援を要請し、主人公の革離がたった一人で乗り込んでくるところから始まります。革離は、かつて墨子（墨家の開祖）がそうであったように、「踵から頭のてっぺんまで摩り減らしてでも他人に奉仕する、刻苦勤労の人」として、また「任侠（士が己を殺して他を益すること）を尊ぶ人」として描かれます。

私の中で、この革離と、以前在籍したコンサル会社のあるパートナー（共同経営者の一人）が、ピッタリと重なります（風貌も本書の挿絵や漫画版のキャラクターとそっくりです）。ある消費財メーカーのプロジェクトでご一緒したのですが、私のそれまでのコンサル観をよい意味で覆してくれた人です。

両者を重ね合わせながら紹介してみると、――

革離は、梁城に着くやいなや、軍隊の指揮権を掌握し、厳しい規律で城内を統制していきます。同時に、自ら率先して現場に出て汗水を垂らし、不眠不休で血尿が出るほど梁のために働き続けます。そんな革離に、梁の人々は畏れながらも信頼を寄せるようになり、やがて梁は革離を中心に回るようになります。

そのパートナーも、誰よりもそのクライアントのことを憂い、コンサルタントとしての第三者的立場に収まることなく、自ら現場の第一線に立ち、常に体を張って闘っていました。すでに偉い役職に就き、あぐらをかこうと思えばいくらでも楽できる立場にありながら、誰よりも朝早く常駐部屋に来て、一人黙々と仕事をしていた姿を覚えています。社内では「鬼軍曹」と呼ばれ、畏れられつつもどこか憎めないキャラクターで、みなから慕われていました。

本書のあとがきで、著者が描きたかったのは**「〝職人〟のプライド」**で、それらをすべて革離に投影したと書かれていますが、私も含め皆がそのパートナーをリスペクトしていたのは、まさに同じ観点でした。あるとき彼が、「プロジェクトは原罪である」と言っていたのが印象に残っています。クライアントから高いフィーをいただき、高い期待を背負って、なんとかその期待に応えると、次はさらに期待値が上がり、その繰り返しはまるで、自分で自分の首を真綿で絞め続けているかのようで、コンサルプロジェクトはまさに、生まれながらに罪を背負っているのだと……。

「コンサルタントのプライド（矜持）」ともいえる、彼の仕事観や生きざまが滲み出た言葉だと思います。

現代にも通じる職人と政治家の価値観対立

別の観点からの本書の見どころとして、墨家も決して一枚岩ではなく、その内部で思想対立があることが描かれます。

主人公の革離は「任侠」の人で、常に弱き者（小国）について、強き者（大国）を挫くことを繰り返していった先に、墨家が理想とする世の中をつくり上げようとします。

ライバルの薛併は「大義」の人で、いずれ秦王（始皇帝）が中華統一を成し遂げることを見越し、先んじて秦に手を貸して恩を売り、取り入って実権を握り、「秦という皮」を被って墨家が理想とする思想を広めようとします。秦（大国）が近隣の小国を攻めるのは「不義」にあたると認識はしつつも、「大義」のためには仕方ないと割り切ります（実際に「秦墨」と呼ばれる一団が存在したという史実もあるようです）。

前の章で、コンサル会社における「規模」を巡る〝神学論争〟について紹介しましたが、**「任侠を重んじる職人」**と**「大義を重んじる政治家」**の価値観対立は、いつの時代にも起きている不変のテーマなんだなと、改めて唸らされます。

この対決の結末はネタバレになるので伏せておきますが、革離の言葉を借りると、「何事も教科書通りにはゆかぬ」、人の世の理（ことわり）をあらわしていて、何とも感慨深いです。

『センゴク 1～』

宮下 英樹

2004～
（ヤングマガジンコミックス）講談社

難易度	★☆☆

80

丁寧な歴史研究を踏まえた戦国時代マンガ

仙石秀久（せんごくひでひさ）という豊臣秀吉の家臣を主人公とした歴史マンガ。彼が生きた戦国時代と仙谷秀久にちなんで、「センゴク」と名づけられたのが本著です。

歴史好きの元上司に勧められて読み始めたのですが、単なるエンターテインメントの域に止まりません。東京大学の本郷教授（中世史専門家）の時代考証を踏まえ、丁寧な歴史研究に基づく作品になっております（作品の前半で、頻出する「この通説には疑問が残る」という決め台詞は、印象深い）。

外伝を含めると、七十冊を超える大作ですので、通読するのは、相当骨が折れます。取っ掛かりとして、五冊読み切りの外伝（『センゴク外伝　桶狭間戦記』）だけでもよいので、ぜひともご一読いただきたい（知人に貸したら、いわゆる「借りパク」状態で返ってこず……。でも、それくらい面白い！）。

桶狭間の戦いの戦場は谷底ではなく山だった！

四半世紀前の遠い記憶を思い返すと、私が小学生時代に学習した日本史の教科書での「桶狭間の戦い」についての記述は、たしか――今川義元は、上洛を目指して尾張に侵攻。桶狭間という谷底に陣取っている今川義元を急襲し、織田信長の勝利、という内容だったと記憶しております。

この見解は、最新の研究で否定されており、現在の通説は――上洛戦争ではなく、経済戦争だった（伊勢湾経済圏をめぐる戦争）。桶狭間の戦いの戦場は、谷底ではなく、山（桶狭間山）だったとのこと!!

桶狭間という漢字・響きから、当然、谷とか谷底を想起するのが、ある意味自然と言えば自然なのですが、真逆でした（苦笑）。

今川義元は、戦国時代前半の名軍師「太原雪斎」に師事し、「海道一の弓取り」（徳川家康のほうが有名かもしれませんが、家康以前は義元を指す）と呼ばれていたわけですから、敵地に侵攻して、谷底に陣取るという下策を採るのは、奇異だとは感じておりました。

桶狭間の話は、鉄板でして、他人に話すとほぼ滑ったことがありませんが、このような目からうろこの内容が、散見されます。雑談力の鍛錬にも役立ちます。

なお、マンガではありませんが、類書には『「桶狭間」は経済戦争だった（青春新書インテリジェンス）』という新書もありますので、ご興味ある方はご覧ください。

『ハゲタカ（上）（下）』

真山 仁

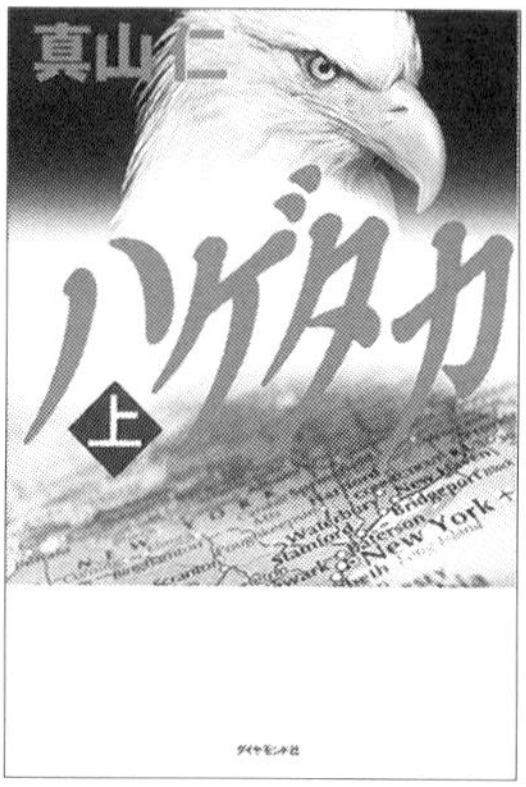

2004
ダイヤモンド社

難易度	★★☆

81

日本のコンサル業界の成立背景やメンタリティを垣間見る

バブル崩壊から二〇〇〇年代半ばまでの日本を舞台に、〝失われた〟時代の負の遺産整理と企業再生を描いた経済小説です。フィクション作品ですが、実在の企業や人物をモデルに、それとわかるようモジった名前がつけられているので、実際にあった出来事と重ね合わせながらも読むことができます。

私がコンサルタントとして働き始める直前（二〇〇七年二―三月）にＮＨＫでドラマ化され、話題にもなりました。

コンサル会社はドラマの中に登場しませんが、当時は「外資系」という括りの中で、主役の投資ファンドや投資銀行と同じような人種として見られることもあったので、明日は我が身の心持ちでワクワクしながら観ていたことを覚えています。

本書は、鷲津と芝野という二人の対照的な主人公を軸に、ストーリーが展開されていきます。

鷲津は外資系投資ファンドの日本代表で、**冷酷無慈悲な「ハゲタカ」の象徴として、護送船団方式の当時の日本に〝北風〟的にグローバル資本主義を持ち込む、黒船的な存在**として描かれます。

芝野は元銀行員で、企業再生のプロ（ターンアラウンド・マネジャー）として、**日本的経営を守りながら〝太陽〟的に改革を推し進める、経営者の懐刀的な存在**として描かれます。

二人はさまざまな企業再生の場面で相対するのですが、一見対立しているように見えて実は目指しているゴールは同じで、そのルートや登り方が違うだけだということに気づき、次第に競争しながらも協調するようになっていくのは、本書の見どころの一つです。

ちなみにこの両者とも、コンサル会社のクライアントとして企業再生の現場で伴走させていただくこともありますし、コンサル卒業生のネクストキャリアの定番でもあります。

コンサルタントはなかでも、ＰＥ（プライベート・エクイティ）ファンドと呼ばれる、投資後の企業経営に深く関与し、企業価値を向上させることで収益をあげるビジネスと親和性が高いです。ＰＥファンドの収益モデルは、基本的には会社を「安く買って高く売ること」で、そこに借入によるレバレッジをかけて大きなリターンを生み出します。

本書では、バブル崩壊後の日本において、価値あるものが安く放置されていた（あるいは投げ売られていた）ところを、「ハゲタカ外資」が買い漁っていくさまが描かれます。

当時はまだファンドビジネスの草創期で、「安く買う」ないしは「高く売る」ための金融スキームが成否を分かつ重要な鍵でした。

その後、ファンドビジネスが日本に定着してくると、金融スキームはコモディティ化し、買った後の「企業価値を高める力」のほうに競争力の源泉がシフトしていきます。その結果、PEファンドは、コンサル会社とタッグを組んだり、コンサル部隊を傘下に抱えたり、コンサル出身者を採用したりするようになります。

銀行主役からコンサル主役の時代へ

この企業価値を高めるレバーとして、ざっくりいうとPLとBSがあります。コンサル会社はPLの専門家で、対象会社の将来の事業戦略を描き、持続的に事業収益を生み出していくことを主に支援します。当然BSも見ますが、こちらは銀行や会計ファームの専門領域になります。

少し前に、『21世紀の資本』（トマ・ピケティ）という本が話題になりました。歴史を振り返ると、いつの時代も「r（資本収益率）＞g（経済成長率）」という不等式が成り立ち、金持ちはより金持ちになり、貧富の差は拡大していくという構図が示されます。日本もご多分にもれずですが、〝失われた〟時代だけは例外で、キャピタルロスも考慮すると「r＜g」だったようです。

ものすごく単純化すると、このrはBSに、gはPLに近い概念ともいえます。このアナロジーを援用して、やや乱暴にバブル崩壊という変局点をとらえてみると、

・バブル崩壊前は、〝土地神話〟を信じ、不動産を担保にした融資が企業経営（〝財テク〟）を支える、資本（r）・BS・銀行が主役の時代だった

・バブル崩壊によって、〝土地神話〟が崩れ、銀行が機能不全に陥り、企業経営において事業成長（g）・PL・コンサルが主役の時代になった

ともいえるかと思います。

そして、この時流を体現するような生き方をしているのが、銀行を辞して企業再生の道に進んだ、本書の準主人公の芝野であり、現実世界においても、大手コンサル会社の経営層には銀行出身者が多くいたりもします。今やコンサルビジネスは、一つの産業として日本に根を張り、急速に人材獲得・規模拡大を推し進めていますが、その背景にはこうした時代の追い風もあったのかなと思います。

本書が面白いのは、この芝野（日本的経営の象徴）が鷲津（ハゲタカ外資）をやっつける『半沢直樹』的な**勧善懲悪の図式ではなく、鷲津の中にも「武士道精神」や「サムライ魂」が見え隠れする**ところです。タイトルの「ハゲタカ」（屍肉を漁る鳥の群れ）とは対照的に、ところどころで「イヌワシ／ゴールデンイーグル」（神の化身ともいわれる孤高の鳥）が登場し、鷲津の精神的支柱として描かれています。

「外資系コンサルティングファーム」というと、「外国に魂を売った」的な響きもありますが、実際のところ私が在籍したＡ・Ｔ・カーニーとＢＣＧに関していえば、むしろ愛国心が強く、日本をよりよくしたいという想いを持った、〝和魂洋才〟ともいうべきコンサルタントばかりでした。

そういう意味で本書は、**日本のコンサル業界の成立背景やそこで培われてきたメンタリティも垣間見ることができる、リアリティのあるフィクション**だと思います。

『ブラック・スワン　不確実性とリスクの本質（上）（下）』

ナシーム・ニコラス・タレブ

82

人生百年時代に個人でも活用したい「バーベル戦略」

望月 衛 訳
2009 ダイヤモンド社

難易度　★★☆

デリバティブのトレーダーを長年務めた後に研究者になったナシーム・ニコラス・タレブの二冊目の著書です。

まず書名にもなっている「ブラック・スワン」とは何か？

かつて西洋では、白鳥は白いものと決まっており、疑う者は誰一人としていなかったが、オーストラリア大陸の発見によって、黒い白鳥がいることが判明した。結果、白鳥は白いという常識は、覆ってしまった。

「ブラック・スワン」とは、この逸話に由来する。

つまり、**誰も予想しなかった事象**の意味として用いられる用語です。

百年に一度のはずの出来事が二十年で四回⁉

二〇〇一年の九・一一、二〇〇八年のリーマンショック、二〇一一年の三・一一（東日本大震災）、二〇二〇年に始まったコロナ禍。百年に一度と言われるショッキングな出来事が二十年で四回も頻発している昨今。我々が、前提として考えていたことが大きく変わる「ブラック・スワン」的な出来事が頻発している今こそ再読すべき書籍です。

和訳のせいなのか筆者のキャラクターのせいなのか、おそらく私の脳味噌のせいなのですが、若干読みにくかった本ですが、本書から得られる教訓は、以下で述べる**「バーベル戦略」が今こそ人生に必要**、ということではないかと思われます。

それでは、本書の内容を簡単にご紹介します。

ブラックスワンの三つの特徴

第一に、異常であること。つまり、過去に照らせば、そんなことが起こるかもしれないとはっきり示すものは何もなく、普通に考えられる範囲の外側にあること。

第二に、とても大きな衝撃があること。

第三に、異常であるにもかかわらず、私たち人間は、生まれついての性質で、それが起こってから適当な説明をでっち上げて筋道をつけたり、予測が可能だったことにしてしまったりすること。

いわゆる「テールリスク」ですね。「まれにしか起こらないはずの想定外の暴騰・暴落が実際に発生する

リスクのことであり、通常は大幅下落するリスクを指す」（野村證券ＨＰより）

では、どううまくブラック・スワンと付き合うのか？

「私が何をしているのかというと、トレーダーとして使ってきた「バーベル」戦略を日常生活に一般化しようとしているのだ」

「バーベル戦略」とは？

「バーベル戦略とはこんなやり方だ。黒い白鳥のせいで、自分が予測の誤りに左右されるのがわかっており、かつ、ほとんどの「リスク測度」には欠陥があると認めるなら、とるべき戦略は、可能な限り超保守的かつ超積極的になることであり、ちょっと積極的だったり、ちょっと保守的だったりする戦略ではない。

「中ぐらいのリスク」の投資対象にお金を賭けるのではなく（だいたい、それが中ぐらいのリスクだなんてどうしてわかる？　終身教授の椅子がほしいばっかりの「専門家」がそう言うから？）、お金の一部、たとえば八五％から九〇％をものすごく安全な資産に投資する。たとえばアメリカ短期国債みたいな、この星でみつけられる中で一番安全な資産対象だ。残りの一〇％から一五％はものすごく投機的な賭けに投じる。（オプションやなんかみたいに）あらん限りのレバレッジのかかった投資、できればベンチャー・キャピタル流のポートフォリオがいい。

そういうやり方をすれば、間違ったリスク管理に頼らずにすむ。どんな黒い白鳥が来ても「フロア」を超えるひどい目に遭うことはなく、最大限安全なところに置いておいた「卵」に被害が及ぶことはない」

一五％はリスクテイキングに！

つまり、**我々個人の金融資産の運用**。**さらには、時間という（最も不可逆的な）資産の使い方**にも、バーベル戦略は参考になるのではないかと思われます。

たとえば、ご自身の時間の八五％でしっかり目の前の仕事はこなしつつも、残り一五％で全く別のことに時間を使う。大企業に勤めておられる方は、平日夜・週末の一五％の時間を使って友人が携わっているベンチャーを手伝ってみる、等。

それぞれ置かれている立場はさまざまだと思われるので、十把一絡げに、ああしたほうがいい、こうすべきだとは言えませんが、人生百年時代の今後の時間の使い方を考える上で、非常に参考になる概念ではないでしょうか。

『天才シェフの絶対温度　「HAJIME」米田肇の物語』

石川 拓治

2017
（幻冬舎文庫）幻冬舎

難易度　★☆☆

83

経営コンサルタントのアプローチを料理界で実践

開業から、たった一年五か月という超短期間で、世界最短でミシュランガイドの三つ星に輝いたシェフ米田肇さんの半生を綴った本。経営コンサルタントの世界でよく使われるものと同じアプローチを、料理の世界で実践されていることに、非常に感銘を受け拝読し、ポイントをメモしました（過去にＮＨＫの番組『プロフェッショナル　仕事の流儀』にも出演されているので、そちらも併せてご覧ください）。

帰納法的アプローチ

三つ星を取ると決めて、三つ星レストラン（たとえば、アストランス、ピエール・ガニェール、トロワグロ、ランブロアジーという四店）の共通項をあぶりだし、その共通項は、必要条件ということで確実に自分の店のものにすると決めたそうです。共通項以外は、店の個性。

定量化

食材の厚み・重量・温度を細かく記録し、○・一センチ、○・一グラム、○・一度といった単位でコントロールなさっているらしく、アート（感・勘）の要素を限りなく排しているようにお見受けする。

ゴールから逆算して考える

「食材がどのような状態になっていたいか」をイメージし、そこから逆算して料理を創り上げるそうです。ゆえに、手段という制約条件に囚われない。

エンターテインメント（経営コンサルタント業は、サービス業！）

「食は五感を使う、最高のエンターテインメント」

ただ、私個人としては、何よりも細部に徹底的にこだわっておられる姿勢に感動しました。たとえば、

・できれば、ドアの取っ手の温度も調整したい。店に入るときに触れたドアが冷たいか温かいかで、ヒトの気持ちは微妙に変化します。まだ適温が解明されていないので、ドアノブの温度調整まではしていない。

・客が使うナイフは、一本一本営業前に自分の手で丁寧に研ぎあげる。

その超高次元の目標達成意識とプロフェッショナリズムに、読んでいるこちらが恥ずかしくなりました。大学の理系卒・エンジニアとして就職された後に、二十五歳になって料理の世界に飛び込んだ異色の経歴をお持ちの米田さんならではの料理に対するアプローチというか、信念・哲学・考え方があったればこその成果であり、まさにイノベーションは、業界の異端者がつくるといわれることを体現されております。

『丹野智文 笑顔で生きる 認知症とともに』

丹野 智文

奥野修司 文・構成
2017 文藝春秋

難易度 ★☆☆

84

認知症への正しい理解を通じて自らの認知バイアスに自覚的になる

著者の丹野さんは元々、自動車ディーラーのトップセールスマンでしたが、三十九歳のときに若年性アルツハイマー型認知症と診断されます。本書では、著者がそこでどんな心境に陥り、どのような経験を経て、「笑顔で生きる」ようになったのかが、「本人視点」で語られます。

認知症は、人工知能には起こりえない、極めて人間らしい症状といえます。そして、記憶の連続性という自己同一性（アイデンティティ）の基盤を揺るがすと思い込まれているがゆえに、どうしても目を背けがちな話題であり、共通理解が進んでいないようにも思います。一方で、まぎれもなく日本が抱える社会課題の一つでもあり、二〇三〇年には約八百万人（日本人の十五人に一人）に達するとも予測されています。

また、九十歳を超えると、認知症を抱える人がむしろマジョリティになるのが現状です。「人生百年時代」

といわれますが、誰もが自分事として考え、備えるべきことでもあります。

丹野さんとは、「湘南会議」という取り組みを通じてお会いしました。「湘南会議」とは、湘南ヘルスイノベーションパーク（武田薬品工業の湘南研究所を前身とするイノベーションハブ）が主催する、社会課題に対して複数の企業・自治体が〝共創〟して解決を目指す取り組みで、そこで設定したテーマが「認知症」でした。実は私がこのテーマに取り組むのは二度目で、前職時代にある消費財メーカーをご支援した際、「認知症」については一通り理解したつもりでいました。そしてそのときの経験から、今回の出口も「予防」や「介護」領域の解決策案になるのではないか、という初期仮説を持っていました。

しかし、丹野さんの言葉を聞いて、その考えは百八十度覆されます。

本書において丹野さんが代弁する、認知症の人の声を紹介すると――

・私も診断後は**「認知症＝終わり」**だと思い、やがて自分自身が壊れていき、普通の人間ではないヘンな人になっていくというような**間違った情報**に惑わされていました。多くの人は今もそう思っているはずです。ひどい場合は、認知症の初期でも何もわからなくなり、ときには暴れて人に危害を加えたり、徘徊したりすると信じているのです。

初期は、記憶が少し悪いという以外、これまでの日常生活と何も変わりません。でも当事者にすれば、そういう**偏見が根強くある**ため、周りから何を言われるのだろうか、どう思われているのだろうかと考えてしまい、思ったことを行動に移そうとしても反射的に躊躇してしまうのです。**認知症という言葉に惑わされて、**みんな自信を失っているのです。

・私たちは、認知症だからといって**特別扱いされたくありません**。普通に接してほしいのです。そして、本当に自分が困ったときだけ助けてほしいのです。介護者がよかれと思ってすべてやってあげる**善意の押し売り**は、当事者に自信を失わせるだけでなく、本当にすべてができなくなってしまうのです。

・周囲は優しさから、認知症の方の〝ために〟何ができるのかを考えがちです。そうではなく、**認知症の方と〝ともに〟**何ができるかを考え、**本人の意思を尊重してほしい**のです。**「自分らしく」笑顔で生きる**ことが、自分自身だけでなく、家族や周囲も幸せにします。

先ほど、認知症は社会課題であると述べましたが、何を「課題」と捉えるかによって、解決の方向性は変わってきます。

・「認知症になること」や「認知症の人の数」を課題と捉えれば、「一次予防（発症抑制）」や「二次予防（早期発見）」が解決策となります。

・「認知症のＢＰＳＤ（行動・心理症状）」やそれに伴う「介護負荷の増大」を課題と捉えれば、「認知症ケア」や、それによる「介護負荷の軽減」が解決策となります。

前職時代に取り組んだ際の結論がまさにこれで、一つの解決の方向性ではあります。

一方で、もう一段深いところにある「根本課題」を、丹野さんの言葉も借りながら掘り下げてみると、

・なぜ「発症抑制」や「早期発見」につながる診断を受けないのか。それは、**「認知症＝人生終わり」**だと思っているから。社会の側にも本人の側にも、そういう**間違った情報や偏見が根強くあり**、診断がつくことで**特別扱いされることを怖れている**から。

・なぜ「介護負荷を増大させるＢＰＳＤ」を発症してしまうのか。それは、認知症の被介護者が不快に感

じているから。それは、**本人の意思を汲み取りきれず**、結果的に**善意の押し売り**になっていて、**「その人らしく」笑顔で生きることにつながっていない**から。

という真因が見えてきます。

コンサルタントとして、顧客（エンドユーザー）の〝生〟の声を聴くことの重要性は、それまでの経験から痛いほどわかっていたつもりでした。しかし、こと認知症に関しては、本人の声を聴くことができないという思い込み（私の中にもあった誤解）のせいで、当初は家族や介護者の聴き取りやすい声をもとに課題解決を考えてしまっていました。

世の中的にも、認知症の「本人視点」の声はまだまだ小さく、かき消されてしまっているのが現状です。そんななか、丹野さんが発する生きた言葉は貴重であり、本書や講演会など彼の精力的な活動は、社会的意義が大きいと改めて感じます。

丹野さんをはじめ、認知症とともに生きる人々の〝生〟の声を受け止め、「湘南会議」では、**「すべての人が認知症に備え、いつまでも自分らしく生きられる社会を、本人視点で創っていく」**というコンセプトを中心に据え、その実現に向けた活動を推進しています。

認知症に対する誤解や思い込みがなくなり、「認知症」というハードルをつくって相手を見るのではなく、まず「その人となり」（忘れっぽいなどの〝個性〟もひっくるめて）を理解するようになればと、本書を紹介させていただきました。

『「自分だけの答え」が見つかる　13歳からのアート思考』

末永 幸歩

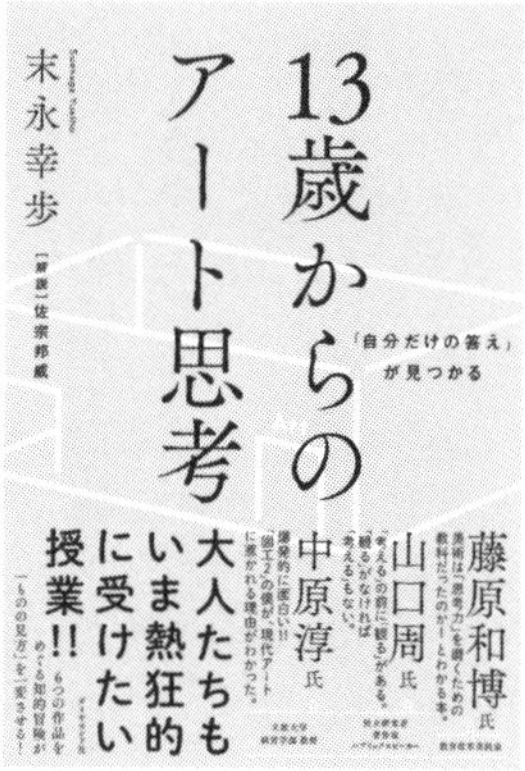

2020
ダイヤモンド社

難易度　★☆☆

85

コンサルティングと重なるアート

東京学芸大学の個人研究員として美術教育の研究に励んでおられると同時に、中高の美術教師として教鞭を執っておられる筆者の処女作です。好奇心をそそるようなもの・頭に刺激を与えるような二十世紀の作品を六つほどピックアップし、六コマの授業（class）に分け、演習形式も踏まえて実施。（頭で考えるだけではなく）実際に手も動かしてみるという体験、という要素も取り込んだ書籍です。

小・中学校の図画工作や美術の成績で精々「3」しかとったことがなかった私は、美術に強烈な苦手意識を持っており、これまでずっと敬遠してきました。ある日、本屋さんで平積みになっている黄色い書籍が、ぱっと目について、手にとってみると、帯に山口周さんの推薦コメントもあったため、背中を押され、四半世紀ぶりに美術の授業に触れてみました。

六コマの授業（class）は、こんな感じです。

Class1　「すばらしい作品」ってどんなもの？――アート思考の幕開け
Class2　「リアルさ」ってなんだ？――目に映る世界の「ウソ」
Class3　アート作品の「見方」とは？――想像力をかき立てるもの
Class4　アートの「常識」ってどんなもの？――「視覚」から「思考」へ
Class5　私たちの目には「なに」が見えている？――「窓」から「床」へ
Class6　アートってなんだ？――アート思考の極地

（私の教養不足で知らなかったという可能性が大きいのですが）個人的に目から鱗だったのは、Class2とClass6でしたので、簡単にご紹介いたします。

アートにおける「前提」を一つひとつ疑う

Class2は、カメラという画期的な発明品の登場により、「目に映る通りにリアルに描く」という従来のゴールが崩れ、**「アートにしかできないことはなにか」を突きつけられることになった当時**の話です。

アーティストがどうやってレゾンデートルを見つけようとしたのか？

史上最も多作なアーティストとしてギネス認定されているピカソが、一九〇七年に完成させ一九一六年に正式発表した「アビニヨンの娘たち」で、「リアルさって一体なんだろうか?」と、遠近法の前提(一つの視点から人間の視覚だけを使って見た世界)への疑問を投げかけました。そして、本作品で、「多視点でとらえたものを再構成する」という「自分なりの答え」を提示するに至ったそうです。

私の文章力の拙さから、言葉だけではうまく伝えきれていないと思われますので、ぜひ、「アビニヨンの娘たち」を、グーグル検索でご覧ください。

Class6は、**アートという「枠組み」**に対するチャレンジです。

MoMA(ニューヨークの近代美術館)に、パックマン(現バンダイナムコエンターテインメントから発売され一世を風靡したアーケードゲーム)が所蔵されています。ゲームの一場面が絵画として切り取られているわけではなく、ゲームのコードを所蔵しているとのことですが、ここまで来るとなんでもアリ感が出てきました(笑)。

MoMAは、「過去のアート作品にばかり注目が集まり、『いま』のアートに注目する人がわずかしかいない。自分たちの時代を象徴する美術館が必要だ」という問題意識のもと、一九二九年に設立されました。

パックマンをコレクションに加えた当時は、各メディアから痛烈な批判にさらされたそうで、たとえば「悪いがゲームはアートではない。パックマンとテトリスを、ピカソやゴッホと同等に展示することは、芸術の真の理解がゲームオーバーになるということだ」(ガーディアン紙。二〇一二年十一月三十日)。

これらの批判に対して、MoMAで学芸員を二十五年以上務め、パックマンの所蔵にも携わったパオラ・アントネッリ曰く、

「率直なところ、私はビデオゲームや椅子がアートかどうかという議論には全く興味はありません」

「デザインというものは、人間の創造的表現の中で最高の形式の一つだと考えています。偉大なデザインを有するものならそれで十分すぎるほどなのです」

「デザインやゲームは、アートか？」という議論は、アートには枠組み・定義が存在することが前提となっていますが、パックマンは、『アートという『枠組み』に入るかどうか？」ではなく、「アートかどうか？が重要ではないか？」という根本的な疑問を投げかけているのです。

アーティストとコンサルタントの共通点

６つの class を体験してみると、**前提条件を疑い、問いの立て方を巧みにかつ柔軟に設定し直すことで、新たな領域を展開（＝価値提供）をしてきたのが、アーティストであると**私なりに定義・解釈しました。

コンサルティングの仕事では、課題（「イシュー」とか「論点」とかいう用語を使います）の設定が、最上位概念で、これを間違えると、間違った問いに答えることになり、当たり前ですが、正しい答えが出ません。逆に、正しい課題設定ができれば、答えは見えたも同然でして、時間をかければ、必ず答えが出ます。

発注者側も実は、正しい課題が見えていないことが往々にしてありまして、プロジェクトを進めるなかで、課題設定をし直すこともままあります。

筆者は、**「興味のタネ」を自分の中に見つけ、「探求の根」をじっくり伸ばし、「表現の花」を咲かせる人がアーティストであると**、定義していますが、フレームワークを用いて、一般化・抽象化して伝えておられるのは、コンサルタントっぽいと共感を受けました。

『スリープ・レボリューション
最高の結果を残すための「睡眠革命」』

アリアナ・ハフィントン

本間 徳子 訳
2016 日経ＢＰ

難易度	★☆☆

86

仕事のパフォーマンスを上げるために大切な「睡眠」

「ハフィントンポスト」の創業者、アリアナ・ハフィントンの著書。ハフィントンポスト創業からのハードワーク、睡眠不足、睡眠障害がもたらした彼女自身に発生したさまざまなデメリットも引き合いに、とにかく、どれだけ睡眠が大事で、睡眠を取らないリスクがいかに大きいか、について多様な人物の例も織り交ぜながら、語っております。

惜しむらくは、どうやったら深い睡眠が得られるか？　という話が記載されていれば、なおよかった。

私自身、この本を手に取った二〇一六年は、コンサルタントから経営者に身を転じたタイミングで、口内炎ができては消え、ということを繰り返す心身ともに極めてタフな日々でした（差し障りがあるため、何があったかは書けないのですが……）。

「どちらかを選べと迫られたら、増収のチャンスを引き換えにしてでも、睡眠を一晩たりとも譲らない」というウォーレン・バフェットの記述に衝撃を受けたことが鮮明に思い出されます。

また、著名ベンチャーキャピタリスト（フェイスブックやツイッターに投資）のマーク・アンドリーセンは「七・五時間ならそう問題なくやれる。七時間だと落ち始める。六時間は最適以下」と。

この書籍を読んでからは、枕を買い替えるなど睡眠環境を整備し、何がなんでも、毎日の六時間半の睡眠を死守するようになり、仕事のパフォーマンス・体調ともに安定しました（その後、無事に二〇一八年に上場）。

「夜には難しかった問題が、睡眠委員会の働きで朝には解決しているということはよくあることだ」という記述がありましたが、コンサルティングファーム時代には、夜中にうんうん悩んでいたことが、朝起きたら、パッと閃いて解決するということがありました。いったん、頭の中に放り込んで、眠っている間に解決を待つというアプローチは、経験値としても正しいと感じました。

私の知人のプロバスケットボール選手に、レブロン・ジェームズ、スティーブ・ナッシュが、睡眠を重視している旨を伝えたら、「今日からもっと寝てみる（笑）」と返事があったことを思い出しました。彼も、長年プレイしていますが、コンディション維持には相当気を遣っているようですので、一度、じっくり話を聞いてみたいな、と思います。

騙されたと思って（笑）、とにかく、今夜から六時間半は、寝ましょう！　パフォーマンスが絶対に上がります！

『コンタクト（上）（下）』

カール・セーガン

池 史耿 訳、高見 浩 訳
1989（新潮文庫）新潮社

難易度	★★☆

87

地球外知的生命体探索とフェルミ推定

著者は、「宇宙生物学（アストロバイオロジー）」という研究分野を切り拓いたことでも有名な天体物理学者で、その研究は現在も、カール・セーガン・センターに引き継がれています。本書は、著者が実際に関わっていた地球外知的生命体探索（通称ＳＥＴＩ）のプロジェクトをベースに、地球外の知的生命との〝ファーストコンタクト〟を描いたＳＦ小説です。ジョディ・フォスター主演で映画化もされており、そちらを観た方もいらっしゃるかもしれません。

高校生の頃、父親の薦めで本書を手にとり、夢中で読み進め、美しい結末に感動したことを覚えています。この本が遠因となり、大学では「地球惑星物理学」を専攻し、「物理」という現象をモデル化する思考法に浸ったことが、後にコンサルタントというキャリアに繋がったという観点では、人生を変えた一冊（蝶の羽ばたき）だったのかもしれません。

宇宙の時間軸に思いを馳せる

物語は、地球外知的生命体探索に携わる主人公が、地球から二十六光年離れた、こと座のヴェガ（七夕の織姫星）付近から送られてくる、素数の信号を受信するところから動き出します。

このヴェガは、一万二千年前（日本の縄文時代）には北極星の位置にあり、一万四千年後（西暦百六十世紀）にも再び北極星の位置に来るといいます。これは、地球の回転軸が緩やかな〝すりこぎ〟運動をしているためで、その周期が二万六千年であることに起因します。

現在はたまたま、こぐま座のポラリスが北極星の位置にあるというだけで、人間の時間軸では不変とされているものも、宇宙の時間軸で見るとそうではないことが描かれます。

日々の仕事に追われて忙しくしていると、どうしても視野狭窄的で近視眼的になり、小さな違いに一喜一憂してしまいがちですが、宇宙の拡がりや時間軸から眺めると、どれも取るに足らない差なのかもしれないと、視野を押し広げ視座を引き上げてくれます。

フェルミ推定の本質

少し脱線しますが、この地球外知的生命体の探索と、コンサル面接の定番ともいえる「**フェルミ推定**」は、実は関係があります。

名前の由来となった物理学者エンリコ・フェルミは、推計に基づくと、地球外知的生命が存在する確率が極めて高い一方で、現実にはこれまで人類と接触した痕跡が見当たらないことを指摘し、この矛盾は**「フェルミのパラドックス」**と呼ばれるようになります。

その後、フランク・ドレイクという天体物理学者が、銀河系に存在し人類とコンタクトしうる地球外文明の数（N）を推計する**「ドレイクの方程式」**を提示します。この方程式は七つのパラメータの掛け算からなり、各々の値をどれだけ小さく見積もったとしてもN＞1となることから、その可能性を信じてSETI計画が実行に移されることになります。

「フェルミ推定」は、ケース面接をパスするための「スキル（技術）」的な側面にフォーカスが当たることが多いようにも思いますが、**その本質は、未知なる問いに対峙したときに、わずかな手がかりを頼りに前へ進もうとする「マインド（意思）」にこそある**のだと、改めて気づかされます。

またの名を**「バック・オブ・エンベロープ」**（封筒の裏でするような概算）ともいいますが、当座の仮説を手に前へ進もうとする「意思」と組み合わさってはじめて、「机上の計算」が有用な「技術」として機能するのだと思います。

本書に話を戻すと、その後、主人公はヴェガからの〝メッセージ〟を解読し、人類よりもはるかに進んだ文明との〝コンタクト〟へと向かっていきます。

その過程では、地球全体が「人類みな兄弟」のようなムードになっていくさまが描かれ、本書の舞台となった一九八〇年代アメリカの社会背景（東西冷戦による分断や科学と宗教の複雑な関係など）が透けて見えて興味深いです（日本という地球上の小さな島の中だけでは味わうことのできない感覚です）。

そして、物語はクライマックスへと進んでいくのですが、小説と映画とでは少し違った結末を迎えます。

ネタバレになるので詳細は伏せますが、個人的には小説のほうがお薦めです。

「宇宙の構造に、物質の特性に、偉大な芸術作品におけると同様、小さく記された画家の署名がある」

と、何ともエレガントなエンディングです。

『三体 Ⅰ～Ⅲ』

劉 慈欣

立原 透耶 監修、大森 望 訳、光吉 さくら 訳
ワン・チャイ訳、上原 かおり 訳、泊 功訳
2019～2021 早川書房

難易度	★★★

88

物理法則（サイエンス）に則った壮大な思考実験（フィクション）で、想像力を鍛える

本書は、三部作シリーズ計三千万部の世界的な大ベストセラーで、ＳＦ界のアカデミー賞ともいわれるヒューゴー賞をアジアで初受賞したことでも話題になりました。すでにNetflixでのドラマ化が決定していて、この本が出る頃には映像作品としても楽しめるかもしれません。

「未知なる地球外知的生命との邂逅」というプロットは『コンタクト』と同じですが、本書ではそれが時間・空間の両軸において圧倒的なスケールに引きのばされ、文字通り〝時空〟を超える壮観な旅をしてきたような気分に浸れる作品です。『コンタクト』が性善説に基づくロマンチックでユートピア的な宇宙観を描いていたのに対して、本書では性悪説に基づくリアリスティックでディストピア的な宇宙観が描かれ、そこで行われる**宇宙規模の「囚人のジレンマ」ゲームが、前述の「フェルミのパラドックス」への一つの解答**にもなっています。

本書のタイトルは、古典力学の**「三体問題」**に由来します。万有引力によって相互作用する三つの物体の軌道を求める問題で、十九世紀の数学者アンリ・ポアンカレが、一部の特殊解を除き解析的には解けない（数式では表現できない）ことを証明しています（**「ポアンカレの定理」**と呼ばれ、「カオス」の最初の発見としても知られています）。そして、このような三つの太陽（恒星）を持つ惑星があったとしたら、そこではどんな文明が育つのだろうか、というのが本書の着想になっています。

ポアンカレはまた、ユークリッド幾何学（三次元までの数学）を発展させ、より多くの「次元」を理論的に取り扱えるようにしたことでも知られています。この功績は後に、**「超ひも理論」**（「一般相対性理論」と「量子論」の統一理論候補）へとつながります。

この理論では、すべての物質（「光」も含め）は一種類の「ひも」でできていて、世界は十次元で構成されているとします。ただし、空間の三次元と時間の一次元以外の六次元は〝折り畳まれている〟とされ、その存在や〝解錠〟の仕方は、現代物理学では理論上の仮説の域にとどまっています。

第一部

本書では、この「超ひも理論」をベースに、より高度な文明が他の「次元」も操ることができたら、という斬新な思考実験が展開されます。三次元の世界を生きる人類にとっての「超常現象」が、高次元の世界を生きる文明にとっては「物理法則に従う一現象」に過ぎず、『可変思考』の項で紹介した「特異点解消」のようなストーリー展開・伏線回収が繰り出されます。

この「次元」は、コンサルタントにとっての「概念」に相当しますが、**次元を上げる／新たな概念を獲得することで、モヤモヤしていたものがすべて科学的／論理的に氷解するカタルシスを体感することができます。**

第二部

やがて人類は、「次元」を異にする文明との対決へと突入していきます。ただし、低次元世界（人類）からは高次元世界のものが全く見えない（四次元以上の「奥行」が三次元世界では「点」でしかない）ので、まるで戦いになりません。この高次元文明は、高度に〝デジタル〟化され、合理性や効率性を突き詰めた結果、脳の電子回路を直接やり取りするようになり、嘘や欺瞞が存在しない世界になっているのは、なんとも示唆深いです。逆に〝アナログ〟な人類は、そこに勝機を見出し、「囚人のジレンマ」（猜疑連鎖）ゲームを、「ナッシュ均衡」（暗黒戦争）から「パレート最適」（停戦）へと導くことに成功します。

第三部

停戦状態のなか、人類は高次元文明の包囲網をかいくぐる道を模索します。その突破口となるのが、「メタファー」を用いて物語（フィクション）をつくる能力」で、人工知能に近似した高次元文明に対する比較優位となります。そして、「物語の中の物語」（二層目）のメタファーがメインの「物語」（一層目）への重要な示唆を提供し、人類はついにブレークスルー（技術爆発）を手にします。ここから「物語」は一気に加速し、空間的には銀河の果てまで、時間的には宇宙の終わり（と新たな始まり）にまで突き進んでいきます。

その過程で、地球規模で起きている人類による環境破壊の相似形が、宇宙規模でも繰り広げられているさまが描かれ、そのことが、「なぜこの世界は十次元で構成されているのに、人類が生きられる世界は三次元空間＋一次元時間なのか」というパラドックスへの深遠なる仮説にもなっています。

内容的にも分量的にも、読むのに覚悟がいる重厚な「物語」ですが、翻訳版が出たのがちょうどコロナ禍の頃で、この一層目の「物語」がさらに、現実世界の地球規模のパンデミックのメタファーのようにも感じられました。

・「物語」の中で人類は、「次元」を異にする見えない敵との戦いを強いられます。現実世界でも人類は、わずか0.0001ミリメートルの肉眼では確認できない存在と戦っていました。

・「物語」の中の戦いは、広大な宇宙空間で行われ、行為と結果の間に生じる「時間差」ゆえ、〝技術爆発〟が起こる可能性を否定できず、〝猜疑連鎖〟が文明間の「建設的なコンタクト」を分断していきます。現実世界でも、「潜伏期間」という不気味な「時間差」ゆえに、〝感染爆発〟が起こる可能性を否定できず、〝猜疑連鎖〟が「予防」という名の下に、人と人の「親密なつながり」を分断していきました。

・「物語」の中で人類は、宇宙空間の観測に基づき、計算によって「すでに起こった未来」を描き出し、今とるべき行動を決定していきます。現実世界でも、感染状況のモニタリングに基づき、シミュレーションによって「未来の危機」を予見し、政策決定が行われていました。

「物語（フィクション）」には、**未知の未来の疑似体験を通じて、未曽有の危機への「免疫」をつける**効能もあります。中国では本書が十年前からベストセラーになり、コロナ禍の前に「ワクチン接種」（見えない敵との戦いの予行演習）が完了していたともいえます。

翻ってコンサルタントとして、未来予測やシナリオプランニングのご支援をさせていただくことがよくあります。当然その当たり外れや計画の精度も重要なのですが、起こりうる未来の想定や仮想敵との模擬戦を通じて、検討すべき論点を洗い出し、然るべき状況に備えて思考を回しておくことにこそ価値があるのだと、改めて感じさせられます。

そういう観点で本書は、物理法則（サイエンス）に則った壮大な思考実験（フィクション）として、**先行きの見えないＶＵＣＡ時代を生き抜くための想像力とレジリエンスを鍛えられる作品**だと思います。

『ペストの記憶』

ダニエル・デフォー

武田 将明 訳、2017
（英国十八世紀文学叢書、第３巻 カタストロフィ）
研究社

難易度 ★★☆

89

リアリティあるペストの記録

『ロビンソン・クルーソー』の著者であるダニエル・デフォーが、市井の人や行政のパンデミック（一六六五年にロンドンで発生したペスト）に対する向き合い方を生々しく描いた作品です。

著者は、当時、五歳でかつ（ロンドンではなく）英国の地方部に疎開していたため、実際にロンドンでペストを体験していたわけではありません。当時の文献や新聞などを踏まえ、H・Fという語りにより、ルポルタージュ風にリアリティあるものとして書かれたものです。

二〇二〇年に入り、新型コロナウイルスが世界を席巻し、オリンピックの一年延期、都市閉鎖（に近しい施策）、海外渡航禁止、マスク着用の常態化など、前代未聞の出来事が次々と発生しました。

毎日出社していた私自身も、出社禁止・テレワークの日々が増え、先の見えない現実に不安を覚え、書籍にヒントを求め、本書に辿り着きました。

余談ですが、カミュの『ペスト』のほうが本書より有名ではないか？　と思われるのですが、純文学ではなくなるべく一次情報に近しいものが欲しかった点に加え、私自身カミュに苦手意識を持っていることで、本書を手に取ることになりました。

三百五十年前のロンドンは、二〇二〇年・二〇二一年の日本・世界と酷似しており、数百年経っても、人間って変わらないものだという複雑な想いを抱くと同時に、やはり書籍で文字が目に入ってくることで、ウィズコロナ時代や自分自身を客観視することができ、冷静さを取り戻すことができました。

ペストとコロナというパンデミック下における社会の類似性という点から、具体例をご紹介します。

そもそも、ペストの症状も多様性があった

ご案内の通り、コロナ患者の症状も十人十色ですが、ペストも同様で、猛烈な熱・嘔吐・頭痛・背中の痛みに苛まれる患者もいれば、首や腋の下にできものができる患者もいれば、無症状のまま病が進行する患者もいたとのこと。

デマや怪しげな民間療法が流布された

コロナが感染拡大し始めた当初には、「お湯を飲めば治る」というチェーンメールが出回ったりしましたが、ペストも同様で、「空気感染を防ぐ栄養ドリンク」等といった怪しげな広告が大量に出回ったりしたそうです。

大衆娯楽や飲食に関する規制が出された

「全ての芝居など、人を大勢集めるような催し物を一切禁止する」
「公共の場で宴会を行うことなど、皆が飲食する場所でのディナーパーティは、追って許可が出るまで禁止する」
「午後九時以降、いかなる団体も個人も、飲酒のために居酒屋、ビアホール、コーヒーハウスに入ることも残ることも禁止する」

奇怪な行動を取る感染者がいた

日本でもコロナ感染者が夜のスナックで自分が感染者であることを喧伝して、他人にうつそうとして暴れていた事件があったと記憶しておりますが、ペスト感染者を自称する男が無理やりに婦人にキスをし、結果的に婦人がペストに罹患したかどうかは不明ですが、亡くなったという事件があったそうです。

家計か？　生命か？

筆者にとって大事なことは二つあり、「まずは仕事と店を続けること」、「もう一つは自分の身を護ること」だったそうです。

パンデミック下では、普遍的に突きつけられるトレードオフということでしょうね。

行政への不信感があった（統計データの改ざん疑惑や、ロンドンで二つしかペスト専用施設がない等の受け入れ施設不足等）

「間違いなく、どんな都市でも、少なくともこれだけ大きく栄えた都市であれば、今回のような恐ろしい疫病への流行への備えがここまで欠落した前例は存在しない」

耳が痛いです。

過去から学ばないのは、人間の本質だとしばしば揶揄されますので、歴史を含め過去からの教訓を今日に活かしたいものです。

『人工知能は人間を超えるか
ディープラーニングの先にあるもの』

松尾 豊

2015
（角川 EPUB 選書）KADOKAWA

難易度	★★☆

90

コンサルタントはＡＩに代替される？

本書は、日本の人工知能研究の第一人者が、過去三度の〝ＡＩ〟ブームを冷静に振り返りながら、人工知能の持つ可能性と期待値について、地に足のついた考察をしている本です。

プロジェクトで著者にインタビューをする機会があり、その事前準備として本書を読みました。当時も〝ＡＩ〟はバズワード化していて、「打ち出の小槌」的な待望論から「シンギュラリティ」的な悲観論まで玉石混淆の状態でしたが、本書を読んで頭がすっきり整理されたことを覚えています。

〝ＡＩ〟がバズワード化する要因として、**「ＡＩ効果」**なる現象が紹介されます。自然言語処理や検索エンジンなどを例に、**「かつて人工知能と呼ばれていたが、実用化され、ひとつの分野を構成すると、人工知能と呼ばれなくなる」**といいます。「多くの人は、その原理がわかってしまうと、「これは知能ではない」と思うのである」と。すなわち、〝ＡＩ〟と呼ばれるものの定義や範囲は時代とともに移ろい、その時点での「フロンティア」にあり、かつ、その原理がまだ広く一般に理解されていない状態のものが、〝ＡＩ〟と呼ばれるのだと。それゆえ、**人工知能研究は常に「青年性」を持つ**といいます。

コンサルにも、この「ＡＩ効果」と似た側面があります。仕事の内容や提供価値は日々進化し、自分の過去を振り返っても、この仕事を始めた十五年前と今とでは全く違うことをしています。一度身につけた知識やスキルで一生食べていけるなんてことはなく、常に自らをアップデートし続ける必要があります。

また、若いうちから活躍できる業界といわれたりもしますが、同時に若さを保ち続けないと生き残っていけない業界ともいえます。そういう意味でコンサルも、**ビジネス界の「フロンティア」**にあり、**「青年性」を持った仕事**といえるかと思います。

ＡＩとコンサルの「フロンティア性」

そしてここに来て、人工知能研究の成果が、ビジネス領域にも展開・活用されるようになり、**〝ＡＩ〟とコンサルの双方の「フロンティア性」が重なり始めた**というのが、足下で起こっていることです。

足下の人工知能研究の「フロンティア」として、「機械学習」と「ディープラーニング」が紹介されます。詳しい解説は本書に委ねますが、いずれも**「特徴量」**と呼ばれるものがキーで、それをあらかじめ人間が設定するのか、機械が自動生成するのかが、両者の違いとなります。

この「特徴量」は、実はコンサルタントにとっても馴染みの深い概念です。プロジェクトの中でよく、売上データや消費者アンケート結果を分析することがありますが、その際には多変量解析とよばれる統計学的手法を用います。

たとえば、クライアントの将来の売上（目的関数）を予測するのに際し、過去の売上と相関の高い「特徴量」（説明変数）とその結びつきの強さ（相関係数）を、重回帰分析や主成分分析などを用いて導き出します。私がジュニアの頃は、エクセルを使ってこの分析を行っていましたが、今ではAlteryx（アルテリクス）やTableau（タブロー）などの「機械学習」機能が組み込まれた分析ツールが必修科目になっていて、コンサルタントの生産性が格段に向上しています。

また、「特徴量」というのは「パターン認識」の一種でもあり、複数のものを説明しうる根源的な要因や共通項を見出すことに他ならず、コンサルタントの重要なスキルとも重なります。そして、「ディープラーニング」が「特徴量」を自動生成するということは、すなわち、**「パターン認識」の能力がコモディティ化し、将来的に〝人間コンサルタント〟の差別化要素ではなくなる可能性**も示唆されます。

「人間」がなすべき仕事とは

「人工知能は人間を超えるか」、表題の問いに関して著者は、**「人間＝知能＋生命」**であり、このうち「知能」の要素を一つずつ人工的に模倣し、局所的に人間を超えてきたのが人工知能研究の歴史だといいます。

一方、「生命」はまた別物で、「基本的には、進化を経て生み出されるものであり、個体の一生のうちに発現し、発展する知能とは異なる」とし、「『人間と同じ身体』『文法』『本能』などの問題を解決しないと、人工知能は人間が使っている概念を正しく理解できるようにはならない」といいます。
それらを踏まえて、「人間」にとっての重要な「仕事」に関して、次のように述べます。

・短期から中期的には、データ分析や人工知能の知識・スキルを身につけることは大変重要である。

・ところが、長期的に考えると、どうせそういった部分は人工知能がやるようになるから、人間にしかできない大局的な判断ができるようになるか、あるいは、むしろ人間対人間の仕事に特化していったほうがよい。

「デジタル」がキーワードになると同時に、「リベラルアーツ」の重要性が問い直されている現在の世相をあらわす内容かと思います。

本書は終章で、社会システムや産業構造の変化にまで話が及びます。**アカデミアの学術研究の域にとどまらず、ビジネス領域への波及効果まで含めて考察**している点が、本書および著者の稀有な点かと思います。そしてその中では、人工知能がビジネス領域で普及するためのキードライバーとなる「経済的メリット」についても言及されます。

これはすなわち、明日は我が身であることを示唆し、コンサルタントは高コストで、汎用化すると真っ先に代替されうる対象ゆえ、現状に安住することなく、「フロンティア」を走り続けねばと、背中を押してくれる（尻に火をつけてくれる？）本でもあります。

91

価値創出の源泉たる脳を知る

『プルーストとイカ　読書は脳をどのように変えるのか？』

メアリアン・ウルフ

小松 淳子 訳
2008 インターシフト

難易度	★★★

著者は、タフツ大学の読字・言語研究センターの所長を長年務めた認知神経科学と小児発達学の教授であり、同時に、ディスレクシア（読字障害）の子供を持つ母親でもあります。本書では、文字を読んでいるときの脳内現象（まさに今この文章を読んでいる最中にも脳の中で起きていること）について、**①文字・言語の歴史／②子供の発達科学／③ディスレクシア**の三つの異なる角度から解き明かしていきます。

意味深長なタイトルですが、**「プルースト」**は熟達した読者を、**「イカ」**は**脳内の神経回路**を象徴しています。フランスの作家マルセル・プルーストは「読書について」の中で、「読書の神髄は、孤独のただなかにあってもコミュニケーションを実らせることのできる奇跡にあると思う」と述べ、読書を「一種の知的〝聖域〟と考えていた」といいます。他方のイカは、初期の神経科学の研究対象として、脳内の神経細胞（ニューロン）の伝達メカニズムの解明に一役買ったといいます。

つまり、「プルーストとイカ」には、**熟達した読者の知的〝聖域〟において、どのような生物学的な神経回路が働いているのかを明らかにする**、「読字のプロセスを異なる次元から解明する相補的な手段」という意味が込められています。

文字・言語の歴史

人類最古の書記体系（シュメールの楔形文字と古代エジプトの象形文字）から、古代ギリシャのアルファベット文字に至るまでの二千年の道のりが描かれます。

脳はもともと文字を読む用には作られておらず、「読字専用の遺伝子もなければ、生物学的構造物も存在しない」といいます。そのため我々の祖先は、別の目的（物体認識や話し言葉など）のために用意されていた古くからの脳領域を再利用（ニューロンをリサイクリング）し、それらを接続して新たな回路を形成することで、文字を読むことを可能にしてきたようです。

つまり、「私たちの脳こそ、オープン・アーキテクチャの素晴らしい例だ」と。

そして、**書記体系が洗練されていくのに合わせて、脳内の神経回路も洗練されていき、この共進化の過程こそが、すなわち文字・言語の発達史だ**といいます。

また、遺伝子による設計図がないことから、形成される読字回路は、読者固有の学習環境や言語条件によって異なり、たとえば、**英語と中国語と日本語では、脳内の全く別の領域が活発化している**ことも紹介されます。

なかでも、三種類の書記体系（漢字・ひらがな・カタカナ）を持つ日本語の読者は、「現存する最も複雑な読字回路のひとつを備えている」といいます。マルチリンガルなコンサルタントの同僚が、言語によって思考モードを使い分けていると言っていましたが、脳画像を見ればその理由が一目瞭然となりますし、大人になってからの英語習得に苦労する理由もうなずけます。

子供の発達科学

同じく遺伝子に設計図がないため、幼い脳は一から読字回路を形成する必要があり、先ほどの二千年の道のりを二千日（五～六歳まで）で駆け抜けるさまが描かれます。最初こそ、左右両半球の広範な領域を活発化させながら、試行錯誤を繰り返して回路形成していきますが、**「特殊化」（特定のパターン認識のためのニューロンのスペシャリスト化）と「自動化」（脳内の各領域との高速接続）**により、次第に「流暢さ」を獲得していきます。

このとき、読者の脳の中では、〇・五秒にも満たない電光石火の「皮質の旅」が行われ、「流暢さ」は左半球を中心とした「効率のよいシステム」によって実現されます。そして、左半球優位に移行した脳は、思考に割くことのできる時間の余裕を獲得し、これこそが「文字を読む脳の奇跡の贈り物」だといいます。

熟達した読者になると、むしろ右半球の方が活発化していて、思考（連想・推論・洞察）と記憶（予備知識）を「統合」し、「行間が読める」状態になっています。

すなわち、**ロジカルシンキング（左脳思考）とクリエイティブシンキング（右脳思考）は、トレードオフ**

の関係にあるようにも見られがちですが、前者が鍛えられることによって後者の力が存分に発揮されるという側面もあるのだと思います。

ディスレクシア

脳内の読字回路は〇・五秒にも満たないスピードで高速処理されるため、数ミリ秒の遅れが致命傷となり、「流暢さ」が失われて「読字障害」を引き起こすことになります。一方で、エジソンもダ・ヴィンチもアインシュタインも、「圧倒的な創造力と既成概念にとらわれないものの考え方」を持った多くの偉人が、実はディスレクシアだったこともわかっています。

その一つの説明仮説として、**「右半球優位説」**が提示されます。先天的に〝逆利き〟だったためそうなったのか、左半球の回路接続に何らかの問題があったため後天的にそうなったのか、因果関係は不明ですが、**通常は左半球にある読字回路が右半球に形成され、「文字を読むには不向きでも、建築物や芸術作品の創造やパターン認識には不可欠な編成」になった可能性**があるといいます。

これは、人間の脳の「可塑性」（何ものにでも変わりうる可能性）を象徴していて、たいへん示唆深いです。前に紹介した「ディープラーニング」には、脳神経回路をモデルとした「ニューラルネットワーク」が使われていますが、その精度を高めるために、あえて入力データに「ノイズ」を加える、あるいは、あえて一部のニューロンを「ドロップ」させる手法をとるといいます。

人工知能の目的は、今のところ人間の知能を模倣することなので、あえてプログラムに「個性」を作り出すことで、その中でも共通してあらわれる「特徴量」を見出し、「頑健性（ロバスト性）」を高めていきます。

翻って人間は、生まれ持った「個性」を発射台に、脳の「可塑性」を最大限に活かして、持てる可能性を解き放っていく存在です。**その到達点を決めるのは、脳内に張り巡らされたネットワークと蓄えたアーカイブであり、その源となる良質なインプットが何より重要**であることを、改めて痛感させられます。

文字通り、**「読むことは私たちの人生を変える」**のだと思います。

プルーストの読書観

プルーストは、**「私たちは、自分の英知は著者が筆をおいたときから始まるのだと心底感じて、著者が答えを与えてくれればと願うのだが、著者が与えてくれることができるのはその願望だけである」**とも述べ、著者はこれを「プルーストのパラドックス」と呼びます。

すなわち、**「読書の目標は、著者の意図するところを超えて、次第に自律性を持ち、変化し、最終的には書かれた文章と無関係な思考に到達することにあるのだ」**と。

そしてそれを可能にするのが、読字のために形成された脳内回路で、熟達した読者が手に入れた連想・推論・洞察を行う能力を通じて、**「私たちは読んだものの具体的な内容を超えて新たな思考に到達できる」**といいます。

プルーストはまた、小説『失われた時を求めて』において、紅茶に浸したマドレーヌの香りで記憶が蘇り、長大な物語が紡ぎ出されるさまを描き、そこから**「プルースト効果」**（特定の香りが関連する記憶や感情を呼び覚ます現象）という言葉も生まれています。

酒類会社のクライアントから紹介してもらった『ステイタスブレイン』（大井静雄）という本では、プレミアムウイスキーの香りがもたらす「プルースト効果」と、アルコールのほろ酔いがもたらす「理性の抑制／感性の解放」が、「新たな着想」や「ひらめき」を生み出すという仮説が提示され、「酒は人を芸術家に変える」といいます。

これらはいずれも、イカに象徴される**生物学的な「刺激と反応の単純な対応関係」を大きく飛び越えて、人間は刺激をトリガーに「脳内で完結する無限ループ（際限ない思考）」を生み出せる**ことを意味します。

そしてこれは、**読字を通じて獲得した「言葉（概念）」と「脳神経回路」により、自律的で再帰的な思考（考えることを考えること）が可能になったことによって実現されます。**

「脳科学」という、脳が脳のことを考える自己言及的な学問は、**自らの価値創出の源泉を見つめ直す格好のテーマ**であり、本書はそのド真ん中の本ともいえるかと思います。

『神経美学　美と芸術の脳科学』

石津 智大

渡辺茂（コーディネーター）
2019（共立スマートセレクション 30 巻）共立出版

難易度	★★★

92

私たちは何のために美を求めるのか？

本書は、「美」という極めて感性的でソフトな「こころ」の体験を、「認知神経科学」という、いたって物質的でハードな「脳」の機能から説明を試みる、**「神経美学（ニューロエステティクス）」**という新しい学問分野の入門書です。主観的で定性的な「芸術（アート）」の世界と、客観的で定量的な「脳科学（サイエンス）」の研究成果の架け橋となりうる取り組みで、前項の『プルーストとイカ』と同じく、人間を理解する上での「相補的なはたらきのある学問」といえます。

「真・善・美」の関係性

「美」を感じているとき、脳内ではどのような現象が起こっているのか。鍵を握るのは、**「内側眼窩前頭皮**

質」と呼ばれる眉間の上あたりに位置する前頭葉の下部領域で、さまざまな「美」の体験に共通して反応することがわかっています。

イメージしやすいのは絵画（視覚）や音楽（聴覚）で、視覚皮質や聴覚皮質で処理された情報が「内側眼窩前頭皮質」に送られ、「美」という価値づけがなされるといいます。それと同様に**「視えない美」、たとえば、数学の方程式に見出される「数理的・真理的な美」や、清く正しい行いに見出される「倫理的・道徳的な美」に対しても、同部位が反応する**というのはたいへん興味深いです。

「真・善・美」（人間の理想として目指すべき普遍的な価値）という言葉がありますが、これらは独立したものではなく、互いに連関するものであることが、ここから示唆されます。

また、「真」や「善」が「美」を生み出すという観点では、この語順は的を射ていて、脳画像を見られたはずもない古の哲学者たちは、深い思索の末に、科学と同じ結論にたどり着いていたということにも気づかされます。

加えて、「美」の体験、すなわち「内側眼窩前頭皮質」の活発化は、**同時に「快」に関与する報酬系の脳内機構を活動させ**、逆に「不快」や「痛み」に関与する脳内機構の活動を下げることもわかっています。

つまり、**「真・善⇒美⇒快」という強化プログラムが、私たちの脳内神経回路には組み込まれている**ようなのです。

「イノセントアイ」と「エキスパートの審美眼」

また、この「美」の価値判断は、必ずしも絶対的なものではなく、**置かれた文脈やまわりの状況に影響を**

受けるものであることも紹介されます（「文脈効果」と呼ばれます）。

これはそもそも、**私たちの感覚知覚が実際の世界をありのままに映し出してはおらず、入力された情報を脳が「翻訳」した結果を見ている**ことに起因します。

『自分の仕事をつくる』の項で、虹を例に「概念が生きた体験を矮小化する」ことを紹介しましたが、本書ではそれを**「知識の監獄」**と呼びます。「考え方、観念、文化や常識でも、わたしたちは盲目になっている」といい、「当たり前のことが、本当に当たり前なのかを知ることはむつかしい」と。

そして、この監獄に囚われていないのが子供や芸術家の〝眼〟で、セザンヌはモネの絵を見て「なんとすごい眼なのだろう」と評し、そのモネも「盲目で生まれてきたかった。そして、ある日突然見えるようになって、そうして絵を描いてみたかった」という言葉を残したといいます。

この言葉は、「知覚の不可逆性」、すなわち、「一度それが何であるかを知ってしまうと、それを「知る前の白紙の状態」に戻るのはとてもむつかしい」ことを暗示し、それゆえ、**「イノセントアイは戻らない」**といいます。

その観点からすると、豊富な知識を持つエキスパート（美術史学者など）は、最も堅牢な監獄に囚われているといえますが、一方で「目のつけどころがちがう」ともいいます。もともと人間の視覚システムには、目立つもの（サリエントな刺激）に自動的に注意を振り向ける**「ボトムアップ型注意」**が備わっていますが、同時に、意識的に注意をコントロールして見たいものに振り向ける**「トップダウン型注意」**も併せ持っています。

そして、**前者の「自然な」反応を抑制し、後者の「不自然な」見方を駆使しているのがエキスパート**であり、「素人群が画面内のサリエントな刺激に目を「奪われている」一方、エキスパート群は人物や建物へ視線を固定することが少なく、画面全体に目を配っている」ことがわかっています。それゆえ**エキスパートは、「文脈効果」に左右されない、確固たる「審美眼」を持ち得ている**のだといいます。

「創造性」の源泉となる脳活動

本書ではさらに、**「美」を生み出す「創造性」の源泉となる脳活動**についても紹介されます。ジャズの即興演奏やラップのフリースタイルに没頭しているときの観測結果から、**脳が「創造的でいる状態」では、「ディフォルトモード（定常状態）ネットワーク」と呼ばれる脳内機構が活発化している**ことが明らかになっています。

これは「内省」を司る脳部位を中心としたネットワークで、リラックスしているときや物思いに耽っているとき（『可変思考』の項で紹介した「フリーの状態」）にむしろ活発化しているため、そう呼ばれるといいます。

その際には同時に、「外部への注意」や「理性的な判断」を司る脳部位の活動が抑制されていることもわかっており、**「思考を自己の内面に向かわせること、そして外部への余計な注意を弱めること**。このふたつが創造性を発揮するときには必要である」といいます（前項の「ステイタスブレイン」に近い状態かと思います）。

私たちも日常、思考が煮詰まってきたときにはよく、**「いったん寝かせる」**というアプローチ（？）をとっていると思います。経験則的にそうしているだけですが、脳科学的にもあながち間違っていない手法だとわかります。また、〝意識〟的には休んでいる間も、脳は休まずに試行錯誤を続けてくれているのだと知ると、安心して〝無意識〟にバトンを渡すことができます。

中国の偉人は、「三上」(ひらめきを生むのに適した場所は馬上・枕上・厠上)という言葉を残したといいますが、思考を行う環境やモードを使い分けることの重要性に、改めて目を開かせてくれます。

「創造そのもの」は〝無意識〟下で進行する偶然の産物かもしれませんが、「創造的でいる状態」は〝意識〟的に作り出せる必然の結果であり、「創造の確率」までは可変レバーなのかもしれません。

「美」と「快」、そして「高次の美」

最後に、「美」と「快」の関係性について考察されます。

先ほど、**「美⇒快」の脳内回路があること**を紹介しましたが、一方で**「美=快」ではない**といいます。「快」に至るルートには「美」を介さないもの(よりプリミティブな報酬系)もあることと、「美」を経由して「快」に至るルートも、同時により複雑な感情(「悲哀」や「崇高」など)も喚起しうることがその理由です。

さらに、**「美⇒快」のルートは、「①生得的・生物的なもの」と「②後天的・人工的なもの」に分かれる**という仮説が提示されます。

・①は、顔や身体などに見出される、遺伝子に組み込まれた「生得的な美(生物学的な美)」を経由して、生物的欲求や生理的報酬(快楽)に直結するルート(進化的に古い報酬系の脳領域と新しい「内側眼窩前頭皮質」の活発化)。

・②は、芸術や数理や道徳などに見出される、学習や経験によって獲得した「後天的な美（高次の美）」を経由して、内発的動機や社会的報酬（意義）につながるルート（「内側眼窩前頭皮質」を中心とした高次の脳領域の活発化）。

①が人間という生物種を繁栄させるための「強化子」になっていることは自明ですが、では②は何のために存在するのか。

著者は、アリストテレスの「人間の幸福は、ヘドニア（快楽）とエウダイモニア（意義）のふたつの大きな要素からなる」という箴言を引き合いに、**「高次の美」の役割は、この「エウダイモニア（意義）への強化子」、すなわち、「生物的欲求をこえて、人間らしく生きるための力」になるものだといいます。つまり、「高次の美」の存在意義は、私たちの人生に意義を与える**ことにあるのだと。

万人に共通して備わっている感覚でありながらもとらえどころがなく、日常に遍在しながらも文脈や状況によって移ろうフラジャイルな存在であり、仕事をする上でも生きていく上でも大事だとわかりながらも〝意識〟的には手をつけづらい「美」というものに、心理学と脳科学の最新知見を駆使して切り込む、まさに審美的な一冊です。

『非線形科学』

蔵本 由紀

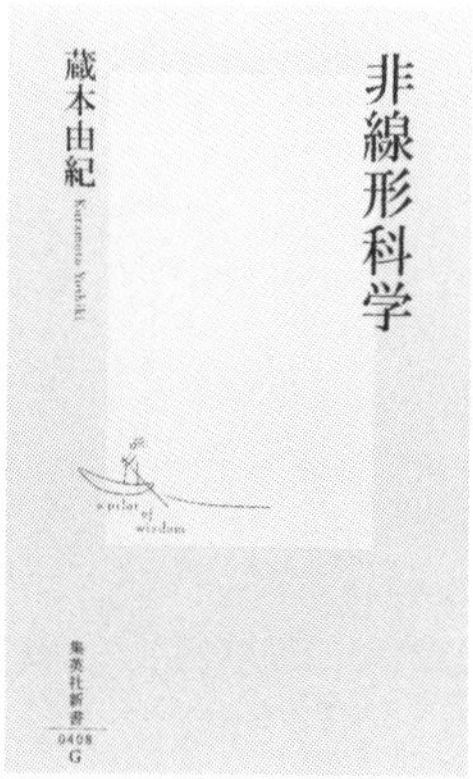

2007
（集英社新書）集英社

難易度 ★★★

93

複雑系に至る物理学の発展史から学ぶべき思考法

著者は、自身の名を冠した「蔵本モデル」の開発者として、世界的に有名な物理学者です。本書は、**「熱力学」**や**「流体力学」**を起点として、**「カオス理論」**や**「ネットワーク理論」**（それらをひっくるめた**「複雑系」**）に至るまでの、「非線形科学」の発展史を概観できる一冊です。

線形科学と非線形科学

本書と対を成すものとして、「線形科学」があります。

線形科学は、構成要素が互いに独立していて、部分の総和が全体と合致する現象を対象とし、「要素還元」（分解した後に統合する）アプローチによって、未来は決定論的に予測可能だとします。

非線形科学は、構成要素が互いに影響を及ぼし合い、部分の総和が全体とは合致しない現象を対象とし、「バタフライ効果」（初期条件のわずかな差が時間とともに増幅）によって、未来は予測不可能だとします。

世の中の多くの現象は非線形です。一方、非線形現象は解析的には解けない（数式で厳密に表現できない）ため、長らく物理学の中心は決定論的な線形科学にありました。

コンサルの世界も然りで、ケース面接に象徴されるように、「要素分解した上で統合する」というのが、基本的な解決アプローチでした。しかし近年は、情報処理能力の飛躍的な向上（コンピュータ・シミュレーションの汎用化）により、複雑な問題を複雑なまま近似的に解くこと（非線形アプローチ）も可能になりました（前に紹介した「機械学習」や「ディープラーニング」もこれに相当します）。

では線形科学は不要になるのかというと、そうではなく、「実をいえば、この決定論的力学法則の世界に徹しきるところから、カオスという新しいゆらぎの広大な世界が開けてきた」といいます。

コンサルでも、複雑な問題になればなるほど、意味のあるモジュールに分解し、各々に適したアプローチ（独立して解ける場合は線形的に、そうでない場合は非線形的に）を使い分けることが重要になります。

熱力学の法則から自己組織化へ

本書は、非線形現象を科学する上で、物質を支配する法則（**熱力学の「エネルギー保存の法則」と「エントロピー増大の法則」**）からスタートします。**エネルギーの「量」は姿を変えても一定に保たれる一方、その「質」は不可逆に低下する**（＝無秩序性の指標であるエントロピーは不可逆に増大する）という普遍の原理です。

つまり、**「世界のあらゆるものは不可避的に動から静へ、構造から無構造へ、生から死へ向かっている」**のですが**「非平衡（まだ熱平衡に達していない状態）」**と**「開放系（外とのエネルギーのやり取りが行われる状態）」****の二つの条件が揃う場合、その流れに逆らう「自己組織化」と呼ばれる秩序の自発的形成が行われます。**

その象徴的な例として、**「相転移」**が紹介されます。たとえば水分子（H2O）は、温度と圧力を変えていくと、ある条件（閾値）を境にその配置ががらりと変わり、全く異なる性質を持つ「相」（氷・水・水蒸気）に「転移」します。エントロピー（無秩序性）の順序は「氷⇒水⇒水蒸気」ですが、「非平衡開放系」においては逆の「水蒸気⇒水⇒氷」の秩序形成（相転移）も起こりえます。

その際、**雪の結晶のような美しい構造が自発的に立ち現れることを「自己組織化」、構成要素間の緊密な相互作用から新しい性質が発現することを「創発」**と呼び、非線形科学のキーコンセプトになっています。

カオス理論からネットワーク理論へ

また**「複雑系」という呼称のもととなる「カオス理論」**についても紹介されます。日常語の「カオス」が「完全な無秩序」を意味するのに対して、**科学語の「カオス」は「一見無秩序に見えるが、その奥に実は秩序が潜んでいる現象」**のことを指します。それゆえ、短期的には予測可能ですが、長期的には「バタフライ効果」によって予測不可能となり、この**秩序と無秩序の間の「ゆらぎ」が「カオス」**の特徴ともいえます。

この「ゆらぎ」は日常的にありふれた現象ですが、注意深く観察することで新たな視界が開けます。

個々の分子の「ゆらぎ」は、互いに独立とみなせる状態においては「正規分布（ガウス分布）」に従い、「平均値±偏差」という見方ができます。ただし、相転移の近辺では、分子間の相互作用が無視できなくなり、そこでは別の「自己相似的（フラクタル）」な「ゆらぎ」が生じ、こちらは**「ベキ分布（パレート分布）」**

に従います。この分布は、「パレートの法則（80：20の法則）」や「ロングテール」の名で、ビジネスの世界でも知られているものでもあります。

つまり、ここに至って、**自然現象と社会活動に橋を架ける共通の秩序構造**が見出されることになり、その形成過程を科学する**「ネットワーク理論」**へと進展していきます。

非線形科学とVUCAの時代

最後に著者は、私たちは「何がどのようにある」という基本パターンに従って、〝モノゴト〟を理解しているといいます。**「何（What／主語／モノ）」と「どのように（How／述語／コト）」が変数になっていて、各々の不変構造を明らかにしていくのが科学の役割であり、見出された法則に値を入れることで知識が確定する**のだと。

そして、前者の**「主語的不変性」を要素還元的に探究してきたのが伝統的な物理学だとするなら、後者の「述語的不変性」を現象横断的に発見してきたのが非線形科学**であり、そこには「隠喩（元来何の関係もない異質な二物が突如結びつくことで新鮮な驚きを誘発する表現技法）」にも似た意外性や、「新しい不変構造の発見によって、個物間の距離関係が激変し、新しい世界像が開示される」機能があるといいます。

一見何の関係もない事物の間に、共通のパターン（秩序）や新しい不変構造を見出す力、言い換えれば、**異分野を横断的に統合し、「不変なものを通じて変転する世界、多様な世界を理解する」力**は、ＶＵＣＡ時代においてはより重要度を増しています。本書はそれを鍛える一助となるものだと思います。

『数学する身体』

森田 真生

2015
新潮社

難易度	★★★

94

数学者の思考過程から、コンサルタントとしてのあり方を考える

本書は、「独立研究者」を自称する著者が、数学史を紐解きながら、「身体と心」というテーマに迫っていく探検記です。

「数えるための道具」としてスタートした数学が、人間の身体を離れて抽象化・形式化の道を歩み、現在のコンピュータの原型ともなる「計算する機械（チューリングマシン）」にたどり着くまでの一筋の数学史と、数学を通して「心とは何か」を解明しようとした二人の数学者（アラン・チューリングと岡潔）の思考の来歴が描かれます。日本語表現に秀でた評論・エッセイに贈られる小林秀雄賞を、史上最年少で受賞したことでも話題になった一冊です。

数学が人間の「身体」を離れたとき

本書はまず、〝数〟の起源から始まります。

「〝数〟は、人間の認知能力を補完し、延長するために生み出された道具」だといいます。そして、「道具が効果的に機能するためには、人間の身体に寄り添う必要がある」と。

なぜ、十進法が世界的に使われているのか。コンピュータで使われる二進法のほうが効率的（0と1の二つの記号だけですべてを表現可能）だし、暦や時間で使われる十二進法のほうが約数も多くて便利なはずなのに。それは、人間の指が十本だから。「身体を使って数を扱う人間にとって、十進法がたまたま運用上、もっとも合理的であったというだけ」だと。そして、「数学で使われる様々な道具にも、よく見ると人間が映り込んでいる」といいます。

また、人間の認知能力は、三個以下と四個以上とでは異なるメカニズムが働いているといいます。三個以下の場合は、パッと見て正確に個数を把握できるが、四個以上になると数える必要が出てくると。

翻って、コンサルスキルの一つに「構造化」があります。**最も伝えたいメッセージからそれをサポートする根拠へ、大局的な話からそれを構成する個別の要素へ、3×3×・・のピラミッド構造でブレークダウンしていく**のが基本形です。

なぜ「三」なのか……コンサルタントが使う「道具」にも、実は「人間が映り込んでいる」のだと、改めて気づかされます。

当初「数えるための道具」だった数学は、やがて身体を離れ、抽象化された理論の世界へと、歩を進めます。そこでは現実世界の「制約」を受けないため、物理法則に支配されない結果も導き出されます。一つの例として、「虚数」が紹介されます。〝虚〟という不名誉な呼ばれ方をしていますが、意味と有用性があとから追いつき、今ではその存在を抜きに現代数学は成り立たないといいます。

コンサルも不名誉なことに、「虚業」と言われることがあります。何をしているのかよくわからなかったり、現場感のない第三者が理論解を振りかざすイメージが強かったりするのが、その理由かと推察します。実際に仕事をするなかでも、理論解と現実解のはざまで葛藤するケースも多いです。「制約」を制約と捉えず、あるべき理論解に引き上げるべく、取れそうにない球でもあえて投げるのか、「制約」は制約として、現状の延長線上で、背伸びすればなんとか届く球を投げるのか、状況に応じた当意即妙なバランスが求められます。これらの葛藤を繰り返すなかで、クライアントの成果につながる支援を積み重ねた結果、コンサルにも「意味と有用性があとから追いついてくる」のかなとも思います。

チューリングと岡潔

数学はさらに歩を進め、「数学そのもの」を数学する、「形式系」と呼ばれるメタな世界へと突入していきます。そしてアラン・チューリングが、「計算する人間の振る舞いをモデルとした仮想的な機械（チューリングマシン）」と、それらのあらゆる動作を一手に引き受ける「万能チューリングマシン」を数学的に構成してみせます。この理論は現在、パソコンやスマートフォンとして物理的に実現されています。

また彼は「人工知能の父」とも呼ばれ、人間の心を「玉ねぎの皮」にたとえて、機械で説明できる心の機能を一つずつ「剝いて」いけば、「本当の心（芯）」に近づいていけると語ったといいます。そしてその最初の「皮」が、チューリングマシンだったと。

最後に、チューリングと対比的に、同時代を生きた日本を代表する数学者である、岡潔について描かれます。この岡こそが、「数学する身体」のモデルであり、本書の主題となっています。チューリングが、数学を身体から切り離し、対象化して、「身体を持たない機械」の自律性と極限を目指したのに対して、岡は、数学を身体に再帰させ、一体化して、「身体化された思考過程そのもの」の精度を上げることを目指したといいます。別の言い方で、**「心を作る」ことで「心を理解しよう（＝理で解ろう）」としたチューリングに対して、「心になる」ことで「心をわかろう」としたのが岡であると。**

松尾芭蕉というアルゴリズム

岡の「身体化された思考過程」のさらなるモデルとなったのが、松尾芭蕉だといいます。「生きた自然の一片をとらえてそれをそのまま五・七・五の句形に結晶させるということに関して、芭蕉の存在そのもの以上に優れた「計算手続き」はない」と。そして、芭蕉が「優れた計算手続き」である所以は、彼が「感覚」の世界ではなく、その奥の「情緒」の世界を歩いていたからだといいます。ここでいう「情緒」とは、「自他を超えて通い合う心」のことであり、「心の彩りや輝き、動きをもっと直截に喚起する言葉」として使われています。

そして岡も芭蕉にならい「情緒」を中心とする数学を理想として描き、「数学と心通わせあって、それと一つになって「わかろう」とした」、別の言い方で、「自己の深い変容により、数学的風景の相貌がガラリと変わり、結果として、それ以前にはわからなかったことがわかるようになる」状態を目指したといいます。

クライアントと同じ風景を見るコンサルタント

この「数学的風景」を説明する上で、生物学者フォン・ユクスキュルが提唱した「環世界」という概念が紹介されます。生物が体験しているのは、〝客観的な世界〟を丸写ししたものではなく、その生物固有の〝主観的な世界〟、すなわち、「進化を通して獲得された知覚と行為の連関をベース」に自らつくりあげた世界（＝環世界）だといいます。

つまり、「蝶には蝶の環世界があり、蜂には蜂の環世界がある」のだと。

人間の場合はさらに、人間という〝生物〟固有の「環世界」に加え、その〝個人〟固有の知識や想像力などの「内面世界」の要素が混入し、人それぞれの「風景」が立ち現れるといいます。

そして、数学者の前には「数学的風景」が広がり、「彼らはそれに目を凝らし、それをより精緻なものにせんと、まるで風景に誘われるようにして、数学をするのだ」といい、別の表現で、「数学者とは、この風景の虜になってしまった人のことをいう」と。

コンサルタントが支援するクライアント企業も、社会の中で躍動する一種の「生命体」であり、より複雑な「計算手続き」であるともいえます。そこにはその企業固有の「環世界」があり、そこでは〝客観的な分析〟よりむしろ、〝主観的な認識〟（＝「風景」）のほうが重要なのだと、改めて気づかされます。

コンサルタントとして、主客二分したままクライアントと向き合うだけでなく、一体化して同じ「風景」を見ながら、「情緒」を通い合わせる存在でもありたいと、本書からのアナロジーで思ったりもします。

本書は、前半は三人称視点から客観的に数学史を概観していますが、後半に進むにしたがって一人称視点の詩的・文学的な様相を帯びてきます。

個人的には、コンサルタントの仕事は、突き詰めると「数学」と「国語」だと思っていますが、本書にはその両方の要素が凝縮して結晶化されており、脳内全域を活性化して新たな「風景」を見せてくれる、良質な刺激に富んだ一冊です。

『フェルマーの最終定理
ピュタゴラスに始まり、ワイルズが証明するまで』

サイモン・シン

青木 薫 訳
2000 新潮社

難易度	★★☆

95

勇気をもらえる数学者のドキュメンタリー

フェルマーの死後三百三十年間、誰にも証明できなかったフェルマーの最終定理を、たった独りで証明した「アンドリュー・ワイルズ」のドキュメンタリーです。

「3以上の自然数nについて、$x^n+y^n=z^n$となる自然数の組（x, y, z）は存在しない」

ピタゴラスの定理が理解できる人なら、誰でもわかるような極めてシンプルな内容であるのに、日本を含め世界中の数々の天才が、挑んでは跳ね返された分厚い壁、それが、このフェルマーの定理です。

また、フェルマー本人が「私はこの命題の真に驚くべき証明を持っているが、余白が狭すぎるので、ここに記すことはできない」という謎かけ（？）を残していたものですから、未解決の予想として、長らく数学界に残されていました。

この書籍は、数学好きな方はもちろん、そうではない方が読んでも十分に楽しめると思いますが、僕自身は、本書を読んで、二つ学び（正確には勇気をもらったこと）がありました。

① 孤独との闘いという意味では、彼以上はない

ワイルズは、（チーム戦が主流となった昨今）たった一人で七年間もの長い間証明に立ち向かっていました。彼がフェルマーの最終定理に挑んでいることを知っているのは、家族のみ。

しかも、ここからが悲劇です。証明を発表した直後に、一点致命的なミスが発見されてしまうのです。しかも、発表したわけですから、衆人環視のもと、極限の（ネガティブな意味での）プレッシャーにもさらされ、集中力も削がれる羽目に陥ります。

その後は、自身の弟子も加えて、十四か月後に、その致命的なミスは解決されました。こうして、八年にわたる長い闘いにピリオドが打たれたのです。

プロファームや経営者は、最終的には個人の力量・コミットメントが試される場面が、まま発生します。誰にも相談できず、どうしようもなく悩んだり、自分自身を否定してみたり、孤独に苛まれることもあります。

彼の孤独な闘いのドキュメンタリーを読むと、自分自身のことを、まだまだ甘ちゃんだなぁ、と客観視し、勇気を持って前に進むことができました。

② とことん考え抜くことで天啓のごとき閃きが得られる

ワイルズは、証明がうまくいかず、負けを認めようとしていました。ただ、せめて、なぜうまくいかなかったのか、理由だけはちゃんと突き止めようと思いました。

そんなある日のこと、「ある月曜日の朝、そう、九月十九日のことです。（中略）溺れる者は藁をもつかむといった心境でしたが、私は自信を取り戻したかった。すると突然、まったく不意に、信じられないような閃きがありました」と。

別の頁では、**「大事なのはどれだけ考え抜けるかです。（中略）新しいアイデアにたどり着くためには、長時間とてつもない集中力で問題に向かわなければならない。その問題以外のことを考えてはいけない。ただそれだけを考えるのです。それから集中を解く。すると、ふっとリラックスした瞬間が訪れます。そのとき潜在意識が働いて、新しい洞察が得られるのです」**とも。

ＵＳＪを立て直したことで有名な森岡さんの著書にも、詳細は割愛しますが、「当時のＵＳＪは、資金も時間も無い無い尽くしで、悩みに悩んでいたときに、パーク内のジェットコースターをぼんやり眺めていた。その日の夜、ジェットコースターが逆回転で再生されている夢を見た」という趣旨の一節がありました。

これらは、悩み抜いた人にのみに訪れる「ご褒美」ではないかと感じております。

僕の話をすると、急に陳腐になるので、恥ずかしい限りなのですが……クライアント報告会向けに、どうしてもよい示唆や提言ができず、うんうん悩んでいて、でも、報告会は、もう明後日。最悪、報告会を数日ずらしてもらおうかとも考え、いったん開き直って、翌朝改めて考え直そうと、帰宅することにしました。で、その夜、自宅でシャワーを浴びていたときです。ふと閃きが天から降って来て、慌ててメモを取ったのでした。

「諦めたらそこで試合終了」ですね！

『サピエンス全史　文明の構造と人類の幸福（上）（下）』

ユヴァル・ノア・ハラリ

柴田 裕之 訳
2016 河出書房新社

難易度	★★☆

96

現在の可能性を拡げるためにこそ歴史を学ぶ

一九七六年生まれのイスラエル人歴史学者の著書。オックスフォード大学で、中世史・軍事史を専攻し、博士号を取得、現在、イスラエルにあるヘブライ大学の歴史学教授を務める筆者が、「アフリカで捕食者に怯えながら暮らしていたホモ・サピエンスが、なぜ、今では食物連鎖の頂点に立ち、繁栄を謳歌できているのか？」を、長期的な視点から、丁寧に解き明かしていきます。本書の要旨をご紹介します。

認知革命

・ホモ・サピエンスは、約七万年～三万年前の「認知革命」を経て、**「虚構」**（本書にたびたび登場する言葉です！）、**架空の物事について語れるようになった。**

「客観的な現実の世界」だけではなく、主観的な世界、それも大勢の人が共有する「共同主観的」な想像の世界にも暮らせるようになった。たとえば、チンパンジーは「気をつけろ！　ライオンがそこにいる」と叫ぶことができるが、ホモ・サピエンスは「昨日、そこの川にライオンがいたから、今日もいるかもしれない。なので、今日は川とは違うルートで進もう」と言葉にできる。

・「虚構」のお陰で、物事を想像するだけではなく、集団で同じ想像を共有できるようになった。たとえば、アリやミツバチも大勢で一緒に働けるが、融通が利かず、近親者としかうまくいかない。一方で、オオカミやチンパンジーは、アリよりもはるかに柔軟な形で力を合わせるが、少数のごく親密な個体としかうまくいかない。

つまり、人類は、**「虚構」を作り替えることにより、行動パターンや集団の仕組みを変えることができたがゆえに、他の動物を凌駕することになった**わけです。

しょっちゅう言われることですが、これは、会社にビジョン（虚構）が必要であるといわれる所以でもあります。従業員一人ひとりに細かく指示を出すことも大切ですが、集団が向かっていく方向・ビジョン、これは「客観的な現実の世界」ではなく、あくまでそこで働く人々が共有する「共同主観的」な想像（虚構）にしかすぎませんが、これの有無や浸透度により、企業としての強さは大きく変わっていきます。

農業革命と科学革命

一万年前の「農業革命」を経て、単位面積当たりの人口を爆発的に増やせるようになり、小集団の狩猟社会から大人数が暮らす農耕社会に移行することになった。

その後、約五百年前の「科学革命」以来、人類は科学研究に投資することで、自らの能力を高めることができると信じるようになった。

科学研究は、宗教やイデオロギーと提携した場合にのみ栄えることができる。なぜなら、科学研究には費用がかかり、イデオロギーは科学研究の費用を正当化するから。

特に、**帝国主義・資本主義の二つの力が過去五百年の歴史を動かす最大のエンジンとなった**。科学研究が力と富を創出するからこそ、科学研究に再投資される、というフィードバック・ループが機能した。将来の富の拡大を期待し、投資に弾みがつくため、劇的な経済成長をもたらし、物質的な豊かさが実現された。

ちなみに、アジア諸国が遅れを取ったのは、テクノロジー上の発明を欠いていたわけではなく、西洋で何世紀もかけて形成された価値観や社会政治的な構造が不足していた、と（日本は例外で、テクノロジー面に止まらず、並外れた努力の下、社会・政治両面で西洋を手本として作り直したからこそ、十九世紀末には西洋に首尾よく追いつけた）。

我々が歴史を学ぶべき理由

ただ、筆者は、我々は、最も多くの動植物種を絶滅に追いやった生物史上最も危険な種であると警鐘を鳴らしています。また、我々は、生物種としての大いなる繁栄（つまり個体の数）を謳歌しているが、個体それぞれの幸せとは必ずしもリンクしない、とも。

最終章では、我々がどのような世界へと向かうのか？　筆者なりの見立てが書かれており、「唯一私たちに試みられるのは、科学が進もうとしている方向に影響を与えることだ。私たちが自分の欲望を操作できるようになる日は近いかもしれないので、ひょっとすると、私たちが直面している真の疑問は、**「私たちは何になりたいのか？」ではなく、「私たちは何を望みたいのか？」**かもしれない。この疑問に思わず頭を抱えない人は、おそらくまだ、それについて十分考えていないのだろう。」と結んでいます。

数年前の読了時の印象は、たった二つ。「骨太」・「目から鱗」。今回の話をいただいた後に、読書ノート（Evernote上に残しているので実物のノートは存在しませんが）を、振り返ると、そう書いてありました。読了後に筆者の年齢を知って、驚きを禁じ得ませんでした。日本語版の初版が発刊された二〇一六年には、筆者はちょうど四十歳ですから、原文が上梓された時期は、三十代。上下合わせて五百五十頁ほどありますが、すっと読めてしまうくらいわかりやすく、かつ引き込まれる内容でしたので、一読をお勧めします。

個人的には、「**歴史を研究するのは、未来を知るためではなく、視野を拡げ、現在の私たちの状況は自然なものでも必然的なものでもなく、したがって私たちの前には、想像しているよりもずっと多くの可能性があることを理解するためなのだ。**たとえば、ヨーロッパ人がどのようにアフリカ人を支配するに至ったかを研究すれば、人種的なヒエラルキーは自然なものでも必然的なものでもなく、世の中は違う形で構成しうると、気づくことができる」というくだりを読んで、歴史を学ぶ意味合いについて、はっと気づかされました。

そういう意味では、半藤一利さんの『昭和史』（1926-1945、戦後篇1945-1989）の二冊も、お読みいただきたいです。むしろ、現代に生きる日本人には『昭和史』から読んだほうがいいかもしれません。

『Humankind 希望の歴史
人類が善き未来をつくるための18章（上）（下）』

ルトガー・ブレグマン

野中 香方子 訳
2021 文藝春秋

難易度	★★☆

97

未来への希望を持つ、性善説のコンサルティング

著者は、まだ三十代前半のオランダの歴史家兼ジャーナリストで、本書は、ユヴァル・ノア・ハラリ（『サピエンス全史』の著者）が「わたしの人間観を、一新してくれた本」と称賛するなど、オランダ本国では二十五万部のベストセラーとなっている本です。

トマス・ホッブスの性悪説とジャン＝ジャック・ルソーの性善説にまで遡る永年の論争に対して、独自の研究と取材に基づき、性悪説にまみれた心理学や社会学の定説を覆して、**「人間の本質は善である」という証拠を積み上げていきます。**

親子以上も年の離れた各界の権威に挑み、教科書に載っているような事件や実験の解釈を百八十度転換していくさまは、驚きを通り越してすこぶる痛快です。

性悪説実験の茶番を暴く

たとえば、「スタンフォード監獄実験」に関して。看守役と囚人役に無作為に分けられたごく普通のアルバイト学生たちが、次第にその役柄の虜になって暴走し、わずか数日で実験が制御不能に陥ったことから、置かれた環境や立場によって「わたしたちは誰しも凶悪な行動をとることができる」ことの証左として、心理学の教科書にも載っているといいます。

また、この研究の責任者で看守長役も務めたフィリップ・ジンバルドは、この功績によって「その時代の最も注目される心理学者になり、アメリカ心理学会の会長にまで上り詰めた」とも。

私も学生時代、この実験を描いた映画『es（エス）』を観て、そのおぞましいメッセージを素直に受け取り、恥ずかしながら本書を読むまで全く疑念を抱いていませんでした。

しかし著者は、当時の記録を丹念に紐解き、この実験は「捏造」だったと結論づけます。客観的な科学実験ではなく、被験者が「要求特性」（実験の狙いを推測して、それに合う行動をとろうとすること）に従った結果としての「茶番劇」だと。

事実、二〇〇二年（実験から三十年後）にBBC（英国放送協会）が再現実験を行うも、ほぼ何の事件も起こらず、「見たこともないほど退屈でつまらなかった」、「科学的な観点から言えば、この実験は大成功だった」、「しかし、それ以外は失敗だった」と。

コンサルタントとして、ファクトや一次情報に直に触れることの重要性を日々肝に銘じていますが、著者の姿勢や行動には頭が下がります。その観点では、本書自体も二次創作（さらにこの紹介文は三次創作）ではあるので、そこは留保つきでとらえておくべきだとも思います。

著者の白羽の矢は、ジンバルドの高校の同級生、スタンレー・ミルグラムにも向かいます。ミルグラムの「**電気ショック実験**（通称アイヒマン実験）」も、「人間は命令に無批判に従う動物」であることの証左として引き合いに出されますが、こちらも同じく一次情報を紐解き、「捏造された茶番劇」だと結論づけます。

同様に、『**文明崩壊**』のジャレド・ダイアモンド、『**暴力の人類史**』のスティーブン・ピンカー、『**利己的な遺伝子**』のリチャード・ドーキンスなど、書籍タイトルからして性悪説な重鎮たちをやり玉に挙げ、次々と喝破していきます。

なぜ人は「性悪説」に支配されるのか？

でもなぜ、このような「暗い人間観」を描いた書籍がベストセラーになるのか。先ほどの監獄実験の例でも、五十年が経った今、「ＢＢＣの監獄実験は次第に忘れ去られ、スタンフォード監獄実験はいまだに議論されている」のはなぜか。

一つは、**私たち自身の知覚バイアス**の問題で、**人間は「良いことよりも悪いことのほうに敏感**（ネガティビティ・バイアス）」で、「手に入りやすい情報だけをもとに意思決定する傾向（アベイラビリティ・バイアス）」があると。

もう一つは、**メディアの報道バイアス**の問題で、「例外的であればあるほどニュースとしての価値は高まる」ため、「ニュースは往々にして、「腐ったリンゴ」に焦点を絞る」と。

そしてこの二つバイアスの相乗効果が、「**ミーン・ワールド・シンドローム**（**マスメディアの暴力的なコンテンツに繰り返しさらされたせいで、世界を実際より危険だと信じ込んでしまうこと**）」を引き起こし、さらに近年では、個々の興味関心にパーソナライズされた**ソーシャルメディアが、「人間の最悪の性質を増幅するシステム」になっているとい**います。

加えて、そこには**「自己成就予言」**が働くといいます。「考えは単なる考えではない」、「信じることで真実になることもある」と。

「プラセボ（偽薬）効果」は広く知られていますが、逆の**「ノセボ効果」**（たとえば、コロナワクチンの副反応を心配しすぎて本当に副反応が強く出ること）もあります。また他者に向けた偽薬として、**「ピグマリオン効果**（ポジティブな期待が現実化すること）」や「**ゴーレム効果**（ネガティブな期待が現実化すること）」も、その存在が証明されています。

つまり、**メディアによって増幅された「人間の本質は悪である」という刷り込みが、ノセボ効果やゴーレム効果によって自己成就し、さらなる刷り込みを招く**という悪循環サイクルが、情報テクノロジーの進化によって加速してしまっているというのが、著者の根底にある問題意識です。

私たちは生まれながらに善を好む

「人間の本質は善である」とした場合の、この悲しきパラドックスはどこから生じているのか。著者は、「多元的無知」（誰も信じていないが、誰もが『誰もが信じている』と信じている、裸の王様を褒めたたえた人々の状態）の一形態ではないかという仮説を提示します。すなわち、**一人ひとりは善意に満ちているが、周りを見渡すと悪意に満ちているので、自分だけが例外なのかもしれないと、無言の同調が行われている**のではないかと。そしてそれは、人間の「共感する能力」に起因するのではないかといいます。

その根拠として著者は、「ホモ・パピー（子犬）説」を引用します。過去二十万年間の人間の頭骨の変化を調べた結果、「人間の顔と体は、より柔和で、より若々しく、より女性的になった」、「簡単に言えば、子どものようになった」ことがわかったといいます。

この進化の過程は、キツネ（獰猛な捕食動物）をイヌ（フレンドリーなペット）化しようとした実験結果と酷似しており、「人懐っこさ」こそが人間にとって最重要の遺伝形質だったのではないかと。その象徴的な形質として、「赤面（他人の考えを気にかけていることを示し、信頼を育み、協力を可能にする）」や「白目（何に注意を向けているかを、周囲の誰もが容易に察知できる）」が霊長類の中で唯一人間にだけ見られることを挙げ、**人間は、「常に感情をあらわにし、周囲の人々とつながりを持つようにできている」**といいます。

また別の実験から、「ホモ・パピーは白紙状態（タブラ・ラサ）ではない」、「わたしたちは生まれながら善を好む」ことを示唆する証拠を引用します。幼い被験者に親切な人形と意地悪な人形の劇を見せる実験で、「ほぼすべての乳児が、親切な人形に手を伸ばした」といいます。一方で、自分と同じ好みの人形と違う好みの人形も同時に見せた場合、「乳児は、親切だが自分と好みが違う人形より、意地悪でも自分と同じ好みの人形を選ぶ」ことがわかったと。

この傾向は、「馴染みのない顔、知らない匂い、外国語や聞き慣れないアクセント」でも同様で、「まるで、わたしたちは生まれながらにして外国人恐怖症であるかのようだ」と。そして、「悲しい現実は、共感と外国人恐怖症が密接につながっていることだ。その二つはコインの表と裏なのである」といい、これが、「わたしたちを地球上で最も親切で最も残虐な種にしているメカニズムだ」といいます。

距離を詰めて、信じてみる

このジレンマを解く鍵として著者は、**「接触仮説」**を提示します。**「わたしたちが見知らぬ人をぞんざいに扱うのは、その人のことをよく知らないからだ。**したがって、治療法は明らかだ。より多く交流することだ」という、単純明快な理論です。その象徴的な例として、第一次世界大戦の最中でも、前線の兵士たちは敵味方関係なく、クリスマスイブには聖歌を歌い合ったことが紹介されます。つまり、人対人の身近な関係性の中に悪は存在せず、**「悪は遠くから仕事をする」**のだと。

新型コロナウイルスによって、人と人の接触機会は劇的に減りました。コンサル業界も、リモート会議やリモートワークが主になっています。よりアウトプットに集中できる環境になった反面、同僚やクライアントとの「距離」が遠くなりがちでもあります。画面越しに〝会って〟はいても、対面のミーティングと比べると、どうしても相手の情報量は限られます。本書の考察から、やはり一度（特に最初）はひざ詰めで会っておくことが大事なんだなと、改めて感じさせられます。

コンサルタントは職業柄、性悪説に偏りがちです。特に既存事業改善系のプロジェクトの場合、課題発見のためには、足下の良い面よりも悪い面の方に目を向けがちです。

一方、課題解決に向けて、その実現を担保するためには、コンサルタントの立場としては、クライアントの善意に頼るしかないのも事実です。新規事業開発系のプロジェクトの場合はなおさら、未来の善意の可能性を信じて、それに懸けるしかありません。

性悪説バイアスに支配されがちな自らの性向を戒めつつ、性善説で相手と向き合えるよう距離をつめることと、そして、距離が遠くてもまずは信じてみることの重要性に、改めて目を開かせてくれる希望の書です。

『虹の解体　いかにして科学は驚異への扉を開いたか』

リチャード・ドーキンス

福岡 伸一 訳
2001 早川書房

難易度	★★★

98

人類を人類たらしめている類推と比喩の能力を磨く

本書は、『利己的な遺伝子』で有名な著者が、科学の持つ奥深い魅力（Sense of Wonder）について、専門の進化論のみならず、幅広い分野を題材に、詩的表現も引用しながら縦横無尽に語る啓発書です。

本書のタイトルは、ニュートンがプリズム実験によって虹の原理を解明したことを指して、詩人キーツが「虹の持つ神秘性が失われた」と批判したことに対し、著者が再批判する立場に由来しています。

科学の進歩によって自然の美しさが損なわれることはなく、むしろ逆で、**私たちをさらに奥深い神秘的な世界へといざない、そこで新たな魅力を再発見できる**というのが、本書のメッセージです。

ファクトと解釈

たとえば、虹に関して。実際の虹は、実験室のプリズムではなく、空気中の無数の球体の雨粒が作り出すものです。太陽光が雨粒に入ってくると、それを構成する異なる波長の光線が、プリズムと同様にさまざまな角度に曲げられます。一つの雨粒から発せられたスペクトルのうち、眼に入ってくるのはほんの一部ですが、無数の雨粒が存在することですべての可視光スペクトルが揃い、完全な形の虹を見ることができます。

つまり虹とは、自分の眼を中心とした曲線のつながりとして構築されるもので、他の人にはその眼を中心とした別の虹が見えていることになります。言い換えると、**ある一つの特定の虹が存在するわけではなく、雨粒の集合体を見ている眼の数だけ虹が存在する**のです。

そして、虹がはるか彼方の地平線にとどまり、近づこうとしても決して届かない理由もここにあります。すなわち虹に関していえば、「地動説」ではなく「天動説」が正解で、自分中心の主観の産物になります。コンサルタントは、「ファクト」と「解釈」を混同しないよう意識づけがされていますが、同じ虹（ファクト）を見ているようで、実は個々のフィルターを通した別の結像（解釈の結果）を見ているというのは、新鮮な再発見です。

この**ニュートンの「虹の解体」**を契機に、やがて可視光スペクトルだけでなく、「光」そのものも電磁波スペクトルの一部であることが明らかになり、それらを記述する**マクスウェルの「電磁理論」**へと発展していきます。そして、この理論に立脚して、**アインシュタインが「特殊相対性理論」**を構築し、「ニュートン力学」は見直しがかけられ、以後は「古典力学」と呼ばれるようになります。自身の発見が、ブーメランのように返ってきて、自身が構築した理論に修正を迫るというのは、何とも不思議なめぐり合わせです。

また、ニュートンが「虹の解体」によって、太陽光は異なる「波長」の束であると解明したことにより、同じく「波長」である音と同様の性質を持つことが明らかになります。**音の「ドップラー効果」**（救急車が通り過ぎる前後で音程が変わる現象）はよく知られていますが、それと同じことが光にも起こります。光に高速で近づけば青色側に、遠ざかれば赤色側に寄るのですが、遠くの銀河を観測するとすべて「赤方偏移」していることがわかります。これは**「ハッブル＝ルメートルの法則」**と呼ばれ、宇宙が膨張を続け、銀河が互いに加速しながら遠ざかっていることの証左です。

そして、この関係性に沿って時計の針を逆に回していけば、宇宙がいつ膨張を始めたのかがわかります。大学生のときにこの計算を回して、見事に宇宙の年齢が弾き出されたことを覚えていますが、これもまた「虹の解体」に由来する成果だというのは感慨深いです。

協力する「利己的な遺伝子」

本書は後半、著者の専門である進化論の話題へと移っていきます。著者は『利己的な遺伝子』において、自然淘汰の単位は個体ではなく遺伝子であり、個体は遺伝子の乗り物にすぎない、という学説を唱えています。本書ではそこから一歩進んで、**「利己的な協力者」**という語義矛盾した概念が追加されます。これは、**「利己的な遺伝子」が他の遺伝子と「相互協力的な同盟」を結ぶことで、結果的に自身の生存確率をあげる**ことを指し、これらの「遺伝子プール」が集まって生物個体を作り上げるのだといいます。

この学説は、コンサルティングファームの成立過程を想起させます。個々のコンサルタントは、それぞれのライフプランや〝想い〟を持ち、それらを実現しようと画策する「利己的な遺伝子」にたとえられます。ただし、個人としての活動には限界があるため、他のコンサルタントと「相互協力的な同盟」を結び、その集まりとしてコンサルティングファームという「個体」が形成されます。そういう観点で、規模拡大に成功しているファームは、この相互協力の仕組みが優れているといえるかもしれません。

他方、著者の学説に従うと、ファーム（個体）はあくまでコンサルタント（遺伝子）の乗り物にすぎず、自然淘汰の単位はファームではなく個々のコンサルタントのレベルで起こるというのはとても示唆深いです。

類推（アナロジー）と比喩（メタファー）

そして、本書のラストで、人間が他の生物とは全く異なる形で繁栄を遂げている理由に迫ります。著者は、「われわれ人類は動物種の中で唯一、ある事物が他の事物と類似していることに気づき、その関係を自らの思考や感覚の支点として用いる、比喩という詩人の才能を有しているのである」といいます。つまり、**類推（アナロジー）と比喩（メタファー）が、人間という種を象徴する特異な能力**だったのではないかと。

これは、『サピエンス全史』（ユヴァル・ノア・ハラリ）で描かれる、ホモ属（かつて存在した複数の人類種）の中で**「ホモ・サピエンス」だけが唯一の繁栄種である理由は「認知革命」（虚構（フィクション）を語る能力）にあった**、という考察にも通じます。そして本書全体を通して、詩的表現を多用しながら、科学と詩は互いに歩み寄るべきだと主張しているのも、この主題を伝えたかったからだということがわかります。

この類推（アナロジー）と比喩（メタファー）は、コンサルティングにおいて不可欠な能力でもあります。物事の本質的なエッセンスを抽出し、他の領域に類推適用して、〝刺さる〟表現に練り上げて伝えるのは、コンサルタントの腕の見せどころです。そういう観点で本書は、**科学の法則に基づく類推（アナロジー）と、詩の引用に基づく比喩（メタファー）**に満ちあふれ、私たちを人間（サピエンス）たらしめている最重要の能力を磨き、コンサルタントとしての生存競争を勝ち抜く上での糧ともなる良書だと思います。

『スポーツ遺伝子は勝者を決めるか？
アスリートの科学』

デイヴィッド・エプスタイン

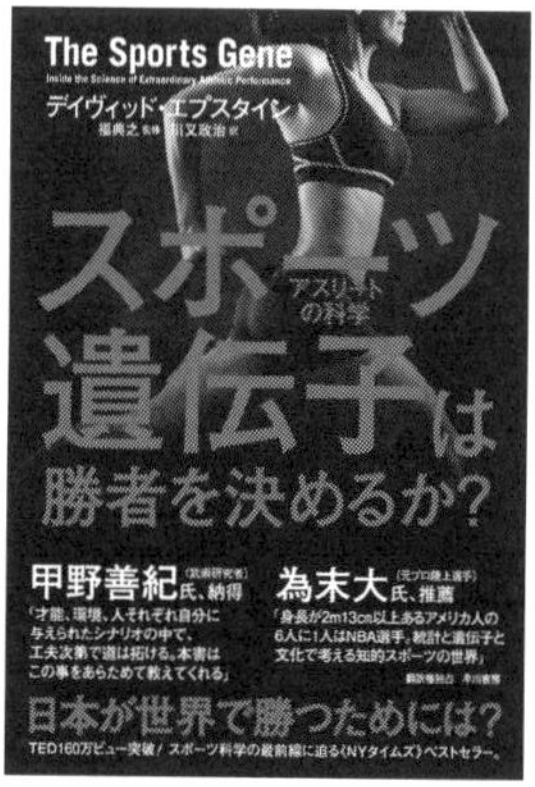

福 典之 監修、川又 政治 訳
2014 早川書房

難易度	★★☆

99

遺伝か環境か？ アスリートのパフォーマンス ビジネスアスリートのパフォーマンス

本書では、ジャーナリストの著者が、綿密な取材と豊富な学術研究に基づいて、アスリートのパフォーマンスに影響を与える要素を、科学的に因数分解していきます。**「遺伝（先天的なハードウェア）」か「環境（後天的なソフトウェア）」か、「スポーツ遺伝子」か「一万時間の鍛練」か**、単純な二者択一論ではなく、両方とも大事というのが結論ですが、どういう場合にどちらがどれだけ寄与するのか、多彩な事例をもとに丁寧に考察しています。

環境の寄与度の大きいチェス

まず、「環境」の寄与度が大きいものとして、チェスが取り上げられます。チェスのグランドマスターは、鍛練を通じて蓄積した記憶のデータベースに基づく、**「チャンキング」と呼ばれる一種の「パターン認識」**を獲得しており、チェス盤上の局面を一瞬で有意な「チャンク（ひと塊）」に分類してとらえるそうです。

アスリートの場合は、フィールド上の局面から重要情報を入手し、瞬時に次のアクションに繋げる能力がそれにあたり、さらに、その一連のプロセスを「無意識化」できるまで練習を繰り返すことが重要だといいます。そして、**「チャンキングと脳内処理自動化の両方がそろうと、達人への道が開かれる」**のだと。

コンサルスキルの一つに**ロジカルシンキング**がありますが、これは概念化と構造化によって情報を整理し、「チャンク」に分類していく手法ともいえます。それによって、脳内のメモリ容量を節約し、ＣＰＵの処理速度を上げて、思考の精度を高めていきます。そしてこの思考の累積と、経験によるフィードバックを重ね合わせることで、洗練されたデータベースを築き、良質な「パターン認識」を獲得していきます。

ジュニアの頃、パートナーと呼ばれるベテランコンサルタントから、スライドをぱらぱらとめくっただけで的確な指摘をもらったことがありますが、まさに鍛練の末に体得した「達人」芸だったのだと思います。

遺伝の寄与度の大きい陸上競技

逆に、**「遺伝」の寄与度が大きいものとして、陸上**が取り上げられます。シンプルな競技ゆえ、先天的なハードウェア（身体的形質）の影響が色濃く出るからです。

遺伝子の観点では、**「アフリカ単一起源説」**が有力で、「ゲノムのさまざまな領域において、アフリカの一つの集団内の遺伝的多様性のほうが、アフリカ以外の大陸の集団間の多様性より高かった」といいます。遺伝的多様性が高いことはすなわち、その競技に最適もフィットする身体的形質が出現する確率が高いことを意味し、実際、現在の陸上の世界記録はアフリカ系の選手で占められています。

ただし、競技種目（距離）によってはっきりと傾向が分かれ、短距離（百メートルから四百メートルまで）は西アフリカ（およびその遺伝子を引き継ぐジャマイカ）に、中・長距離（八百メートルからマラソンまで）は東アフリカに集中しています。これは、短距離種目においては筋肉構造の特徴に影響を及ぼす「スプリント遺伝子（ＡＣＴＮ３）」が、中・長距離種目おいては「ランニングエコノミー（酸素消費効率）」で優位性をもたらす長い脚と細い下腿が、決定的な役割を果たすからだといいます。

身も蓋もない話ですが、コンサルタントに限らずすべての職種において、多かれ少なかれ向き不向きがあり、多くの企業で採用試験が設けられています。たとえばコンサル会社の面接では、志望動機や自己ＰＲの話はそこそこに、いきなりケース問題に入ります。つまり、コンサルタントの入り口では、**より先天的な要素（思考のクセ）が重視されているともいえます。**そこに遺伝子がどれだけ影響しているのかは不明ですが、個人的な話でいうと、弟もコンサルタントなので、多少は「遺伝」の要素もあるのかなとも思います。

多くは環境と遺伝のハイブリッド型

ただし、多くの場合、「環境」と「遺伝」の両方が揃ってはじめてトップアスリートになれるといいます。「一万時間の鍛練」の元となる研究を行ったアンダース・エリクソン教授は、それを「法則」と呼んだことは一度もないと主張しているそうです。「一万時間」はあくまで平均値で、「分散」が無視されていると。

陸上のトップアスリートも、なぜ短距離はジャマイカに、長距離はケニア（中でもカレンジン族という少数民族）に集中しているのか。ジャマイカには「チャンプス」と呼ばれる高校陸上大会があり、それは「年に一度の国をあげての祭典」で、そこを目指してウサイン・ボルトのような選手が、他の人気スポーツに流れることなく、ひたすら陸上に打ち込む「環境」があるといいます。また、ケニアのカレンジン族は貧しい山岳地域に住み、子供たちは学校まで何時間も走って通うしかなく、毎日高地トレーニングを行っているような「環境」にあるといいます。逆に親がトップランナーになると、暮らしが豊かになるので、その子供たちはもう走って学校に通う必要がなくなり、その結果、優秀な二世ランナーがほとんど見られないとも。

このハイブリッド型の典型例として野球が取り上げられます。ピッチャーの投球に対するバッターの反応は、鍛錬の結果、後天的に獲得した「パターン認識」であり、その証拠としてメジャーリーガーは、反射神経自体は実は一般人と変わらないこと、女子ソフトボール選手の速球には誰もかすりもしなかった（全く異なる投球フォーム・軌道にはパターン認識が機能しなかった）ことが紹介されます。

一方、メジャーリーガーは総じて眼がよく、どの視力検査項目においても「一般人＜マイナーリーグ選手（平均視力一・五）＜メジャーリーグ選手（平均視力一・八）」の順となり、「ドジャースのメジャーリーグ選手の半数は、裸眼視力二・〇だった」といいます。ここから、「優れたハードウェアが、そのスポーツに必要なソフトウェアのダウンロードを加速した」可能性、別の表現で、**「技術習得におけるマタイ効果」により、初期条件のわずかな違いが乗数効果によって大きな差分を生んだ可能性**が示唆されます。

それぞれの職業も同様に、先天的な適性の上に、後天的な鍛錬を積み重ねて、はじめて「一流」の域に到達できるのでしょう。加えて、「マタイ効果」による好循環サイクルに早く入れるよう、キャリア初期に〝頑張る〟ことが特に重要なんだと思います。一方、**「働き者遺伝子」**が存在する可能性、つまり〝頑張る〟こと自体も実は「遺伝」の影響を受けている可能性も本書で示唆されます。面接で見抜くのは難しい適性ですが、実は何の職業であれ、「一流」に至る過程で最も寄与度の高い先天的な形質なのかもしれません。

『LIFE3.0 人工知能時代に人間であるということ』

マックス・テグマーク

水谷 淳 訳
2019 紀伊國屋書店

難易度 ★★★

100

「ホモ・サピエンス」から「ホモ・センティエンス」へ

著者は、宇宙論を専門とする理論物理学者で、**人類と人工知能がこのまま物理法則に従って限界まで進歩を続けた場合、宇宙スケールで何が起こりうるか**を、演繹的に考察している本です。しかも理論物理学者らしく、「それは現在の我々が理解している物理学に基づく限界なので、実際の限界の下限ととらえなければならない」という注釈付きの、壮大な思考実験が繰り広げられます。

タイトルのLIFE3.0は、「生命」の三つの段階をあらわしています。

LIFE1.0 約四十億年前に誕生した単純な生物学的段階。ハードウェア（身体）もソフトウェア（知能）もDNAによって規定され、生きている間に「設計」し直すことはできず、何世代にもわたる「進化」によって変化するのみ。

LIFE2.0　約十万年前に誕生した文化的段階（人類）。ハードウェア（身体）は「進化」によって変化するのみだが、自らのソフトウェア（知能）の大部分は学習を通じて「設計」し直すことができる。

LIFE3.0　二十二世紀に誕生するかもしれない技術的段階。自らのソフトウェア（知能）だけでなく、ハードウェア（身体）をも大幅に「設計」し直すことができる。

このLIFE3.0の誕生は、映画「トランセンデンス」で描かれているような世界観ですが、それらがいずれ実現可能となる根拠について、「生命とは何か」「知能とは何か」という根源的な問いから、考察が積み上げられていきます。

「生命」と「知能」の定義

生命とは何か。

著者は、「生命の未来をめぐる考察を、我々がこれまでに出合ったことのあるような生物種に限定させたくはない」との考えから、**「自身の複雑さを維持して複製できるプロセス」**という汎用的な定義を用います。そしてＤＮＡの挙動を例に、**「複製」されるものは原子から構成される「物質（ハードウェア）」そのものではなく、それら原子の配置を規定する設計図、すなわち「情報（ソフトウェア）」**だといいます。

知能とは何か。

著者は同じく、「これまで存在したたぐいの知能に限定せずに、最大限に幅広い包括的な見方を取りたい」との考えから、**「複雑な目標を達成する能力」**という汎用的な定義を用います。そして、この能力の主要な構成要素である**「記憶／計算／学習」**について、それらがすべて「物質（ハードウェア）」から独立していることを明らかにします。

「物質は、うまい具合に配置されれば、物理法則に従って記憶して計算して学習することができ、その物質は生物学的なものである必要はない」、すなわち「物質（マター）は重要（マター）ではない」といい、これが〝人工〟知能（AI）が成立しうる物理学的な根拠となります。

そして、かつてアラン・チューリングが「万能機械（万能チューリングマシン）」を理論的に構築し、後にパソコンやスマートフォンとして具現化されたのと同様、「万能知能（あらゆる知能の振る舞いを一手に引き受ける知能）」は理論的には構築可能で、AIが進歩してある臨界点を超えたとき、それは具現化されるといいます。このとき、**万能知能**は「物質（ハードウェア）」からは独立していて、生命も複製すべき「情報（ソフトウェア）」さえあれば構築しうるものなので、**万能知能はLIFE3.0になりうる**というのが、本書の演繹的な結論です。

LIFE3.0の未来

その後、LIFE3.0はどこに向かっていくのか。

著者は、**「究極の限界は、我々の知識ではなく物理法則によって定まる」**ので、「短期的な未来よりも長期的な生命の未来のほうがある意味容易に推測できる」といいます。

物理的観点から見れば、「未来の生命が作りたいと思うものはすべて、素粒子をある特定の形で組みあわせたもの」であり、それに必要なエネルギー（E）はアインシュタインの有名な方程式（$E=mc^2$）の通り、質量（m）から莫大な量（光の速さ（c）の二乗）を生み出せることが明らかになっています。

そこから、「**物質はコンピュータやエネルギーに変換できるので、ある意味、根本的に必要な資源は物質だけである。**物質利用の物理的限界に突き当たった未来の生命にとって、それ以上進む方法はひとつしか残っていない。さらに多くの物質を手に入れることだ。そのためには宇宙に広がっていくしかない。さあ宇宙へ！」と話が展開していきます。

この**「エンドゲームからの逆算（バックキャスティング）」**ともいうべき思考法は、ビジネスの世界にとってもたいへん参考になります。たとえばコンサル会社の未来予測（携帯電話やスマートフォンの普及台数など）が全くの的外れだった、という話をよく耳にしますが、これは非連続的／非線形的な未来に対して、現状の延長線上で考えてしまった結果だと推察します。原理原則（物理法則にまで遡るかはさておき）に立ち返って思考することの重要性を、改めて思い起こさせてくれます。

ここから話は、宇宙の開拓方法へと進んでいきます。

まず前提として、同じく現在の物理法則に基づくと、光の速さが移動速度の上限となり、宇宙は加速膨張を続けていること（インフレーション理論）から、我々が「観測可能な宇宙」は全体の二％にすぎないことがわかっています。それでも十分に広大な空間ですが、人類はそこにどのように進出していくのか。

著者は、「アイランドホッピング」のように銀河に拠点を築きながら、光速で「生命」に関する「情報」を送受信し、その設計図に基づいて、LIFE3.0がその場で獲得した「物質」を組み替えて再構築する方法を考察します。たとえば、「ＡＩがナノテクノロジーを使ってクォークと電子から成人の人間を作り、地球でスキャンしたもとの人間の記憶をそれに植え込む」方法です。そして、宇宙への入植をテーマとしたＳＦや科学解説のほとんどは、超知能に関してはいまや悲観的すぎるように思えるともいいます。

私自身、自らの思考フレームや知覚バイアスに自覚的であろうと努めてはいますが、とはいえ人間（LIFE2.0）中心の見方に縛られていることに改めて気づかされます。

「知能」の未来より「意識」の未来を

そして最後に、「意識」という深遠なるテーマに切り込んでいきます。

著者は、**意識とは「情報がある決まった形で処理されるときの感覚」**であり、「創発現象」の一種ではないかという仮説を提示します。「**創発**」とは、『非線形科学』の項で紹介したように、**「構成要素間の緊密な相互作用から新しい性質が立ち現れること」**を指します。たとえば、起きているときには自意識があり、深い眠りに入ると失われるのは、構成粒子の配置が変わったからではないかと。

そして、先に紹介した通り、「知能（記憶／計算／学習）」も「物質」からは独立している、すなわち、構成粒子そのものの性質ではなく、それらの配置パターン（ある決まった情報処理の手続き）にのみ宿るという観点では、同じく一種の「創発現象」であると。

さらに、この「知能」という「情報処理の手続きそのもの」も、同様にある決まった原理に従うとしたら、そこからもう一段高いレベルの「創発現象」が生じ、それを我々は「意識」と呼んでいるのではないかと。

言い換えると、**「意識」とは、「知能という創発現象」の「創発現象」**であり、「物質」からは二段階高いレベルで生じているもので、ゆえに極めて非物理的に感じられるが、**最終的には同じく物理法則に従うものである**、というのが著者の仮説です。

ただし、単なる物理現象だからといって「意識」を軽視しているわけではなく、むしろ逆で、「我々人間という形の知能が持つ特徴の中で飛び抜けて優れているのは、ほかならぬ意識であり、そのためにこの宇宙は意味を持っているのだ」といいいます。

加えて、「銀河が美しいのは、我々がそれを見て主観的に経験するからにほかならない」「意識がなければ、宇宙は無意味で壮大な空間の無駄遣いにすぎない」とも。

そして、**いずれ人間を超越するであろう「知能」の未来よりも、この宇宙に意義を与える「意識」の未来のほうがはるかに重要**で、人間は「ホモ・サピエンス」ではなく「**ホモ・センティエンス**」と名乗り、「**現在の地球上でもっとも〝賢い〟存在であること」ではなく「クオリアを主観的に経験する能力を持つこと」をアイデンティティの礎にすべき**ではないかと提起します。

逆に、「意識」を持たない〝ゾンビ〟のようなLIFE3.0が支配する未来が訪れるとどうなるのか。著者の危機意識は、まさにそこにあります。

著者は、この「生命の未来」に関して、受け身的に「何が起こるのか」を問うのは間違いで、「**何を起こすべきか？　我々はどんな未来を望むのか？」を主体的に問う**べきだといいます。

「生命の未来」を決めるのは、他ならぬ現代の我々人類であり、「ＡＩ軍拡競争」のような状況を招いてはならず、「ＡＩ安全性研究」にこそ力を注ぐべきだと。

そして、自ら発起人となって「生命の未来研究所（Future of Life Institute, ＦＬＩ）」を設立し、イーロン・マスク氏をはじめ数多くの賛同者を集め、安全なＡＩ開発を支援する活動を推進しています。

私たちも、客観的な未来を予測するだけでなく、**主観的に望む未来を描き、創っていく**ことが使命です。理論物理学者であり、ＦＬＩの創設者でもある著者の活動は、**原理原則に基づいて未来を見通す思考法**と、その**未来を望む方向へと変えていく行動力**の両面で、私たちが目指す姿を体現しています。

執筆後記

経営は実行。読書も実践してナンボ。読者の方の再現性を意識して、実践的かつ生々しく書きました

青山正明

あおやま まさあき

株式会社フィールドマネージメント
マネージングディレクター
京都大学法学部卒。ドリームインキュベータ執行役員、アイペット損害保険株式会社 取締役常務執行役員を歴任。新規事業をはじめ、企業成長、M&A戦略構築からPMIに強みを持ち、株式会社キーストーンを共同創業。 現在、株式会社ビザスク、株式会社ABEJAの非常勤監査役。

並木さんからお話をいただいた際には、（やったことがないので）自分自身にとってよいチャレンジになると感じ、二つ返事で引き受けさせていただきました。一方で、私よりも読書家は掃いて捨てるほどいるため、はたして私みたいな者が適任かどうか、正直申し上げて、不安にも感じました。ただ、干場さん、藤熊さん、白井さんと打ち合わせを重ね、執筆を続けるなかで、その不安も徐々に解消されました。

私みたいな凡人が、十二年間もなんとかクビにならずに戦略ファームでサバイブでき、その後は投資先の企業の経営者として、七転八倒しながらも、なんとか上場まで漕ぎつけました（もちろん、上場がゴールではありませんが、一つの区切りという意味で）。

道中、直面する課題への実践的な指針となった書籍や心の支えと呼べる書籍がたくさんあったので、それらをきちんと紹介できれば、それなりに意味があるのではないかと考えるようになりました。

新卒でコンサルファームに入社した若造が、三十代で数百名の企業を経営していくなかで、どんな書籍を読み、どう現実に活用し、手探りながら企業をリードしてきたのか、という視点で伝えられたら、と。

そういうわけで、本書執筆に際して心がけた点は三つあります（あくまで心がけただけなのですが……笑）。まずは、藤熊さん・白井さんとの棲み分けです。つまり、コンサルファームを約五年離れていた私よりも彼らのほうが、第1章～第4章あたりのザ・コンサル的な書籍について書くのに相応しいと思ったので、なるべくそのあたりは彼らにお任せし、私は、経営者という視点から意味のあった書籍について多めに書くことにしました。

次に、凡人ならではという視点。戦略ファームには、本当にびっくりするくらいすごい方々がわんさかいます。ただ、こういう方の話を聞いても、マネできる気がしませんでした。一方で、コンサル市場自体も拡大してきたので、私のような凡人も増えてきたと思います（笑）。したがって、凡人が考える再現性ということを少しでも伝えたいなぁ、と。

そして、格好をつけずなるべく実践的かつ生々しく書くこと。私が本書で紹介させていただいた『経営は「実行」』という書籍がございますが、読んで字の如くでして、「実践してナンボ」だと思いますので、私もなるべく「使える」ものを意識しました。

最後になりますが、ワイワイやらせていただき、部活みたいでめちゃ楽しかったです。そのような場を創ってくれた並木さんに感謝いたします。また、フランクな雰囲気作りで、執筆素人の三名をうまくガイドしてくださった千場さんに感謝いたします。また、藤熊・白井のご両名からはたくさんの刺激をいただきました。ありがとう。

第1章　コンサル基礎

『センスは知識からはじまる』★☆☆　『もっと早く、もっと楽しく、仕事の成果をあげる法』★☆☆

『意思決定のための「分析の技術」』★☆☆　『学校の「当たり前」をやめた。』★☆☆

第2章　思考法・マインドセット

『エッセンシャル思考』★☆☆　『ゼロ・トゥ・ワン』★☆☆　『采配』★☆☆

第3章　表現法・コミュニケーション

『伝えることから始めよう』★☆☆　『アイデアのちから』★☆☆　『考えない練習』★☆☆

定期刊行物3つ（100分de名著、TOPPOINT、FACTA）★☆☆

第4章　戦略・ビジネスモデル

『ビジョナリー・カンパニー4』★★☆　『イノベーションのジレンマ』★★☆

第5章　組織・リーダーシップ

『なぜリーダーは「失敗」を認められないのか』★★☆　『イレブンリングス』★★★

『結果を出すリーダーはみな非情である』★★☆　『運を支配する』★☆☆　『松明は自分の手で』★☆☆

『経営は「実行」』★★☆　『職場の「感情」論』★★☆　『「権力」を握る人の法則』★☆☆

『経営者になるためのノート』★☆☆

第6章　リベラルアーツ・サイエンス

『センゴク』★☆☆　『ブラック・スワン』★★☆　『天才シェフの絶対温度』★☆☆

『13歳からのアート思考』★☆☆　『スリープ・レボリューション』★☆☆　『ペストの記憶』★★☆

『フェルマーの最終定理』★★☆　『サピエンス全史』★★☆

私を形作ってきた本や著者へのささやかな恩返しになれば

藤熊浩平
ふじくま こうへい

株式会社フィールドマネージメント
マネージングディレクター
東京大学 理学部卒。東京大学大学院 新領域創成科学研究科修了。元A・T・カーニー マネジャー、元ボストン コンサルティング グループ プリンシパル。フィールドマネージメント参画後、スポーツ分野および消費財、小売、ヘルスケア領域の全社戦略、事業戦略、マーケティング戦略、新規事業開発プロジェクトに従事。

本書執筆の打診を受けたとき、正直少しためらいがありました。コンサルタントには、私よりもはるかに読書家と呼ぶにふさわしい同僚が数多くいますし、まだ三十代で成長途上の自分が、コンサルティングの奥深い世界について語ることには抵抗があったからです。

一方で、今に至るまで読書を通じて学んだことは計り知れず、肩肘を張らずにまずは書いてみようとも思いました。結果として、自分は何に興味関心があり、何の影響を強く受けてきたのか、コンサルキャリアに限らず、これまでの人生の思考を棚卸しするよい機会となりました。

干場さん、並木さん、貴重な機会をいただき、どうもありがとうございました！

思えば、新卒でコンサル業界に飛び込み、夢中で駆け抜けて、気がつくと十五年が経っていました。そして、事業会社経験のない偏ったキャリアを、読書という疑似体験を通じて補完してきたようにも思います。

ここで紹介した本はどれも、私の血肉となっているものばかりです。ただ、「私自身の興味関心」というフィルターと、「コンサルタントへの示唆」という視点がかかっているので、フラットな書評からはほど遠く、普遍的な学びにもなっていないかもしれません。

一方で、再び『プルーストとイカ』から引用すると、「読書の目標は、著者の意図するところを超えて、次第に自律性を持ち、変化し、最終的には書かれた文章と無関係な思考に到達することにある」と。

ここで紹介した内容が触媒となり、読者の皆さまの脳内で何かしらの化学反応を起こしてくれれば幸いですし、それをきっかけに原著を手に取っていただけるなら、私が受けた恩恵へのささやかな恩返しにもなるかなと思います。

第1章　コンサルタント基礎

『本を読む本』★★☆　『自分の仕事をつくる』★☆☆　『翻訳できない世界のことば』★☆☆　『考具』★☆☆　『ベンチの足』★☆☆

第2章　思考法・マインドセット

『可変思考』★★★　『未来に先回りする思考法』★★☆　『「プロ経営者」の条件』★☆☆　『ザ・プロフェッショナル』★★☆　『選ばれるプロフェッショナル』★★☆　『建築を語る』★★★　『無趣味のすすめ』★★☆　『雑文集』★☆☆　『東大と野球部と私』★☆☆　『スラムダンク勝利学』★☆☆　『走る哲学』★☆☆

第3章　表現法・コミュニケーション

『伝える。』★☆☆　『日本語の作文技術』★★☆　『デザインのデザイン』★★☆
『クリスマス・エクスプレスの頃』★☆☆　『仕事。』★☆☆　『超思考』★☆☆

第4章　戦略・ビジネスモデル

『ストレッチ・カンパニー』★★☆　『経営思考の「補助線」』★★☆　『事業の意思決定』★★★
『マネー・ボール』★☆☆　『日本プロ野球改造論』★☆☆
『ゴールは偶然の産物ではない』★☆☆　『オリンピックと商業主義』★★☆
『グーグルに勝つ広告モデル』★★☆　『キャラクター精神分析』★★★
『キッズ・マーケティング』★★☆　『日本人も知らない日本酒の話』★☆☆
『てくてく地蔵のしあわせ問答』★☆☆　『科学する麻雀』★★☆　『マンガ　サ道』★☆☆

第5章　組織・リーダーシップ

『マネジャーの実像』★★☆　『1分間リーダーシップ』★★☆　『サーバントリーダーシップ』★★★
『ストレングス・リーダーシップ』★☆☆　『モチベーション3.0』★★☆　『リーダーシップを鍛える』★☆☆
『挑戦―日本郵政が目指すもの』★☆☆　『申し訳ない、御社をつぶしたのは私です。』★★☆

第6章　リベラルアーツ・サイエンス

『モモ』★☆☆　『墨攻』★★☆　『ハゲタカ』★★☆
『丹野智文　笑顔で生きる』★☆☆　『コンタクト』★★☆
『三体』★★★　『人工知能は人間を超えるか』★★☆　『プルーストとイカ』★★★　『神経美学』★★★
『非線形科学』★★★　『数学する身体』★★★　『Humankind 希望の歴史』★★☆　『虹の解体』★★★
『スポーツ遺伝子は勝者を決めるか？』★★☆　『LIFE3.0』★★★

実は読書家ではなかった私にとって、貴重な本との貴重な出会いになりました

白井英介《しらい えいすけ》

株式会社フィールドマネージメント
プリンシパル
東京大学文学部卒。楽天を経てフィールドマネージメントに参画。フィールドマネージメントではスポーツ、航空業界等の事業戦略、新規事業開発等に従事。スポーツ領域ではリーグ・クラブの成長戦略、スポンサー営業、新スタジアム建設等、幅広いテーマのプロジェクトを推進。湘南ベルマーレ、エリース東京ＦＣ等のサポートも担当。

もともと、それほど読書家ではなかった私にとって、これまでにないほどハードルの高いミッションでしたが、それでもいくつか心に残っていた過去の書籍を改めて手に取って読み直したことで、当時は気づかなかったことに気づかされたり、新たに読んでみたいと思う書籍に出会えたり、たいへん貴重な体験となりました。

候補となる百冊を選ぶにあたり、共著のお二人からお薦めの作品をいろいろと紹介してもらい、お二人の知見や洞察の深さは良質なインプットに立脚されているのだと改めて感じさせられ、自分を見つめ直すきっかけにもなりました。

ここには書けなかった小説や漫画、映像作品なども含めると、出会いを大切にしたいコンテンツは多くあり、それらを改めて見直してみるきっかけともなりました。

願わくば、読者の皆さまにとっても、本書が新たな出会いとなりますことを。私の稚拙な紹介文が、少しでも誰かのお役に立てたとしたら、ようやくミッション完了です。

原稿が遅くなり、たいへんご迷惑をおかけした千場編集長、担当分の書評を書けずお忙しいなか負担をおかけした藤熊さん、青山さん、そしてこのような機会をくださった並木さんに感謝して、そして、本書を手に取ってくださっている読者の皆さまに感謝して、編集後記とさせていただきます。

第1章　コンサル基礎
『ロジカル・シンキング』★☆☆　『論点思考』★★☆　『イシューからはじめよ』★☆☆
『ミッションからはじめよう！』★☆☆
第2章　思考法・マインドセット
『逆説のスタートアップ思考』★☆☆
第3章　表現法・コミュニケーション
『経営者が語るべき「言霊」と何か』★★☆
第4章　戦略・ビジネスモデル
『戦略プロフェッショナル』★☆☆　『V字回復の経営』★★☆　『働くひとのためのキャリアデザイン』★☆☆
第5章　組織・リーダーシップ
『ヤフーの 1on1』★☆☆　『教えないスキル』★☆☆

索引

索引

編著者紹介

並木裕太（なみき ゆうた）

株式会社フィールドマネージメント代表取締役。

慶應義塾大学経済学部卒。ペンシルベニア大学ウォートン校でMBAを取得。2000年、マッキンゼー・アンド・カンパニー入社、2009年に独立、フィールドマネージメントを設立。エレクトロニクス、航空、インターネット、自動車、エンターテインメントなどの日本を代表する企業の戦略コンサルタントを務める。2015年に、MBA母校のウォートン校より、40歳以下の卒業生で最も注目すべき40人として日本人で唯一（ウォートン40アンダー40）に選出される。

スポーツの分野では、野球において、プロ野球オーナー会議へ参加、パ・リーグのリーグ・ビジネス、読売巨人軍など多数のチームビジネスをキーマンとともにつくり上げており、サッカーでは、公益社団法人Jリーグの理事、株式会社Jリーグの取締役、湘南ベルマーレの取締役としてリーグビジネスの発展に尽力してきた。2022年、公益社団法人Jリーグの理事に復帰。著書に、『コンサル一〇〇年史』『ミッションからはじめよう！』（ともにディスカヴァー・トゥエンティワン）など多数。

BOW BOOKS 008

コンサルが読んでる本　100＋α

発行日　2022年5月30日　第1刷

著　者　並木裕太＋青山正明＋藤熊浩平＋白井英介

発行者　干場弓子

発行所　株式会社BOW&PARTNERS
https://www.bow.jp　info@bow.jp

発売所　株式会社中央経済グループパブリッシング
〒101-0051　東京都千代田区神田神保町1-31-2
電話 03-3293-3381　FAX 03-3291-4437

装　丁　杉山健太郎

編集協力＋DTP　BK's Factory

似顔絵　齋藤邦雄

校　正　株式会社鷗来堂

印刷所　中央精版印刷株式会社

 ISBN978-4-502-41301-8

BOW BOOKS

時代に矢を射る　明日に矢を放つ

WORK と LIFE の SHIFT のその先へ。
この数年、時代は大きく動いている。
人々の価値観は大きく変わってきている。
少なくとも、かつて、一世を風靡した時代の旗手たちが説いてきた、
お金、効率、競争、個人といったキーワードは、もはや私たちの心を震わせない。
仕事、成功、そして、人と人との関係、組織との関係、
社会との関係が再定義されようとしている。
幸福の価値基準が変わってきているのだ。

では、その基準とは？　何を指針にした、
どんな働き方、生き方が求められているのか？

大きな変革の時が常にそうであるように、
その渦中は混沌としていて、まだ定かにこれとは見えない。
だからこそ、時代は、次世代の旗手を求めている。
彼らが世界を変える日を待っている。
あるいは、世界を変える人に影響を与える人の発信を待っている。

BOW BOOKS は、そんな彼らの発信の場である。
本の力とは、私たち一人一人の力は小さいかもしれないけれど、
多くの人に、あるいは、特別な誰かに、影響を与えることができることだ。
BOW BOOKS は、世界を変える人に影響を与える次世代の旗手を創出し、
その声という矢を、強靱な弓（BOW）がごとく、
強く遠くに届ける力であり、PARTNER である。

世界は、世界を変える人を待っている。
世界を変える人に影響を与える人を待っている。
それは、あなたかもしれない。

代表　干場弓子